KB040328

세상에 미처 공개되지 못한
MB정부 5년의 내부 정보보고

국립중앙도서관 출판시도서목록(CIP)

비밀해제 /
지은이: 동아일보 특별취재팀. -- 서울 : 동아일보사, 2014
   p. ;   cm

ISBN 979-11-85711-06-5 03340 : ₩16000

한국 정치[韓國政治]

340.4-KDC5
320.02-DDC21   CIP2014015648

이 도서의 국립중앙도서관 출판시도서목록(CIP)은 서지정보유
통지원시스템 홈페이지(http://seoji.nl.go.kr)와 국가자료공동목
록시스템(http://www.nl.go.kr/kolisnet)에서 이용하실 수 있습니
다.(CIP제어번호: CIP2014015648)

비밀해제

동아일보 특별취재팀 지음

'기록부재의 정치문화' 넘어
'반성의 출발' 되는 기록으로 남기를…

            정확히 언제였는지는 기억이 분명치 않다. 아마 10여 년 전쯤의 새해 아침이 아니었던가 싶다. 2014년 5월 3일 타계한 박준규 전 국회의장이 사실상 '정치 현업'을 떠난 직후였다.

새해 아침 신문사 정치부 기자들은 바쁘다. 전직 대통령부터 중진 정치인들까지 '세배 마와리'를 하는 관행 때문이다(마와리는 신문기자들이 많이 쓰는 일본말로 '돈다(回)'는 뜻이다).

세배를 마치고 모여 있던 손님들과 이러저런 얘기를 나누는 중이었다. 회고록이 화제에 오르자 박준규 의장이 웃으며 이런 말을 했다. "〈동아일보〉에서 방을 하나 내주면 옛날 신문기사들을 찾아가며 써볼 수 있을 텐데. 요즘은 기억이 가물가물해서…."

박 의장은 끝내 회고록을 내지 않고 파란만장한 삶을 마쳤다. 신문에서 그의 부고訃告를 보다 문득 그때 일이 생각났다.

우리 정치인들은 '기록'을 남기는 일에 유독 취약하다. 선거를 앞두고 홍보물로 써먹기 위해 급히 책을 출판하는 경우는 많지만 제대로 된 기록을 내놓는 경우는 드물다. 설사 자기변명이라고 해도 기록은 기록으로서의 가치가 있는데도 말이다.

〈동아일보〉가 역대 정권의 권력비화 시리즈를 기획하고, 보도해온 이유도 우리 정치권의 약점인 '기록부재의 정치문화' 때문이라고 할 수 있다. 1990년 '남산의 부장들'은 당시 정치부 김충식 기자(현 방송통신위원회 부위원장)의 개인적 노력에서 시작됐지만, 이후 김영삼(YS) 정부의 '비화秘話 문민정부'와 김대중(DJ) 정부의 '비화 국민의 정부', 그리고 이명박(MB) 정부의 '비밀해제 MB 5년'은 편집국 차원의 특별취재로 진행됐다.

필자는 1998년 김영삼 문민정부의 비화 시리즈를 기획했다. 운 좋게도 두 사람의 딥 스로트Deep Throat(내부 취재원)로부터 김영삼 정부 초기의 개혁설계안과 YS의 커튼 뒤 언행言行을 전해들을 수 있었다.

김대중 정부 비화 시리즈는 이동관 정치부장(현 디지털서울문화예술대 총장)이 팀장을 맡았다. 이동관 부장은 나중에 이명박 정부 출범 후 대통령 홍보수석비서관과 언론특보로 MB 정권의 키 플레이어key player가 된다. 거꾸로 '비밀해제 MB 5년' 시리즈의 취재대상이 된 것이다. 재미있는 인연이다.

MB 정부의 '비밀해제' 시리즈는 〈동아일보〉가 2013년부터 새로 선보인 토요판 신문의 간판 기획물이 됐다. 정치부 기자 생활을 하면서도 늘 느낀 것이지만, 대한민국은 정말 5000만이 전부 정치인이다. 그만큼 정치 이야기를 좋아한다. 슬픈 일이지만, 또한 현실이다.

그래도 마음속으로는 '사람들이 과연 이명박 정부 이야기에 관심을 기울일까'하는 의구심이 없지 않았다. 여러 정권을 봤지만 이명박 정권만큼 '희화화戱畵化된 권력'을 본 적이 없었기 때문이다. YS나 DJ, 그리고 노무현 대통령처럼 옹골찬 지지기반이 있는 것도 아니었다.

그런 생각이 들수록 비화 시리즈 취재에 앞서, 마음속 편견부터 정리해야겠다는 다짐을 했다. MB에 대한 세상인심을 접할 때마다 '솔직히 뭐 그리 죽을죄를 졌다고 저런 소리까지 들어야 하나'라는 내심內心 반발도 없지 않았다.

시리즈를 시작할 때 화자話者는 MB맨들이지만, 청자聽者는 박근혜 정부 사람들이었으면 좋겠다는 희망을 피력했다. 큰 기대는 않는다. 조급해 하지도 않는다. 기록은, 언젠가는 반성의 출발이 될 수 있다고 믿기 때문이다.

시리즈에 등장하건, 하지 않건 MB 정권의 담당자들이 동의하지 못하는 내용들도 적지 않을 것이다. 팩트라고 믿었지만, 사실은 오인誤認인 경우도 있을 것이다.

직전 정권의 뒷이야기를 다루다보면 어쩔 수 없이 빠져드는 위험이다. 하지만 변명할 생각은 없다. 다만, '역사'로서 이명박 정권의 퍼즐을 맞출 때 흐릿한 기억을 되살려주는 실마리가 될 수는 있지 않을까

하고 자평해본다.

출판을 준비하면서 가장 안타까웠던 일은 특별취재팀의 막내인 고성호 기자의 부친이 갑자기 세상을 떠난 것이다. 좀 서둘렀더라면 아들이 '주필主筆'의 일원으로 참여한 책을 펼쳐보면서 자랑스러워했을 텐데… 라는 아쉬움을 떨칠 수가 없다.

이승헌 차장은 함께 시리즈를 기획하고 집필에 참여하다 미국 연수를 떠났다. 준비가 충분치 않다보니 미국 연수중인 사람에게까지 시리즈를 쓰게 만들었다. 그래도 싫은 기색 한번 내비치지 않았다. 박정훈 차장은 뒤늦게 합류했지만 시리즈가 '깔딱 고개'를 만날 때마다 구원투수 역할을 해줬다.

시리즈가 나가는 동안 때로는 직접적인 코멘트로, 때로는 말없는 눈빛으로 응원해준 편집부 후배들의 표정도 잊을 수 없다.

추신 : 2014년 1월 1일, 서울 논현동의 MB 사무실로 세배를 갔다. 필자가 "앞으로 세배를 받으실 수 있는 전직 대통령은 대통령님 한 분뿐일 겁니다"라고 했더니 껄껄 웃었다. 존경과 사랑으로 오래오래 세배를 받는 전직 대통령이 됐으면 좋겠다.

2014년 5월
동아일보 특별취재팀 **김창혁**

3 "이 정권도 곧 터집니다"

1 '왕의 남자들' vs '공주의 남자들'

김황식 총리 발굴과
정동기 낙마 파동

       김태호 국무총리 후보자와 박연차 태광실업 전 회장이 함께 찍은 사진을 보는 순간 정진석 대통령정무수석비서관은 "이제 끝났다"고 생각했다.

  까면 깔수록 의혹이 쏟아져 나온다고 야당과 언론에서 '양파 총리 후보'라고까지 조롱하고 있던 터였다. 무엇보다 2007년 4월 미국 뉴욕의 한인식당에서 박 전 회장에게서 수만 달러를 받았다는 의혹이 핵심이었는데 김 후보자는 "그 시점엔 일면식도 없었다"고 주장했다. 그런데 2006년 2월 어느 출판기념회에서 박 전 회장과 함께 찍은 사진이 공개된 것이다. 2010년 7월 이명박 대통령에게서 정무수석 임명장을 받은 지 겨우 한 달 남짓. 〈한국일보〉 정치담당 논설위원 출신으로 16, 17, 18대 국회의원을 지낸 정 수석의 기자적 후각이나 '여의도 감각'은 아직 살아 있었다.

  "그러나 대통령은 김 후보자와 박 전 회장의 사진이 공개된 그날 아침까지도 강경한 자세를 버리지 않았습니다. 임태희 대통령실장과 저를 불러 '김무성 원내대표를 만나 밀어붙이라'고 했습니다. 김 원내대 표를 만나긴 했지만 정말 미치겠더군요." 마지막으로 임채민 국무총리 실장을 만났다. 임 총리실장은 8월 8일 개각 때 김 총리 후보자와 함 께 발탁된 인물.

정진석 "도대체 어떻게 했기에 준비가 그렇게 소홀한 겁니까?"

임채민 "나는 청문회 준비하는 사람들 곁에도 가보지 못했습니다. 청문회 준비는 (경남지사를 지낸 김 총리 후보자가) 김해에서 데리고 온 측근 몇 사람이 다 했습니다."

더 물어볼 것도 없었다. 정 수석은 임 실장에게 "대통령에게 총리 교체를 건의합시다"라고 운을 뗐다. 임 실장은 "(대통령이) 아침에만 해도 '밀어붙이라'고 했는데…"라며 난감해했다.

임 실장의 등을 떠밀다시피 해서 본관으로 올라갔다. 대통령은 버 럭 화부터 냈다. "천성관 케이스하고 다르잖아!" 이 대통령은 1년 전 '스폰서 검사' 논란 끝에 낙마한 천성관 검찰총장 후보자 얘기까지 꺼 냈다. 김태호 후보자가 아니라 임명권자인 대통령 스스로 벼랑 끝에 몰린 듯한 절박감을 느끼고 있음이 분명했다.

"그 순간 '내가 여기서 물러서면 죽는구나' 하는 생각이 들었습니다. 그래서 정색을 하고 말씀드렸습니다. '천성관보다 더하면 더했지, 다르 지 않습니다. 더 밀어붙이면 각하만 다칩니다. 이걸 리더십 손상으로 생각하시면 안 됩니다. 오히려 민심에 귀를 열고 있다는 이미지를 줄 수 있습니다'라고요. 화를 가라앉히며 듣고 계시던 대통령이 툭 내뱉

듯이 '임 실장이 (김태호를) 한번 만나봐'라고 지시하더군요."

JP(김종필) 이후 거의 40년 만에 탄생한 40대 총리로, 여당의 대권 구도까지 뒤흔들 수 있는 카드로 급부상하던 김태호 드라마는 이렇게 조기 종영됐다. 하지만 버리면 얻는다고 했던가. 김태호를 버리면서 MB는 김황식 총리를 얻는다. MB는 퇴임 인터뷰와 백서에서 '역사적 의미를 갖는 인사人事'라고까지 자부했다.

총리 찾던 MB, 김황식 카드 '더블 메리트'에 무릎 처

물론 김태호에서 김황식으로 직행한 건 아니다. '청빈 판사'로 유명한 조무제 전 대법관도 검토됐고, 〈한국일보〉 주필과 사장을 지낸 장명수도 접촉했다. 일부 친이親李(친 이명박)계는 맹형규 행정안전부장관을 밀었다.

장명수 전 〈한국일보〉 사장은 역시 〈한국일보〉 출신인 정 수석의 아이디어였다. 정 수석은 임 실장과 함께 서울 중구 정동의 음식점 '달개비'에서 장 전 사장을 만났다. 요즘엔 '안철수-박원순 회동 장소'로 유명해졌지만 과거 민주화세력의 사랑방으로 불리던 세실 레스토랑이 한정식 집으로 바뀐 곳이다.

"제가 논설위원으로 있을 때 장 전 사장이 주필이었습니다. 그러나 그분은 '정 수석이 잘 알면서 왜 그래. 내가 지금 나이가 칠십인데 어디 가서 새로운 일을 벌이겠어? 그리고 내가 그동안 (국정과 시사 문제에 대해) 쓴 글이 잘된 글인지 아닌지도 모르는데… 여하튼 외도는 하고 싶지 않아'라며 한마디로 거절했습니다. (장 전 사장의 그런 언론인다운 태도에) 임 실장도 감탄하는 눈치였습니다. 다음 날 또 전화를 드렸습니다. 그러나 장 전 사장은 거듭 '정 수석이 나를 누구보다 잘 알면서 왜 그래'라는 말만 되풀이했습니다. 그러다 다음에 고른 인물이 김황식 총리입니다. 돌고 돌다가 대어大魚를 고른 거죠."(정진석)

김 총리는 정 수석의 표현대로 '대어'였다. 1987년 대통령 직선제가 부활한 이후 최장수(2년 5개월) 총리라는 기록만 해도 우선 그렇다.

그런데 정작 김 전 총리는 퇴임 직후 기자와 통화하면서 "아직도 내가 어떻게 (총리로) 천거됐는지 잘 모르겠다. 나도 궁금하다"고 했다. 그만큼 김황식 발탁 배경은 주목을 받지 못했다. 김태호 낙마라는 태풍이 지나가고, 그 상처를 치유해줄 '힐링 카드'로 검토했던 조무제, 장명수 총리 안案까지 허사로 돌아가자 MB는 물론이고 여권 전체가 깊은 허탈감에 빠졌기 때문인지도 모른다.

하지만 총리 자리를 마냥 비워둘 수는 없는 일. 새 총리감에 대해 여러 갈래로 여론을 수집하고 있던 장다사로 민정1비서관이 새로운 착안점을 찾아낸다. 바로 '헌정 사상 최초의 전남 출신 총리'라는 콘셉트였다.

"전남 장성 출신인 김황식 감사원장을 염두에 두고 총리 후보를 천거한 건 아니었습니다. 잘 알지도 못했습니다. 김두우 기획관리실장하고 이런저런 대화를 나누던 중 '지금까지 전남 출신 총리가 한 명도 없었다더라. 그런데 사람들이 의외로 그런 사실을 잘 모르더라'라는 얘기를 했습니다. 김 실장하고는 워낙 친해서 청와대에 같이 있는 동안 서로 허심탄회한 얘기를 많이 나눴습니다."(장다사로)

김 실장은 곧바로 대통령을 면담했다. 사실 직책으로만 보면 김 실장의 대통령 독대는 좀 어색했다. 정무비서관, 정무1기획비서관, 메시지기획관을 거쳐 그 얼마 전에 신설된 기획관리실장을 맡았지만 수석급은 아니었다. 수석(차관급)과 비서관(1급) 사이의 어정쩡한 위치였다.

그런데도 김 실장은 수시로 대통령을 따로 만났다. 김 실장에 대한 이 대통령의 신뢰를 보여주는 대목이다. 어쩌면 최고경영자(CEO) 출신인 MB가 대기업 기획조정실장을 연상시키는 기획관리실장 자리를 만들어 김두우 기획관을 앉힌 배경도 그런 역할을 기대했기 때문인지 모른다.

여하튼 김 실장은 대통령에게 '김황식 총리안의 세 가지 장점'을 역설했다.

김두우 "전남 출신 총리는 헌정 사상 처음입니다. 민주당도 반대하지 못할 겁니다. 그리고 청문회 때문에 곤욕을 치렀는데 김 총리는 대법관에 감사원장까지 했으니 걱정하실 것 없습니다."

MB "그래? (혼잣말처럼 황인성, 고건 전 총리의 이름을 입 밖에 내면서) 정말 다 전북 출신이네…."

김두우 "마지막으로 경우에 따라서는 (호남) 민주당의 (영남) 노무현만 있나, (영남) 한나라당의 (호남) 김황식도 있다는 메시지를 줄 수 있습니다."

MB "……."

MB는 김 실장이 말한 세 가지 장점 중 '전남 출신 최초'라는 점과 '청문회 통과 확실'이라는 점에 꽂혔다. 연락은 임 실장이 맡았다. 김 총리 후보는 고사했지만 결국엔 받아들였다. 이때까지만 해도 이 대통령이나 김 실장, 장 비서관은 김 총리가 '전남 출신 최초'를 넘어 '명名총리'라는 평가까지 받게 될 것이라곤 생각하지 못했을 것이다.

유명한 얘기지만 김 총리는 재임 중 연필로 쓴 단상斷想을 사진으로 찍어 페이스북에 올렸다. 100편의 글을 올렸고, 떠나면서 《연필로 쓴 페이스북, 芝山通信》이라는 책으로 남겼다. 어느 글 하나 그의 진심이 느껴지지 않는 게 없다. 광주법원장 시절, 우파나 좌파가 아니라 소외계층을 따뜻하게 보듬는 '중도 저低파'가 되고 싶다고 했던 그의 철학이 물씬 묻어난다. 글을 보면 사람을 알 수 있다.

한 가지 눈여겨봐야 할 대목은 설사 민정수석실에 '역대 총리 중 전남 출신은 단 한 명도 없었다'는 여론이 접수됐다 하더라도 장 비서관과 김 실장이 아니었다면 과연 위기돌파 카드로 살아날 수 있었을까 하는 점이다.

1980년대 중반 민정당 공채 출신으로 당료생활을 시작한 장 비서관은 전북 김제 출신이다. 김 실장은 TK(대구·경북) 출신이지만 과거 중앙일보 정치부 기자 시절 야당 출입을 훨씬 더 많이 했다. 지역과 정당을 넘나드는 두 사람의 그런 경력이 좀 더 폭넓고, 유연한 상상력을 갖도록 만든 것 아닐까.

김황식 총리 청문회는 예상대로 별 탈 없이 넘어갔다. 하지만 또 다른 고비가 남아 있었다. 김 총리 지명으로 공석이 된 감사원장 자리였다.

"정동기 사퇴 촉구"에 MB 손 부들부들 떨며 진노

"감사원장은 누가 좋겠어?"

2010년 10월 초 어느 날. 김황식 감사원장의 국무총리 임명 절차를 마친 이명박 대통령(MB)은 청와대 참모들에게 이런 질문을 던졌다. 정운찬 총리 사퇴 후 김태호 총리 후보자가 낙마한 뒤 어렵사리 찾은 김황식 카드 인선을 마무리한 직후였지만 헌법기관장인 감사원장을 오래 비워둘 수는 없는 노릇이었다.

며칠 뒤 청와대 본관 집무실에 임태희 대통령실장과 참모 몇 명이 들어섰다. 목영준 헌법재판관 등이 후보로 거론됐고, 대통령도 긍정적이었다.

청와대 인선 실무진은 이 중 목 재판관을 우선순위에 놓고 접촉을 시작했다. 하지만 당사자의 반응이 시원치 않았다. 목 재판관의 증언. "제안을 받은 것은 사실입니다만 현직 헌법재판관이 감사원장으로 곧장 옮긴다는 게 내키지 않았어요." 일각에선 재산(2010년 당시 헌법재판관 중 최다인 46억6491만 원)이 문제될 것이라는 말도 나왔다. 청와대는 결국 목영준 카드를 접었다.

그해 11월 11일 서울 주요 20개국(G20) 정상회의를 앞두고 후임 감사원장 건이 해결되지 않자 MB의 피로감은 쌓여 갔다. 9월에는 임기 초부터 함께한 유명환 외교통상부장관이 딸의 '외교부 특혜 채용' 의혹을 받다 낙마했다. MB는 G20 정상회의를 마친 11월 중순 다시 후임 감사원장을 놓고 고민에 들어갔다. 그러다 정동기 전 대통령민정수석비서관 카드가 나왔다. 2007년 대검차장을 지낸 뒤 2009년 천성관 검찰총장 낙마 파문의 책임을 지고 민정수석에서 물러나 정부법무공단 이사장으로 가 있던 그 정동기였다.

하지만 그에 대해 고교(서울 경동고) 후배인 임 실장 정도를 제외하고 청와대 참모들은 썩 내켜하지 않는 눈치였다. 당시 청와대 핵심참모인 A. "이상하게도 정무, 홍보, 민정수석 모두 정동기 감사원장 카드에 대해 흔쾌한 반응을 보이지 않았습니다. 크게 반대하지도 않았지만…"

그러나 대통령의 마음은 정동기 쪽으로 기울어 있었다. 김두우 기획관리실장의 전언. "천성관 낙마 건도 사실 100% 정동기 전 수석의 책임은 아니었어요. 천성관을 추천하지 않았거든요. 그런데도 책임지고 민정수석에서 물러났죠. 그만두는 게 상식이지만 대통령은 그 점을 고마워했고 마음에 부담을 가졌을 겁니다." 결국 정 전 수석은 그해 12월 31일 개각 발표에서 감사원장 후보자로 지명된다.

정치권의 반응은 냉담했다. 야당인 민주당은 정 전 수석이 2007년 대검차장 당시 MB의 도곡동 땅 관련 의혹 등을 덮어줬다고 주장했다. 한나라당 분위기도 다르지 않았다. 특히 "민정수석을 지낸 대통령 측근이 어떻게 헌법기관장을 맡을 수 있느냐"는 말이 나오기 시작했다. 여기에 2007년 대검차장을 그만두고 7개월간 변호사 수임료로 7억 원을 받았다는 게 더해져 여론은 걷잡을 수 없이 악화됐다.

결국 정동기 지명 열흘 만에 일이 터졌다. 2011년 1월 10일 오전, 안상수 한나라당 대표가 최고위원회의 도중 "정동기 내정자 스스로 거취를 결정하는 게 국민의 뜻을 따르고 대통령을 위하는 것이라는 결론을 내렸다"며 자진사퇴를 촉구했다. 집권 여당이 청와대와 논의 없이 MB 임기 중 처음으로 대통령 인사권에 대해 공개적으로 '선상 반란'을 일으킨 것이다.

그 시간 MB는 수석비서관회의를 주재하고 있었다. 대통령 경호상 휴대전화 전파를 차단해 참석자들은 이 소식을 아직 알지 못했다. 그

대신 원희룡 당 사무총장으로부터 회의 결과를 '통보' 받은 김연광 대통령정무1비서관이 회의장으로 뛰어가 직속상관인 정진석 수석을 찾았다. 정 수석은 밖으로 나와 원 총장에게 "당신 정치를 어디서 이 따위로 배웠어!"라고 호통을 친 뒤 다시 회의장에 돌아왔다.

"대통령님, 지금 당 최고위원회의에서 정동기 후보자의 자진사퇴를 요구했습니다."

당시 청와대는 대통령이 별 반응을 보이지 않았다고 발표했다. 하지만 실제로 정 수석의 보고를 받은 MB는 손까지 부들부들 떨며 '최고 수위'의 분노를 표출했다고 한다. 당시 한 참석자. "대통령은 2009년 천성관에 이어 2010년 김태호, 유명환이 잇따라 낙마하며 극심한 인사 스트레스를 받고 있었습니다. 그런 상황에서 여당이 대통령 등에 칼을 꽂은 격이었죠."

청와대 분위기는 삽시간에 얼어붙었다. 감사원장은 국회가 동의안을 통과시켜야 임명할 수 있는 만큼, 여당의 자진사퇴 요구는 정동기 카드의 폐기를 의미했기 때문이다. 임 실장 등 주요 수석들이 줄사표를 낼 상황이었고, 주무인 권재진 민정수석은 실제로 사표를 내려고 했다. MB는 참모들이 국회와 접촉하며 정동기 카드를 설득해내지 못한 점을 불만스러워했다고 한다. 이상기류를 감지한 김두우 실장은 이날 저녁 청와대 집무실로 대통령을 찾아갔다.

김두우   "지금 참모들을 문책하시면 당에서 청와대를 치고 들어오는 게 성공하게 됩니다. 문제가 더 심각해질 수 있습니다."

MB   "그럼 어떻게 하면 돼?"

김두우 "임 실장에게 힘을 실어주십시오. (그 의미를 알릴) 방법은
         얼마든지 있습니다."

  결국 이틀 후인 1월 12일 정동기 전 수석은 기자회견을 열고 감사원
장 후보에서 물러났다. MB는 그날 오후 정진석 수석 등과 회의를 하
던 임 실장의 집무실을 찾았다. 청와대는 이례적으로 이 사실을 언론
에 알렸다. 사태의 확산을 막기 위한 제스처였다. 당시 언론은 "대통
령이 임 실장에게 힘을 실어주었다"고 해석했다.

  하지만 그런 제스처와 별개로 대통령의 분노는 가라앉지 않았다.
MB는 이 자리에서 참모들에게 정동기 카드를 선택한 이유를 장시간
설명했다.

  "그 사람이 한양대 출신이다. 완전 비주류다. 그런 사람이 검찰에서
그 자리(대검차장)에까지 올라가려고 얼마나 자기 관리를 잘했겠느냐.
나하고 가깝다고 감사원장 시키려 한 게 아니다. 정치인들이 자기들은
얼마나 깨끗하다고 시비하느냐."

  대통령의 열변을 듣고 있던 정 수석이 입을 열었다.

정진석 "제가 정 후보자를 만나 소주 한잔하며 위로하겠습니다."
MB   "뭐? 당신 혼자 인간적인 척하지 마! 가슴이 아파도 내가 더
          아프고, 정동기를 알아도 내가 더 잘 알아!"

  MB의 분노는 오래갔다. 13일 청와대는 그달 26일 잡혔던 대통령과
한나라당 지도부의 만찬을 연기한다고 밝혔다. 자신을 배신한 여당과

는 밥도 먹기 싫다는 것이다. 그러던 MB는 폭설이 내리던 1월 23일 오후 당 지도부에게 청와대 안가에서의 '저녁 번개'를 제안했다. 안상수 대표와 김무성 원내대표, 심재철 정책위의장, 원희룡 사무총장이 나왔다. MB는 참석자들에게 막걸리를 따라주며 싸늘하게 말했다.

"안 대표, 당신 많이 컸네."

"......"(안 대표)

날씨만큼 얼어붙은 이 자리에서 MB는 더 이상 대통령의 권위에 도전하지 말라고 당에 엄중 경고했다. 안상수는 막걸리잔에 입을 대지도 못했다.

비밀해제 in 비밀해제 ●

"그 친구들이 다했다고?"

김황식 총리 발탁 전후 이야기가 나간 뒤 MB는 "허 참, 잘 알지도 못하면서 그 친구들이 다했다고?"라며 웃었다고 한다. '비밀해제'가 주로 참모들의 역할에 초점을 맞추다 보니 최종결정권자인 대통령의 모습이 다소 수동적으로 묘사된 건 사실이다. 김 총리만 해도 감사원장을 지냈기 때문에 MB가 직접 보고를 받는 일이 많았고, 그 과정에서 마음 속에 직접 만들어놓은 '존안자료'가 있었을 것이다.

김황식은 이후 2014년 6·4 지방선거를 앞두고 치러진 새누리당의 서울시장 후보 경선에 나섰다가 정몽준(MJ)에 패하고 말았다. 김두우가 말한 '영남 한나라당(새누리당)의 전남 김황식 카드'가 새누리당 내에서도 통하지 않았던 셈이다. 다만, 김황식의 정치적 의지를 확인할 기회는 되었다고 본다. 김두우는 그런 얘기도 했다. "대통령한테 국무총리 인사문제를 건의하는데 아무 것도 알아보지 않고 그냥 했겠느냐? 여러 경로를 통해 김황식 총리의 '간'을 봤다." 간을 봤다는 말은 김황식이라는 인물의 정치적 의지를 읽었다는 뜻이다.

취재 과정에서 한 가지 풀리지 않은 의문은 민주당 박지원 의원이 '절친'인 한나라당 이재오 의원을 통해 김황식 총리 아이디어를 전달했는데, 청와대에서 부정적인 반응을 보였다는 증언이다.

대통령님? 각하? 대통령 호칭 논란

노무현 정부에서 대통령정책실장을 지낸 김병준 국민대 행정정책학부 교수가 〈동아일보〉의 '비밀해제 MB 5년' 1회를 보고 2013년 4월 2일 한 인터넷 매체에 '각하의 말씀, 많이 컸네'라는 글을 썼다. 2010년 정진석 당시 정무수석이 MB에게 '김태호 총리 카드' 포기를 권유하면서 "더 밀어붙이면 각하만 다칩니다"라고 한 대목을 지적했다. 김 교수는 "각하라는 호칭은 신분적 차이나 권위적 위계로 연결된다"며 "참여정부의 경우 누구도 대통령을 각하로 부르지 않았다. 대통령님이었다"고 말했다.

하지만 MB 청와대에서도 공식 호칭은 '대통령님'이었고 대부분의 참모들도 그렇게 불렀다. 다만 일부 참모들이 가끔 '각하'라고 불렀다.

사실 한국의 보수 세력은 '각하'라는 표현에 더 익숙할 수밖에 없다. '대통령님'이란 표현은 고 김대중 전 대통령이 1997년 대선 승리 후 처음 사용한 것이다. 그 전까진 '각하'가 공식 호칭이었다.

대선 다음 날인 2007년 12월 20일, MB는 한나라당 중진 의원들과 서울 종로구의 한정식집에서 당선 축하 만찬을 했다. 폭탄주가 한두 산 돌고 분위기가 오르자 최병국 의원이 자리에서 일어섰다. "공식 호칭은 대통령님이지만, 표현이 좀 익숙하지 않습니다. 이전처럼 각하가 좋지 않나요. 외국에선 장관도 각하라고 부르는데 저는 각하라고 부르겠습니다. 이명박 대통령 각하!"라고 한 것. 이에 주변에서도 "각하"라고 추임새를 넣었고 분위기는 최고조에 이르렀다. 당시 MB는 이에 대해 별 언급은 하지 않았다. MB는 취임 초기 참모가 보고 중 자신을 각하라고 부르면 "각하라고 부르지 마라"고 제지했으나 나중에는 굳이 막지는 않았다는 게 주변의 전언이다.

감사원장 낙마, 그날 이후…

"후보자에서 물러난 그날 이후 50여일 빼고 지금까지 매일 술을 마신 거 같네요…."

정동기 전 대통령민정수석비서관은 한동안 "그 이야기에 대해서는 절대 인터뷰하지 않겠다"며 취재진을 피했다. 여당인 한나라당의 반발로 감사원장 후보에서 물러난 상처가 아직 아물지 않은 듯 했다. 그렇게 버티던 정 전 수석은 2013년 3월 〈동아일보〉에 '비밀해제 MB 5년' 연재가 시작되고 첫 기사로 자신의 이야기가 나가자 취재팀과 저녁을 함께 하자며 불쑥 이렇게 말했다.

"고생하셨을 테니 소주나 한잔 하시죠. 술 마셨다는 거 외에 내가 여러분에게 해줄 수 있는 말은 없습니다."

감사원장이라는 목표를 코 앞에 두고 물러났던 한 중년 남성의 쓸쓸함이 짙게 배어있었다. 술을 건네는 눈빛은 종종 흔들렸다.

그런 그에게 차마 "감사원장 후보 물러나면서 MB와 무슨 이야기를 하셨어요?"라고 물어볼 수는 없었다. 묵묵히 그의 이야기를 듣는 게 취재팀이 할 수 있는 일이었다.

그는 비밀해제 시리즈와 직접 관련이 없는 말은 많이 했다. 특히 정치권에 대한 감정은 단순한 불신을 넘어선 것이었다. 그가 2012년 총선에서 무소속으로 서울 강남을 지역구 출마를 심각하게 검토했다는 것도 빈말이 아니었겠다 싶었다.

최시중의 슬픈 예언

《MB가 얼마 전 정두언, 김원용, 곽승준 등을 모아놓고 "당신들 앞으로 주변에서 돈 받지 마라. 내가 사업을 해봐서 아는데 정권을 잡으면 (대통령 주변에서) 돈 벌 일, 사업이 엄청 많이 생긴다"고 했다고 함.(2008년 1월 이명박 대통령직인수위원회 출입기자 정보보고)》

MB 정권 5년의 뒷모습은 무엇으로 기억될까?

혹시 설을 앞둔 2013년 2월 1일, 최시중 전 방송통신위원장과 천신일 세중나모 회장이 서울구치소를 나서는 장면이 오버랩되지 않을까? 염색을 하지 않아 백발이 성성한 최시중은 카메라 앞에서 "국민께 정말로 죄송합니다"라는 말을 남겼지만, 천신일은 구급차에 실려 구치소를 빠져나갔다.

이명박 전 대통령은 〈조선일보〉와 퇴임 인터뷰를 하면서 최시중, 천신일의 특별사면에 대해 "사실 떠날 때 하려고 작년 8·15와 연말 때 사면을 안 했다. 국민께 심려를 끼쳐 죄송하다"고 말했다. '떠날 때 하려 했다'는 말도 진심이었겠지만, 명절인 설이 얼마 남지 않았다는 점도 마음에 걸렸을 것이다. 올드보이들에게 설은 멀리 떨어진 가족이 다시 만나는 날이다. 두 사람이 구치소에서 설을 맞게 할 수는 없었다.

최시중은 5년 전 설을 떠올렸다.

530만 표의 압도적인 표차로 당선된 MB는 이듬해인 2008년 설날 이상득(SD), 최시중, 천신일, 류우익을 경북 경주 마우나오션CC로 초청했다. 코오롱그룹이 소유한 골프장이니 코오롱 사장 출신인 친형 이상득이 주선했을 것이다.

부부 동반으로 마련한 이날 라운딩은 '가족 모임'이나 마찬가지였다. 이상득과 최시중은 '영일만 친구'이자 서울대 57학번 동기. 50년 지기知己였다. 이명박과 천신일은 고려대 경영학과 61학번 동기로, 이상득–최시중 못지않게 오랜 친구였다. 네 사람은 가족 이상의 사이였다. 열흘 전 대통령실장으로 내정된 류우익만이 '공식적인 신분'으로 끼었다.

골프장을 모두 비웠기 때문에 남자 5명이 한조, 여자 5명이 한조로 라운딩을 했다. 골프를 마치고 모두 함께 앉은 자리. 만감이 교차하는 듯 최시중이 입을 열었다.

최시중　"역대 정권이 끝날 때는 측근들이 전부 감옥에서 제사를 지 냈는데 우리도 그렇게 될지 모른다."

천신일　"선배, 역대 정권과 우리는 좀 다르지 않습니까?"

최시중　"……"

천신일 "역대 정권의 측근들은 모두 치부를 하려다가 그렇게 됐지만 선배도 그렇고 이상득 부의장도 그렇고 저도 다 재력이 있는 사람들 아닙니까? 우리가 치부할 일이 뭐 있습니까? (구속 수감되거나) 그런 일 없을 겁니다."

"우리도 감옥 갈지 몰라"

MB나 이상득은 말이 없었다.

천신일의 말처럼 '우리는 다르다'라고 생각했다. 나름대로 자신감이 있었다. 자신감의 뿌리는 바로 '차떼기의 고리'를 끊은 데 있었다. 한나라당에 '차떼기 정당'이라는 씻지 못할 낙인을 안겨준 건 이회창, 천막 당사에서 당무를 보며 국민에게 석고대죄한 사람은 박근혜지만 불법 대선자금의 고리를 실질적으로 끊은 건 바로 자기들이라는 자부심이 있었다.

MB의 한나라당은 차떼기의 고리를 끊기 위해 헌정 사상 처음으로 대선자금 은행 대출을 시도한다.

강재섭 대표와 황우여 사무총장의 아이디어였다.

"내가 대표로 있을 때 불법 대선자금 모금의 고리를 끊고 싶었다. 사실 그전에는 기업들로부터 대선자금을 모금하면서 당 대표도 따로 주머니를 챙겼다. 그 돈으로 대선 유세 때 지역에 내려가면 위원장들에게 당의 공식 선거운동비와 별도로 2000만 원씩 주곤 했다. 전당대회에 대비해 자기 사람을 만들려는 거지. 그러다 보니 기업들로부터 모금하는 액수가 2500억 원, 3000억 원으로 늘었고 급기야 '차떼기 정당'이 된 거다. 그 고리를 끊고 싶어 황 사무총장에게 리포트를 하나 만들어 보라고 과제를 줬다. 또 자금 소요 계획을 점검하는 것 자체가 대선 준비도 되니까."

노태우, 김영삼 그리고 두 번의 이회창 선거까지…. 대선자금의 '검은 실체'를 누구보다 깊숙한 곳에서 목격한 강재섭이었다.

260억 원 정도가 부족했다. 2007년 대선비용 법정 제한액이 465억9300만 원이니까 무려 60%나 곳간이 빈 셈이었다. 은행 대출을 받기로 했지만 박근혜 대표 시절 천막당사로 옮기면서 여의도 당사를 팔았기 때문에 담보로 내놓을 재산도 없었다. 신용대출 외에는 방법이 없었다. 또 은행이나 보험사는 제도상 정치자금을 대출해줄 수 없었다.

저축은행으로 눈길을 돌렸다. 경북 영덕 출신으로 선거대책위원회 경제살리기특위 부위원장을 맡고 있던 황영기 전 우리은행장이 나섰다.

"당에 있던 사람들이 금융업계 상황을 잘 모르고, 당도 차입 경험이 없어서 내게 대출 건을 부탁했습니다. 마침 HK저축은행에 아는 사람이 있어서 소개해 줬습니다."(황영기·2011년 10월 〈주간동아〉 인터뷰)

그렇게 해서 결정된 곳이 미래, HK, 영풍, 프라임 등 저축은행 4곳이었다. 저축은행들은 대통령후보인 MB의 보증을 요구했다. 그러나 그건 바람직하지 않았다. 대신 당 대표인 강재섭이 주 채무자가 되고, 이상득이 보증인으로 나섰다. 강재섭은 "오전 내내 도장을 찍었다"고 기억했다.

차떼기의 고리는 끊었으나…

초유의 대선자금 신용대출이 실제로 이뤄질 때의 사무총장은 이방호였다. MB는 2007년 8월 전당대회에서 대선후보로 선출되자마자 이방호에게 당의 살림을 맡겼다. 강재섭은 이방호가 마음에 걸렸다. MB를 찾았다.

강재섭 "대선자금에 관심이 있을 것 같아 만나자고 했습니다."

MB "무슨 방법이 있습니까?"

강재섭 "지금 대략 260억 원 정도가 모자랍니다. 하지만 금융권에서 대출을 받으면 단돈 10원도 따로 걷을 필요가 없습니다. 사실 예전에 여기저기서 돈을 마련했지만 당 대표가 지구당 위원장들에게 인심 쓰고, 선거 끝나고 나면 마누라 가방이나 사주고 하지 않았습니까? 득표에는 도움이 안 됐습니다."

MB (강재섭의 손을 덥석 잡으며) "고맙습니다. 정말 고맙습니다."

강재섭 "그런데 한 가지 부탁이 있습니다."

MB "뭡니까?"

강재섭 "제일 걱정되는 사람이 이방호 사무총장입니다. 이 사무총장을 교도소에 안 보내려면 후보가 직접 불러 '앞으로 대선을 핑계로 돈을 걷는 사람은 다 자기가 먹으려는 것으로 알겠다'고 말씀해 주십시오."

MB "알겠습니다."

강재섭은 이방호를 '요주의 인물'로 생각했다. 당시 한나라당은 당 대표와 사무총장이 법인카드를 나눠 쓰고 있었다. 그런데 한도 초과가 되는 일이 많았다. 강 대표가 직접 이 사무총장에게 "어디 가서 쓰는데 늘 한도 초과냐"고 질책할 때도 있었다.

여하튼 강재섭은 "우리 정치사에서 기업으로부터 (불법) 대선자금을 모금해 대선을 치르는 고질적 관행은 내가 전부 없앴다. 이상득, 최시중의 돈 문제는 모두 그 이전의 일"이라고 자부했다. 그래도 역사는 늘 승자의 몫. 차떼기의 고리를 끊은 공은 모두 MB에게 돌아갔다.

MB가 당선 직후인 2007년 12월 28일 전경련을 방문해 "문자 그대로 비즈니스 프렌들리business-friendly한 정부를 만들겠다. 저에게 직접 전화 연락을 해 달라"며 새 정부의 의지를 강조하다 불쑥 "이제 정경유착이라는 단어는 없어졌다"고 선언한 이면엔 바로 그런 자부심이 있었다. 하지만 MB가 퇴임한 지 이제 불과 일 년 남짓. 정권재창출이라고 하지만 어디서 무엇이 터져 나올지 아직은 속단하기 어렵다.

비밀해제 in 비밀해제 ●

이동관 전 홍보수석과의 '딜'

취재를 할 때도 가끔 '딜deal'을 해야 하는 순간이 있다. '비밀해제 MB 5년' 시리즈는 〈동아일보〉가 새로 선보인 '혁신 토요판'의 커버스토리로 첫 걸음을 뗐다. 그리고 매주 토요일자 신문 5면에 시리즈를 게재키로 했다. 커버스토리 이후 5면 시리즈의 첫 회로 생각하고 있던 주제는 원래 '최시중의 슬픈 예언'이 아니었다.

필자가 계획하고 있던 주제는 "우린 도덕적으로 완벽한 정권"이었다. 측근 비리가 터지자 MB가 물컵을 내리치며 그렇게 강조했다는 게 주요한 대목이었다.

뭐랄까, MB라는 정치지도자의 캐릭터를 잘 보여주는 장면이라고 생각했다. 특별히 감출 이유도 없어 이동관 전 홍보수석을 만났을 때 그런 얘기를 해줬다. 이동관 수석의 표정이 어두워졌다. 어찌됐건 MB 정권으로서는 가장 '아픈 장면'이라는 것이다. 이동관 수석은 그러면서 "처음부터 그렇게 세게 나가면 취재원들이 입을 닫을 수도 있다. 아무리 전직 대통령이지만 MB의 눈치를 보지 않을 수 없을 것"이라고 했다.

필자도 조금 흔들렸다. 그런데 역시 이동관 수석이었다. 그는 언론을 누구보다 잘 알았다. 며칠 뒤 최시중 전 방송통신위원장이 MB 당선 직후 경주 마우나CC에서 했다는 '슬픈 예언'을 들려줬다. 물론 최시중 전 위원장에게 다시 확인을 거쳤지만….

'딜'은 그렇게 이뤄졌다. 그렇다고 "우린 도덕적으로 완벽한 정권"이라는 주제를 버린 건 물론 아니었다. 뒤로 미뤄졌을 뿐이다.

정두언 실종사건

　　　　　　　걱정스러운 눈빛이었다. 대선 이듬해인 2008년 1월 초 어느 날, 이명박 대통령은 서울 종로구 통의동 대통령당선인 집무실로 정두언 한나라당 의원을 불렀다.

"얼마 전 인사동에 밥 먹으러 갔는데 사람들이 자기네들끼리 '인수위는 다 정두언 사람이래'라고 하더라…."

정두언은 MB에게 별 해명은 하지 않았다. '보는 눈이 많으니 몸가짐을 더 조심하라'는 뜻이겠거니 했다. 당시 대통령 당선인 보좌역으로 새 정부 인선작업을 총괄하던 정두언은 명실공히 최고 실세였다. 서울시장 시절부터 함께했고, 선거기획을 주도한 정두언에 대한 MB의 믿음은 절대적이었다. MB는 대선 직후 그런 정두언을 불러 "인수위 인선안을 짜라"고 지시한다.

정두언은 박형준 한나라당 의원, 곽승준 고려대 교수, 김원용 이화여대 교수, 그리고 박영준 MB선대위 네트워크팀장 등으로 인수위 인선팀을 꾸렸다. 훗날 지식경제부 2차관 등을 지내며 '왕 차관'으로 불린 박영준은 이때만 해도 정두언 팀의 '실무자'에 불과했다. 정두언은 밤낮으로 인선작업을 한 끝에 박영준을 데리고 2007년 12월 말 서울 중구 소공동 롯데호텔 내 미팅룸에서 MB에게 인수위원 명단 24명을 보고했다. MB는 극비보고를 받을 때마다 이 미팅룸을 자주 이용했다. 24명 중 2명을 제외하곤 정두언 안이 그대로 통과됐다. 자연히 인수위 전문위원, 자문위원도 정두언의 손을 거쳤다.

인수위가 발족한 직후인 2008년 1월 첫째 주부터 여권에선 "인수위가 정두언 판이다"라는 말이 돌기 시작했다. "정두언이 고교(경기고)-대학(서울대) 동문들을 대거 인수위에 심었다"며 특정인의 이름도 거론됐다. 인수위 전문위원으로 들어갔던 조원동 당시 재정경제부 차관보(박근혜 정부 대통령경제수석비서관)가 대표적이었다. 두 사람은 1975년 경기고를 졸업한 동기동창. 정두언이 "원동아"라고 부르는 친구였다. MB는 이런 말이 자신의 귀에도 들리자 정두언을 불러 시중의 이야기를 들려준 것이다. 정두언은 주변에 "인재를 쓰려다 보니 경기고, 서울대 출신이 많은 거지 나랑 친한 사람을 쓴 건 아니다"라고 해명했다. 실제로 영국 옥스퍼드대 경제학 박사인 조원동은 변양호 전 재경부 금융정보분석원장 등과 함께 관가에서 '천재'로 통하는 사람이었다.

정두언은 MB에게 '한 소리'를 듣고 더 조심해야겠다고 생각했다. 청와대 인선과 새 정부 조각 작업을 하던 정두언은 함께 작업하던 팀원들을 불렀다.

"우리끼리 하는 방식으로는 한계가 있는 것 같다. 인사위원회 비슷한 구조를 만들어야겠다."

다들 수긍하자 정두언은 이를 MB에게 보고했고 인선팀은 MB를 위원장 격으로 하는 위원회 형식으로 재편된다. 전문가 그룹에서 몇 명이 추가로 합류했다. 박영준도 위원회의 정식 멤버가 됐다. 정두언의 결정이 한몫했다.

　역시 인수위 발족 직후였다. 정두언은 곽승준과 서울 마포구 서울가든호텔에서 점심을 하려다 박영준의 전화를 받았다. 박영준도 식사 자리에 합석했다.

박영준 "형님, 대선에서 제가 이끌던 선진국민연대 사람들 고생 많았는데 인선에서 좀 고려해 주시죠."

정두언 "음, 그러면 그냥 네가 와서 직접 (인선) 해."

　이렇게 박영준까지 합류한 위원회에선 인선을 놓고 제법 난상토론도 벌어졌다. MB 정부에서 행정안전부장관, 국가정보원장을 지낸 원세훈 등 주요 인선 후보군에 대한 거침없는 토론도 이뤄졌다. 어느 날 MB가 "원세훈 그 사람 쓸 만하지 않나"고 물었더니 한 위원은 "그 양반 밥도 혼자 먹어서 주변에서 '원 따로'라고 부르던데요"라며 이의를 제기하기도 했다.

MB 정권 개국공신의 '보름 천하'

　이렇게 인선작업이 한창이던 1월 중순, 정두언에게 예기치 않은 사건이 발생한다.

대선 당시 국세청이 '도곡동 땅 의혹' 등 MB 관련 자료를 수집했다고 본 정두언은 선거가 끝난 직후부터 한상률 당시 국세청장에게 문제의 자료를 넘겨달라고 요청했다. 국세청이 그 자료를 갖고 나중에 무슨 일을 벌일지 모른다고 생각했다. 그런데 한상률은 이 핑계 저 핑계를 대며 자료를 넘기지 않았다. 하루는 남산의 서울 그랜드힐튼호텔에서 한 청장을 직접 만나 채근하기도 했지만 결국 자료는 받지 못했다. 정두언이 한상률에게 전화를 걸어 목소리를 높였다.

"그 자료 좀 달라는데 무슨 이유가 그리 많습니까?"

정두언은 통화 후 전화기를 집어던지듯 세게 내려놨다. 튕겨져 나간 수화기가 줄에 매달린 채 사무실 바닥에 닿을 정도였다. 그리고 얼마 뒤, MB가 정두언을 불렀다.

MB   "국세청에 내 관련 자료를 달라고 했다면서? 왜 시키지도 않은 쓸데없는 일을 하고 다녀!"

정두언   "⋯⋯."

얼마 전 '인사동 민심'을 전할 때와는 달랐다. 노기怒氣 서린 목소리였다. 대선 기간 내내 도곡동 땅 의혹에 시달렸던 MB였다. 자신의 의도와 달리 뭔가 단단히 오해를 한 듯한 MB 앞에서 정두언은 아무 말도 할 수 없었다. 정두언은 한상률과의 통화 사실이 MB에게 전해진 과정을 은밀히 알아봤다. 정두언은 결국 한상률이 어떤 경로로든 MB에게 보고했을 거라고 여겼다. 정두언 주변에선 서서히 세를 키우던 박영준이 이 과정에서 모종의 역할을 한 것 같다는 얘기들이 나오기 시작했다.

그 후에도 MB에게 한두 차례 더 "조심하라"는 얘기를 들은 정두언은 결국 2008년 1월 중순경 MB에게서 청천벽력 같은 통보를 받는다.

"계속 인사에 관여하다간 아무래도 (네가) 다칠 것 같다. 아끼는 마음에서 하는 말인데, 앞으로 인선에서 손을 떼라."

2002년 7월 서울시 정무부시장으로 인연을 맺은 후 MB 대통령 만들기에 다걸기(올인)했던 정두언은 '멘붕(멘털 붕괴)'에 빠졌다. MB 주변에선 대선 직후 시작해 이듬해 1월 중순 소낙비에 벚꽃 지듯 끝나버린 정두언의 이 전성기를 '보름 천하'로 부르기도 한다.

정두언에게 '인선작업 중단'을 통보한 MB는 대신 자신의 스피치라이터였던 류우익 서울대 지리학과 교수에게 인사위원회를 새로 꾸리라고 지시한다. 류우익은 대선 직후 정두언이 짠 인수위원에 포함되지 않았다. 그래서일까. 그 후 "내 소임은 끝났다"며 세계지리학회 참석차 홀연히 프랑스 파리로 떠났다가 숙부의 부고를 듣고 1월 초 입국해 있었다. 정두언에게서 인선 자료를 건네받은 류우익은 이윤호 당시 전국경제인연합회 국제경영원장, 김병국 고려대 교수, 서대원 전 국가정보원 제1차장, 주호영 당선인대변인, 행정학 교수 A(현 고위 공직자), 그리고 박영준으로 구성된 2차 인사위를 꾸렸다. 정두언이 이끌었던 인사위 멤버 중 박영준만 살아남은 것이다. 초기부터 인선에 참여했던 박영준은 삽시간에 '류우익 인사위'의 핵심으로 부상했다.

정두언은 피가 거꾸로 솟았다. 그리고 '한상률 사건'이 MB에게 알려지게 된 배후로 박영준을 본격적으로 의심했다. 한 걸음 더 나아가 박영준을 보좌관으로 오래 데리고 있던 이상득 전 국회부의장이 자신을 견제하는 것으로도 생각했다. 당시 '정두언 인사위'에 있던 B의 주장. "박영준이 '정두언과 한상률 사건'을 MB에게 알렸는지는 확인할 길이 없다. 하지만 정두언이 나이브(순진)했던 것은 분명하다. 박영준이 끝까지 자기를 '형님'으로 모실 걸로 착각했던 것 아닌가."

MB 정부의 조각을 주도하던 정두언은 하루아침에 인사위 회의에도 참석하지 못하는 처지로 전락했다. 하지만 '백수'로 그냥 호락호락 물러날 정두언은 아니었다.

정두언에서 류우익, 박영준으로 넘어간 인사권

"결국은 청와대다…."

MB 정부 인선작업에서 손을 떼게 된 정두언 당선인보좌역은 '멘붕'에 빠진 상태에서도 끊임없이 자문했다. 인사위원회를 접수한 류우익과 이를 실무적으로 주도하는 박영준을 막지 못하면 썰물 빠지듯 권력에서 멀어지는 건 당연지사였다. 정두언은 류우익으로부터 인사위 '실무위원' 제안을 받았지만 일언지하에 거절했다.

그 대신 정두언은 초대 대통령실장 자리에 주목했다. 임기 초에는 어느 때보다 권력이 청와대로 쏠린다. 마침 초대 실장에 윤진식이 유력하다는 말이 돌았다. 노무현 정부에서 산업자원부장관을 지냈고 인수위 산하 국가경쟁력강화특별위 부위원장을 맡고 있던 그 윤진식이었다. 정두언은 자신과 큰 인연은 없었지만 류우익과 박영준을 견제하기엔 제격이라고 봤다. 명분도 그럴듯했다. '경제 대통령'을 표방한 MB 밑에 경제관료 출신 대통령실장 조합이었다. 이때까지도 정두언이 인사작업 전반을 류우익, 박영준에게 넘긴 사실은 극비 중의 극비였다.
정두언까지 가세한 '윤진식 유력설'은 여의도를 중심으로 더욱 확산됐
다. 일부 언론은 2008년 1월 16일자에 이 소식을 취재해 윤진식 유력
설을 보도하기도 했다.

　하지만 비슷한 시간, '류우익 인사위'에선 전혀 다른 이야기가 오가
고 있었다. 1월 중하순 어느 날. 인사위 멤버들이 서울 종로구 '경희궁
의 아침' 오피스텔 내 사무실에 속속 모여들기 시작했다. 인수위 멤버
들이 베이스캠프로 활용하던 곳이다. 이 자리에선 '초대 대통령실장은
류우익'이라는 MB의 메시지가 전달됐다. 참석했던 A의 증언. "류우익
이 인사위를 꾸린 후로 어느 정도 예상했던 일이다. 초대 대통령실장
이 청와대 인선과 조각을 주도하지 않으면 누가 하겠나?"

　이 소식은 오래지 않아 정두언 귀에도 들어갔다. 깊은 허탈감이 몰
려왔다. 정두언은 1월 25일 오후 오랜만에 삼청동 인수위 기자실을
찾았다. 여전히 '최고 인사 실세'로 통했던 정두언을 수십 명의 기자가
삽시간에 에워쌌다. 그는 씁쓸한 웃음을 흘리고 있었다.

정두언　"그런데 인사는 어떻게 되는 거야?"
기자들　"에이, 인사를 하는 분이 그렇게 말씀하시면 안 되죠."
정두언　"기자들이 나에게 전화를 많이 하는데, 사실 나는 (인사와
　　　　　관련해) 아는 게 없다는 것을 고백하러 왔어."

　대부분의 기자는 정두언이 특유의 너스레를 떠는 것으로 여겼다.
하지만 당시 정두언은 진심이었던 것이다.

"할 말 있으면 지금 해" 그렇게 둘은 끝났다

MB는 2월 1일 류우익을 초대 대통령실장으로 공식 임명한다. 류우익은 임명 후 언론과의 인터뷰에서 은연중에 대통령실장 내정자로 일해왔음을 내비쳤다. "그냥 늘 대통령에게 조언해드리고 상의했다. 청와대가 어떤 곳이고 대통령 직무가 어떤 것인지 등은 따로 설명 안 해도 알 만큼 알게 됐다."(《동아일보》 2008년 2월 2일자 A2면)

'류우익 대통령실장'이 막상 현실화되자 정두언은 정신이 번쩍 들었다. 이대로 가다간 류우익, 박영준, 더 나아가 이상득 전 국회부의장 판이 되는 건 시간문제였다. 주변에선 "어떻게 만든 정권인데 이대로 물 먹고 있을 거냐"는 하소연이 이어졌다.

정두언은 대통령수석비서관 인선에 승부를 걸기로 했다. 대선 직후 검증을 시작해 나름 오래 준비한 카드가 있었다. 정두인과 주변 그룹이 만든 대통령수석비서관 인선안의 핵심은 △정무수석 김인규 MB 선대위 방송전략팀장(훗날 KBS 사장) △국정기획수석 곽승준 고려대 교수 △경제수석 소장경제학자 B(MB 선대위에서 활동) △외교안보수석 현인택 고려대 교수 △사회정책수석 박재완 한나라당 의원 등이었다. 정두언은 MB와 인사위에도 이 안을 전달했다. 당시까지 정두언은 정치권에 여전히 '인사 실세'로 알려져 있었다. 여론을 등에 업은 영향력은 기대할 수 있었던 것이다.

그러던 2월 초 어느 날 인사위 회의가 소집됐다. 류우익은 정두언이 만든 대통령수석비서관 인선안 중 특정인을 주목해서 들여다봤다. 현인택이었다. 참석자 중 일부는 그 이유를 짐작할 수 있었다.

한나라당 대선 경선이 한창이던 2007년 여름 어느 날. 현인택은 김태효 성균관대 교수(전 대통령대외전략기획관) 등 외교안보자문교수단과 함께 MB에게 현안 브리핑을 하려던 참이었다. 그런데 MB 옆에 류우익이 앉아 있었다. MB의 스피치라이터였던 류우익은 저명한 지리학자지만 외교안보 전문가는 아니었다. 그런 그가 외교안보 브리핑을 듣겠다는 것이었다. 분위기가 얼어붙었다.

현인택 "브리핑을 하려고 하니 자리를 비켜주셨으면 합니다."
류우익 "연설문을 쓰려면 여러 정책을 잘 이해해야 합니다."

결국 둘은 MB를 사이에 두고 자존심을 건 논쟁을 벌였다. 브리핑 방식은 류우익 뜻대로 정리됐지만 둘 간의 감정은 그 후로도 정리되지 않았다. 그런 상태에서 류우익이 '현인택 외교안보수석' 안을 본 것이다.

결국 몇 차례 회의를 거쳐 MB가 확정한 대통령수석비서관 인선은 △정무수석 박재완 △국정기획수석 곽승준 △경제수석 김중수 한림대 총장 △외교안보수석 김병국 고려대 교수 △민정수석 이종찬 전 서울고검장 △사회정책수석 박미석 숙명여대 교수 △교육과학문화수석 이주호 의원 등이었다. 현인택이 '류우익 인사위' 멤버인 김병국으로 교체됐고 정두언이 민 B는 나중에 한국은행 총재가 되는 김중수로 바뀌었다. 김인규는 KBS 사장을 고집해 사회정책수석으로 유력하던 박재완이 자리를 옮겼다.

정두언은 2008년 2월 10일 대통령수석비서관 인선 발표를 접하고 또 한 번 충격을 받았다는 후문이다. 이후 인선은 더욱 류우익, 박영준의 페이스대로 진행됐다. 특히 청와대 비서관, 행정관, 정부 차관급 인선에선 정두언이 손 쓸 공간이 더더욱 줄어들었다. 한번은 청와대 행정관 인선을 놓고 자신의 뜻이 관철되지 않자 주변에 대놓고 박영준을 비난하기도 했다. 정두언은 MB가 취임하던 2008년 2월 25일 자신의 홈페이지에 '뒤늦게 대선을 마무리하며'라는 글을 올려 류우익, 박영준, 그리고 MB에 대한 불편한 심기를 그대로 드러냈다.

"대선 뒤처리 중 제일 크고 힘든 일이 (선거에서) '고생한 사람들'에 대한 처우 문제다. 한마디로 말하면 고통 그 자체다. 오죽하면 낙선한 측이 부럽다는 생각이 들까. (…중략…) 지금 진행되고 있는 정부 인선이나 한나라당 공천은 총선에서 압승한다는 전제에서 이루어지고 있는 것 같다. 참으로 아슬아슬한 일이 아닐 수 없다."

MB와 정두언이 이렇게까지 틀어지게 된 배경을 놓고선 아직도 여러 해석이 있다. 정두언이 MB 의혹 관련 자료를 한상률 국세청장에게 요구한 '또 다른 이유'에 대해 MB가 의문을 갖게 됐고, 이 과정에서 박영준과 SD가 모종의 역할을 했다는 말도 있다. 정두언은 MB에게 "국세청이 자료를 갖고 장난칠 수 있으니 관련자를 문책해야 한다"고 주장했지만 MB는 오히려 정두언이 '장난'칠 수 있다고 인식했다는 주장이다. MB와 정두언이 서로를 평생의 '정치적 동지'로는 생각하지 않았다는 해석도 있다.

취임 직후인 2월 말 어느 날. MB는 정두언과 초기 인선팀 몇 명을 청와대 내 관저로 불렀다. 점심을 함께하며 그동안의 수고를 격려하기 위한 자리였다.

MB   "지금 하고 싶은 말 있으면 다 해봐, 들어줄 테니."

놀란 정두언은 이 자리에서 그동안의 소회를 밝혔다. 인사 관련 부탁도 나왔고 MB는 대부분 수용했다. 정두언은 이후 한두 차례 더 만난 뒤 MB를 따로 만나지는 못했다. 이 자리를 지켜봤던 C는 "지금 생각해보니 서로 정치적으로 '중간 결산'하는 분위기였다"고 기억했다.

MB 정부의 인선을 넘어 총선 공천까지 짜려 했던 정두언은 이렇게 빠르게 MB로부터 멀어졌다. 그리고 이는 정두언–이재오–이상득(박영준)으로 나뉘어 있던 권력지형의 균형이 무너지고 이상득으로 힘이 쏠릴 것을 알리는 시그널이기도 했다. 역사엔 가정이 없다지만 정두언이 정치적으로 '실종'되지 않았다면 MB 정부의 5년은 어떠했을까?

비밀해제 in 비밀해제 ●

정두언의 반론

"의원님이 전할 말씀이 있답니다. 주변의 눈을 피할 수 있는 곳에서 뵙죠."

'비밀해제 MB 5년'의 세 번째 기사인 '정두언 실종사건(上)' 편이 보도되자 정 의원의 보좌관 A가 휴대전화로 필자를 찾았다. 국회의사당 본청 내 한 카페에서 만난 A는 정 의원의 말을 전했다.

"이 기자, 쓰느라 고생했는데 일부 대목은 나와 기억이 좀 다르네. 다음에 하(下) 편도 나가는 모양인데…"

어떤 대목에 대한 기억이 다른 지에 대해서는 구체적이지 않았다. 다만 당시 영어囹圄의 상태에서도 시리즈가 보도되는 매주 토요일 〈동아일보〉를 구치소에서 정독하고 있다는 말을 덧붙였다. 그러면서 "참고하라"며 자신의 기억을 정리한 A4 용지 2장의 메모를 보좌관을 통해 건네줬다.

정 의원이 건넨 메모는 상당히 구체적이었다. 사건의 내용은 물론 발생 장소와 시간까지 적혀 있었다. 구치소에서 정리하고 있다는 비망록의 일부를 엿보는 듯 했다. 기억의 방향은 정 의원에게 다소 유리했지만, 취재팀은 추가 확인을 거쳐 이 중 일부는 시리즈에 반영했다. MB 정권의 개국공신이지만 정권 초반 돌연 정치적으로 '실종'됐던 정두언. 역사의 기록에서만큼은 제 목소리를 내고 싶다는 몸짓이었다.

그런데 정 의원은 시리즈가 모두 끝나고, 자신도 구속시한 만료로 자유의 몸이 된 뒤 〈동아일보〉에 장문의 글을 보내왔다. 글이라기보다는 시리즈 내용 중 자기 기억과 다른 부분을 고쳐서 보낸 '정오표正誤表'에 가까웠다. 다음은 정 의원이 보내온 '정오표'의 요약.

⑴ 우선 '정두언 실종사건(上)' 내용 중 내가 새 정부 조각작업을 하던 팀원들을 불러 "우리끼리 하는 방식으로는 한계가 있는 것 같다. 인사위원회 비슷한 구조를 만들어야겠다"고 했다는 대목은 정확하지 않다. 정확한 워딩은 "우리는 실무작업만 하는 실무진으로 빠지자"라는 것이었다.

⑵ 그리고 시리즈는 초기 인선팀에 박형준 한나라당 의원도 참여했다고 썼지만 사실과 다르다.

⑶ 한상률 국세청장에게 'MB 자료'를 가져오라고 했던 일 때문에 MB의 노여움을 샀다는 대목에서도 〈동아일보〉 시리즈는 내가 '아무 말도 할 수 없었다'고 썼지만 사실과 다르다. 나는 MB에게 "한상률이 노무현 정부에서 도곡동 땅을 가지고 장난을 쳤다. 이 자가 또 무슨 짓을 하고 있는지, 또 할지 모른다. 그래서 그런 것이다. 사전에 보고 드리지 않았느냐?"라고 분명히 얘기했다.

⑷ MB가 나에게 인선작업을 중단하라고 통보한 뒤 류우익에게 인사위원회를 꾸리라고 지시했다고 썼지만, 류우익을 인사위원장으로 추천한 건 바로 나였다.

⑸ 류우익으로부터 인사위원회 '실무위원' 제안을 받았다는 대목도 사실과 다르다. 류우익은 그런 제안을 한 적이 없다.

⑹ 〈동아일보〉는 '정두언은 그 대신 초대 대통령실장 자리에 주목했다. 마침 윤진식이 유력하다는 말이 돌았다. 정두언은 자신과 큰 인연은 없었지만 류우익과 박영준을 견제하기인 제격이라고 봤다'고 썼지만 조금 다르다. 고려대 출신인 윤진식과는 일면식도 없었다. MB가 윤진식을 자주 거론했고, 당시 '독수리 5형제'라고 불리는 MB장학생 기자들에게 (그 사실을) 귀띔해 준 적이 있다.

박희태가 사는 법

"뭐…뭐라고?"

18대 총선(4월 9일)을 40여 일 앞둔 2008년 2월 하순 어느 날, 지역구인 경남 남해-하동에서 선거운동을 하고 있던 박희태 의원은 가슴이 덜컥 내려앉았다. 평소 친분이 있던 당 공천심사위원 L이 전화를 걸어 공심위 분위기를 귀띔해 준 것. 그는 '설마 내가?'라면서도 불길한 예감을 떨쳐버릴 수 없었다. 세상이 알다시피 그는 이명박 대통령이 박근혜 후보와 건곤일척의 대선후보 경선을 치를 때 캠프의 선거대책위원장이었다. MB, 이상득, 최시중, 김덕룡, 이재오와 함께 이른바 '6인 회의'의 멤버이기도 했다.

무엇보다 18대 총선에서 6선 고지에 오르면 전반기 국회의장은 그의 몫이었다. 그런데 정작 당의 공천기류에 이상신호가 감지된 것이다.

그는 믿을 수가 없었다. 다음 날 무작정 서울로 향했다. 찾아간 곳은 강남구 압구정동 현대아파트. '공천 칼자루'를 쥐고 있던 안강민 공천심사위원장의 집이었다.

5선의 박희태는 무려 2시간가량 밖에서 기다렸다. 사법시험 기준으로 안강민은 11기나 아래였다. 새까만 후배나 마찬가지였다. 하지만 자존심을 챙길 겨를이 없었다. 아파트 입구에서 박희태를 만난 안강민은 당황했다. 박희태가 설마 집까지 찾아오리라고는 생각도 못했다. 게다가 그 시점엔 안강민의 머릿속에도 '박희태 공천 탈락' 카드는 없었다고 한다. 그러나 박희태에게 공심위 내부 상황을 전한 L의 기억은 다르다.

"안강민은 내가 있는 자리에서 '박희태는 나이(70세)가 너무 많지 않으냐'고 얘기했어요. 그래서 내가 전화로 얘기해줬습니다."

어쨌건 안강민을 만난 박희태는 다시 지역구로 내려갔지만 공심위 안팎에선 심상치 않은 기류가 계속 이어졌다. 우선 민주당 박재승 공심위원장이 '비리 전력자 전원 탈락' 방침을 강하게 밀어붙이면서 상대적으로 한나라당의 공천개혁 부진을 지적하는 여론이 높아졌다. 총선 판도까지 흔들릴 수 있는 상황이었다.

안강민은 고심했다. 그는 잠시 '판관' 역할을 맡은 객客이 아니었다. 대선후보 경선 때 후보검증위원장까지 맡았던 그였다. 이명박, 박근혜 후보가 너무 '피 튀기는' 공방을 벌이자 두 후보를 각각 만나 자제를 당부하기도 했다. 누가 됐건 10년 좌파정권 종식을 위해서는 본선 경쟁력을 아껴놔야 한다고 생각했기 때문이었다.

총선도 마찬가지였다. 중원을 장악해야 이길 수 있는데, 그러기 위해서는 텃밭인 영남에서 공천바람을 일으킬 필요가 있다고 생각했다. 이를테면 성동격서聲東擊西의 국면전환 카드인 셈이다. 영남은 어차피 누굴 내보내도 상관없는 곳 아닌가. 그 대신 소리를 내려면 제대로,

크게 내야 한다고 내심 마음을 다졌다.

안강민은 주저하지 않았다. 먼저 MB를 만났다. MB와 독대를 마친 안강민의 표정은 밝았다. 중간에서 연락책을 담당한 여권 핵심인사의 전언.

"아침 10시 공심위 회의 전에 당사로 왔는데 얼굴이 환했어요. MB가 뭐라고 얘기하더냐고 물으니 '알아서 하세요'라고 들었다고 하더라고요."

그런데 본격적인 영남권 심사를 사흘 앞둔 3월 7일 박희태와 공천 경합을 벌이던 하영제 남해군수가 산림청장에 전격 임명됐다. 내부 여론조사에서는 하영제가 앞서고 있었다. 당시 친박親朴(친 박근혜)을 대변하던 강창희 공심위원(현 국회의장)은 뒷날 "나를 포함한 일부 위원은 뒤통수를 얻어맞았다며 흥분했다"고 털어놨다. 안강민도 뭔가 '야합' 비슷한 느낌을 받은 듯하다.

친이계 공천 탈락 1순위는 박희태였다

박희태는 돌아가는 상황에 내심 불안했지만 영남 공천 전날인 12일 밤까지도 공천을 굳게 믿었다. 강재섭 대표와 이방호 사무총장, 공심위 간사인 정종복 사무부총장도 "이제 다 정리가 됐습니다. 축하합니다"라며 잇달아 전화를 걸어왔다.

'당대표까지도 오케이하고 대통령에게도 보고가 됐다고 하니 더 이상 알아볼 필요가 없겠지.'

하지만 안도의 한숨도 잠깐. 13일 지역구인 남해 바닷가 횟집에서 당원들과 느긋하게 저녁을 먹고 있던 그에게 청천벽력과 같은 소식이 날아든다. 공심위가 자신을 포함해 친박계 좌장 격인 3선의 김무성 최고위원까지 현역의원 25명을 탈락시켰다는 것이다. 언론도 '13일의 대학살'이라고 급보를 띄웠다.

안강민은 그날 오전 7시 반부터 친이, 친박의 대리인인 이방호, 강창희와 비밀회동을 가졌다. 영남권 공천 탈락자 명단을 최종 확인하는 자리였다. 대상자는 친이계 12명, 친박계 11명이었다. 여권 핵심인사의 전언.

"리스트에 순번까지 있더라고요. 친이계 리스트의 1순위는 박희태, 친박계는 김무성이었죠."

안강민은 "(이 명단은) 일점일획도 고칠 수 없다"고 못을 박았다. 안강민은 훗날 사석에서 "박희태 의원을 날린 게 가장 가슴이 아팠다"고 말한 것으로 전해졌다.

박희태는 다시 서둘러 상경했다. 하지만 이미 상황은 돌이킬 수 없었다. 그 사이 청와대에서 호출이 왔다. MB의 호출이었다.

MB "비례대표는 어떻습니까."
박희태 "이제 와서 어쩌겠습니까."

MB의 제안은 솔깃했다. 지역구 공천은 물 건너갔지만 비례대표를 알아서 챙겨준다고 하니 마다할 이유가 없었다. 하지만 독대를 마치고 나오자마자 박재완 대통령정무수석비서관이 작정한 듯 기다리고 있었다.

박재완 "무슨 얘기를 나누셨어요?"

박희태 "비례대표를 하라고 말씀하데요."

박재완 "아휴, 쉽지는 않을 것 같은데요. 공천의 일관성이 없게 되는
데…."

박희태 "내 형편이 어려워졌는데, 지금 무슨 얘기를 그렇게 해요."

잠시 설전을 벌인 그는 기분이 나빴지만 일단 MB를 믿기로 했다. 하지만 감감무소식이었다. MB에게 전화를 걸어서 어찌 됐느냐고 물어볼 수도 없고, 속은 타들어 갔다. 6인회 멤버인 최시중을 만나 하소연했다. 최시중은 즉석에서 MB에게 전화를 걸어 "박희태가 얼마나 고생을 많이 했습니까"라며 강하게 얘기했다. 그러나 돌아온 답변은 실망스러웠다. MB는 최시중에게 전후 사정을 설명한 뒤 공천이 힘들다는 얘기만 했다.

비례대표 공천 발표를 나흘 앞둔 3월 20일 아침, 박희태는 이방호의 서울 자택을 찾아갔다. 이른 시간이었지만 집으로 올라가지도 않고 밖에서 기다렸다.

이방호 "(어쩔 줄 몰라 하며) 부의장님, 전화라도 하시면 제가 (집으로) 올라오시라고 할 텐데 왜 여기서…."

박희태 "내 차에 타. 할 말이 있어서…."

그는 서울 여의도 당사로 가는 동안 하소연했다. "사실 마음이 너무 아프고 죄송하더라. 하지만 비례대표는 안 된다. 공천 탈락한 사람에

게 어떻게 비례를 주나. 청와대에서도 이미 결론이 난 사안이었다. 배려를 하더라도 다른 형식으로 해야지…." 이방호가 당시 〈동아일보〉 기자에게 전한 얘기다.

"공천 탈락한 사람에게 어떻게 비례를 주나"

공천이 마무리된 3월 하순 어느 날, MB는 박희태를 다시 청와대로 불렀다.

MB   "선거가 매우 어려운데 총선 선거대책위원장을 맡아줬으면 합니다."

박희태   "공천에서 떨어진 사람이 선대위원장을 하면 사람들이 웃을 겁니다."

박희태는 내심 발끈하는 마음을 이같이 완곡하게 표현했지만 차마 대통령의 부탁을 거절할 수는 없었다. 그 대신 "혼자 하기는 부끄럽다"며 같이 공천에서 탈락한 김덕룡 의원을 공동선대위원장으로 천거했다.

안강민도 류우익 대통령실장에게 전화를 걸어 '박희태, 김덕룡 총선 선대위원장'안案을 제안했다. 류우익과는 일면식도 없는 사이였지만 '박희태 학살'은 그만큼 부담이 컸다.

3월 30일 박희태는 결국 김덕룡과 공동선대위원장을 맡는다. 하지만 상처는 깊었다. 그의 20년 정치인생에 찾아온 두 번째 기회였는데 뜻하지 않은 복병을 다시 만난 것이다.

첫 번째, 그러니까 꼭 15년 전 김영삼(YS) 정권이 출범할 때도 그랬다. 그는 재선의 당 대변인으로 공신 반열에 올랐다. '명대변인'으로 이름을 날렸다. YS 정권의 초대 법무부장관은 당연히 그의 몫이었다. 검사 출신 정치인이라면 누구나 법무장관으로 입각하길 꿈꾼다. 하지만 그의 재임 기간은 불과 9일. 인사검증 파동에 휘말려 낙마하고 말았다.

JP(김종필)는 정치를 속이 텅 빈 '허업虛業'이라고 했다. 예능 프로그램을 흉내 내 "박희태에게 정치란?"이라고 물으면 그는 뭐라고 대답할까. 그래도 2009년 10월 경남 양산 재선거를 통해 6선 고지를 달성한 뒤 결국은 국회의장 자리에 올랐으니 '허업'은 아니라고 할지도 모른다. 하지만 또다시 전당대회 돈봉투 사건이라는 복병을 만나 국회의장에서 중도하차했으니 역시나 "정치는 허업"이라고 할까.

영남 물갈이는 그렇게 끝났지만 2008년 한나라당의 공천파동은 또 다른 고비를 맞는다. 이상득 국회부의장의 불출마를 요구하는 '55인의 서명'은 공천파동의 제2라운드이자 당내 권력투쟁의 서막이었다.

비밀해제 in 비밀해제 ●

박희태에게 정치란?

"아내가 또 사고 쳤느냐고 하더라!"

박희태 전 국회의장은 '박희태가 사는 법'이라는 시리즈 예고편이 나가자 부인인 김행자 여사가 그렇게 얘기하더라며 쓴 웃음을 지었다. 2008년도 전당대회 돈봉투 사건으로 국회의장직에서 중도하차했던 터라 그런 예고편이 실리자 걱정이 많았던 것 같다.

'형님 전상서前上書' 배달 미스터리

"내게 생각이 있으니 기다려 봐…."

2008년 2월 말 청와대 내 대통령 관저. 이명박(MB) 대통령은 함께 밥을 먹던 정두언 한나라당 의원에게 넌지시 이렇게 말했다. 정두언은 4월 18대 총선에서 이상득 전 국회부의장(SD)에게 공천을 주면 압승이 어려워질 것이라고 주장하고 있었다.

직전 대선에서 사상 최대인 531만7708표 차로 승리한 직후 치르는 총선인 만큼 여권에선 내심 개헌 선(200석)을 기대하는 분위기도 있었다. 적어도 180석은 건지지 않겠느냐는 말이 공공연히 나올 정도였다. 아무튼 대통령이 그렇게 얘기하자 정두언은 MB가 어떤 식으로든 친형인 SD에게 불출마를 권유할 것으로 보고 더는 말을 이어가지 않았다.

비슷한 시기 청와대 내 비서동. 류우익 대통령실장, 박재완 대통령 정무수석비서관, 김두우 정무2비서관 등도 SD 공천 문제를 논의하고 있었다.

박재완 "부의장님에게 공천을 주면 총선 판세가 어렵게 됩니다. 대통령님께 어떤 식으로든 말씀드려야 합니다."

류우익 "하, 형님 일인데 이걸 어떻게 말씀드리나…. 박 수석이 정무수석이니까 한번 말씀드려 보세요."

박재완은 그날 밤 청와대 본관으로 MB를 찾아갔다. 박재완은 류우익에게 했던 것처럼 MB에게 'SD 공천 불가'를 건의했다. 잠시 머뭇거린 MB는 지나가는 듯한 말투로 박재완에게 이렇게 말했다.

"그럼 한번 말씀 드려 봐."

메시지가 분명치는 않았지만 박재완은 이를 MB의 '오케이 사인'으로 받아들였다. 정두언에게도 이 소식은 들어갔다. 정두언은 류우익과 박영준에게 인사 작업권을 내준 뒤 힘이 빠졌지만 여전히 청와대에 '안테나'를 갖고 있었다. 그는 MB가 자신에게 한 말을 지키려는 것으로 여겼다.

이상득 불출마 권고, '고양이 목에 방울 달기'

하지만 방법이 문제였다. '고양이 목에 방울을 다는' 일이었다. 박재완은 장다사로 대통령정무1비서관, 김두우 등과 회의를 열었다. 누구라 할 것 없이 모두 장다사로를 쳐다봤다. 국회부의장 시절 SD의 비서실장을 지낸 그였다.

장다사로도 피하진 않았다. 전화를 몇 군데 돌려 보니 SD는 마침 지역구(경북 포항남-울릉) 사무실이 있는 포항에 내려가 있었다. 그런데 SD 지지자들이 며칠 전부터 사무실 주변을 에워싸고 있었다. 정치권에서 일고 있는 'SD 공천 불가론'을 접하고 서울에서 내려올지 모르는 불청객과 SD의 만남을 원천봉쇄하기 위해 만든 일종의 '인人의 장막'이었다. 장다사로가 SD를 직통 휴대전화로 찾았지만 불통이었다. 지지자들이 SD 휴대전화까지 확보했기 때문이다. 장다사로는 난감했다. 직접 듣지는 못했지만 MB의 메시지가 있었다고 하니 전달은 해야 했다. 결국 장다사로는 SD 주변 인사들을 통해 박재완이 들고 온 MB의 메시지를 어렵사리 전하긴 했다.

그러나 그로부터 며칠 뒤인 2월 29일 한나라당 공천심사위원회는 SD의 공천을 발표했다. SD 공천 소식을 접한 정두언 등 당내 소장파 그룹은 흥분했다. 특히 MB가 정두언을 통해 밝혔다는 '내게 생각이 있다'는 말의 진정성도 의심할 수밖에 없었다. 과연 MB가 'SD 공천 불가'에 동의한 것인지, 그랬다면 그 메시지를 정치적으로 책임 있는 라인을 통해 SD에게 세대로 진달했는지….

당은 들끓었지만 청와대 참모들은 '2·29 SD 공천 확정' 이후 더는 거론하지 못했다. 박재완의 증언. "SD 공천 문제를 꺼낸 것도 조심스러웠는데 당이 최종 공천을 한 마당에 어떻게 더 이야기할 수 있겠는가. 대통령과 SD의 관계를 다들 아는데…."

청와대 상황과 달리 한나라당 분위기는 악화되고 있었다. 특히 김무성 유기준 등 영남권 친박 의원들이 대거 공천에서 탈락하는 이른바 '친박 학살'까지 벌어지면서 얼마 전까진 당연시되던 '180석+α' 목표가 흔들리고 있었다. 조각 과정에서 류우익, 박영준, 그리고 SD에게 주도권을 뺏긴 뒤 총선 판세까지 흔들리자 소장파는 더 머뭇거릴 이유가 없었다. 자연스레 SD 불출마론이 다시 거론됐다. 판세 전환과 SD계 타격을 동시에 노린 다목적 카드였다. 하지만 말뿐, 아직 별다른 액션플랜은 없었다.

그렇게 며칠이 흐른 뒤인 3월 20일 오후. 3선의 남경필이 단신으로 포항행 고속도로를 탔다. SD와 담판을 짓기 위해서였다. "다치더라도 할 말은 해야겠다"는 심정이었다. 대부분의 소장파는 남경필의 포항행을 돌출행동으로 여겼다. 하지만 남경필은 자기 나름의 이유가 있었다. 당시만 해도 SD와는 이야기가 될 걸로 믿었기 때문이다. 2004년 노무현 대통령 탄핵 후폭풍으로 당이 뿌리째 흔들릴 때 박근혜 대표 체제를 세우고 천막당사로 옮기는 작업을 함께 했기 때문. SD는 당시 사무총장이었고, 남경필은 원희룡 등 다른 소장파와 함께 박근혜를 전폭 지원했다. 남경필은 이후 SD와 종종 해외출장도 함께 가는 사이가 됐고 2007년 대선 경선 때는 MB 진영에도 합류했다.

SD 앞에만 서면 MB는 왜 작아지는가

저녁 무렵 도착한 포항 사무실에 SD는 없었다. 3시간 정도 기다리니 SD가 저녁 식사를 마치고 돌아왔다. 남경필을 보더니 사무실 안쪽 방으로 데리고 들어갔다.

SD   "출마하지 말라고?"

남경필   "네, 부의장님."

SD   "누구랑 이야기하고 왔어?"

남경필　"저 혼자 온 겁니다."

SD　"그래? 그렇다면 그만 못 두지…."

　1시간 넘는 대화에도 SD 설득에 실패한 남경필은 인근 영덕대게 집에서 늦은 저녁식사를 하며 SD의 말을 곰곰이 되새겨 봤다. 특히 대뜸 '자신의' 배후를 캐물은 대목이 신경 쓰였다. 남경필은 결국 SD가 MB의 생각을 궁금해 했음을 깨달았다. 얼마 전 MB가 박재완과 장다사로 등을 통해 자신에게 불출마 메시지를 전하려 했다는 소문은 알고 있을 터였다. 남경필의 증언. "내가 정두언이나 이재오와 상의했다면 SD는 물어보지도 않았을 것이다. 자신의 출마 의지를 흔들 수 있는 유일한 사람, 바로 MB의 의지가 담겼는지를 알고 싶어 했던 것 같다. 그 사이 혹 생각이 달라졌나 해서 말이다."

　하지만 남경필 뒤에 MB는 없었고, 동생의 의중을 확신하게 된 SD는 이후 거칠 게 없었다.

　남경필이 SD와 만난 다음 날 기자회견을 열고 SD의 불출마를 종용해도, 정두언 등 소장파 55인이 집단 기자회견에서 SD 불출마를 주장해도 변하는 건 없었다. SD와 동반 불출마하겠다고 '55인'에게 호언장담했던 이재오는 청와대 인근 안가에서 MB를 만나 SD에 대한 마음을 확인했다. 그러고는 "SD 불출마설은 없던 일"이라며 자신의 지역구에서 조용히 표밭을 갈았다. 상황을 정리한 SD는 3월 25일 "(55인은) 충정에서 그런 말을 했을 것이다. 대통령 친인척으로 몸 관리와 처신을 철저히 하겠다"며 총선출마 의사를 재확인했다.

　박희태, 김무성 등 중진들이 줄줄이 낙천한 가운데 SD를 공천한 한나라당은 결국 2008년 4월 18대 총선에서 예상보다 적은 151석을 얻는 데 만족해야 했다. 하지만 역설적이게도 SD에게는 대승이었다. 여권의 3대 축 중 정두언은 MB와 멀어지고 있었고, 이재오는 낙선의 고배를 마시면서 한나라당은 총선 후 급속히 SD 중심으로 재편됐기 때문이다. "몸조심을 하겠다"던 SD는 총선 후 대낮에도 종종 청와대 인근 음식점을 찾았다. 한번은 청와대 출입기자들과 길에서 마주쳤다. 자신감이 넘쳐흘렀다.

기자들 "부의장님, 여기까지 무슨 일이세요?"
SD   "왜, 내가 못 올 곳 왔나?"

SD가 불출마를 선언했다면 한나라당 의석수가 어떻게 변했을지는 알 수 없다. 다만 한 가지. SD 공천 여부에 대한 MB의 모호한 메시지가 여권의 총선전략에 적지 않은 혼선을 초래한 것은 분명하다. MB는 총선 후에도 SD 이야기만 나오면 주로 이렇게 세 마디로 무마했다고 한다.

"내가 안다." "걱정 마라." "내가 정리하마."

어릴 적부터 어려워했고 심지어 경외의 대상이던 친형 SD. 특유의 업무추진력으로 불도저라는 소리까지 들었던 MB도 유독 SD 문제 앞에서는 '햄릿'이었다. 그리고 MB의 이 같은 태도는 SD를 '만사형통萬事兄通'으로 불리게 한 정치적 토양이 되고 있었다.

'55인 서명 사건'의 전말

정두언 의원은 '55인 서명 사건'에 대해서도 자세한 진상을 보내왔다.

당사자들, 특히 이재오 의원의 기억은 다를지 모르겠지만 '기록'을 위해 일단 옮겨둔다.

이상득 부의장에 대한 공천이 확정되고, 청와대 주도로 비례대표 명단이 사실상 확정되면서 이재오 의원 쪽 비례대표 추천자가 대부분 배제됐다는 사실이 확인됐다.

2008년 3월 22일 저녁에 정두언, 정태근, 김해수는 사실상 개혁공천이 물 건너가고 총선에서 기대 이하의 성적이 불가피하다고 판단, 대책을 논의하던 중,

이재오 의원으로부터 도저히 상황을 묵과할 수 없다는 연락이 왔다. 이에 이재오의 불출마가 전제되면 SD 공천문제라도 바로잡을 수 있다는 데 의견이 모아져 긴급모임을 갖기로 했다.

밤 11시경 홍은동 그랜드힐튼호텔에서 이재오, 정두언, 진수희, 공성진, 차명진, 김해수, 정태근, 권택기 등이 회동을 하였고, 이 자리에서 이재오의 불출마를 전제로,

(1) 3월 23일 오전 중 가능한 사람들끼리 성명을 우선 발표하고 추후 동참자를 계속 늘려나간다.

(2) 오후에 이재오가 MB를 만나 담판을 벌인다는 데 합의했다.

오후까지 서명 동참자가 55인으로 늘었지만 이재오로부터 아무런 소식이 없었다. 진수희에게 확인하니 박재완 정무수석이 MB 면담을 방해하고 있다고 하여 박재완에게 연락했더니 반대로 "이재오 의원이 연락이 안 된다"는 대답이 돌아왔다.

오후 늦게 이재오의 지역구 핵심관계자들이 이재오의 불출마를 막는 설득작업이 있었다. 이재오는 이미 마음이 흔들린 상태에서 MB의 연락을 받았다. 진수희와 정태근은 이런 상황에서 이재오가 MB를 만나면 55인 서명이 허사가 될 것 같아 오히려 MB를 만나지 말고 불출마를 고수하겠다는 약속을 재차 받아냈다. 이재오는 저녁 무렵 연락이 두절됐는데, 이 시간 MB의 호출을 받고 오히려

설득을 당했다.

서울시 당사에서 55인 서명 후속작업을 논의하던 정두언, 진수희, 김해수, 정태근 등은 이재오의 굴복을 확인한 후 배신감에 통음을 하였고, 동석했던 기자가 술값을 낼 정도로 상처가 컸다.

정두언은 이후 또다시 바보처럼 당했다는 생각에, 그리고 누군가는 55인 서명 사건에 대해 책임을 져야겠다는 생각에 '문제의 인터뷰'를 하게 된 것이다.

2008년 5월, 낙선한 이재오의 미국행이 결정돼 SD계를 제외한 범 친이계가 송별회를 겸하여 수유리 크리스찬아카데미에서 회동을 했는데, 이 자리에 앞서 이재오가 SD와 담판을 벌여 사실상의 2선 후퇴 약속을 하지 않으면 결별을 통보키로 했다.

그러나 이재오는 아무 일도 없었다는 듯이 SD와 함께 그 모임에 나와 화합을 얘기했다. 또다시 황당한 상황에 처한 것이다. 이러한 상황이 2008년 6월 7일 이후 정두언의 SD 퇴진 요구로 표출된 것이다.

MB의 2촌들

         강재섭 대표다운 위로였다. 2008년 5월 하순 어느 날. 강재섭은 20일간의 '지리산 은둔'을 마치고 귀경한 이재오 의원에게 "저녁이나 같이하자"고 연락했다. 이재오는 18대 총선에서 창조한국당 문국현 대표에게 일격을 당한 뒤 부인, 아들과 함께 지리산을 떠돌았다. 며칠 있다가 미국 존스홉킨스대로 떠나려던 참이었다.

강재섭 "니 자동차 면허는 있나? 미국에서 운전면허 없으면 병신 된다."

이재오 "그냥 걸어 다니지 뭐…."

강재섭 "은행에서 카드로 돈은 뽑을 줄 아나?"

이재오 "……."

강재섭 "미국에서는 비서도 없고, 부인도 없을 텐데 어떻게 살려고 그러냐?"

이재오 "그냥 해보는 거지 뭐…."

강재섭 "영어는 할 줄 아나?"

이재오 "……."

강재섭 "그래 가지고 미국에서 버틸 수나 있겠나?"

한때 당 대표 경선을 놓고 감정의 골이 깊어질 대로 깊어진 사이. 나이도 이재오가 세 살 위였지만 두 사람은 사석에서 말을 놓고 지냈다. 이재오는 그렇게 여의도를, 한국을, 아니 이명박(MB) 대통령을 떠났다.

이재오의 낙선은 MB에게도 충격이었다. 총선 직전 한나라당 이방호 사무총장은 기자들에게 이런 말을 했다.

"이재오는 사실 내가 보면 MB와 2촌쯤 되는 관계다. 나 같은 사람과 MB의 관계와는 질적으로 다르다. 옆에서 같이 만나보기도 했고, MB에게 이재오 얘기를 듣기도 했는데 이재오에 대한 MB의 속정은 다른 어떤 것으로도 바꾸기 어려울 만큼 깊고 질다. 그런데 이재오가 지역구에서 져봐라. MB가 지는 것이나 마찬가지다. 이재오는 무슨 일이 있어도 살려야 한다. 이명박 대통령을 만든 가장 큰 공신은 사실 이재오다."

MB의 정치적 2촌 이재오

이방호의 말처럼 이상득(SD) 전 국회부의장은 피를 나눈 2촌이었지만, 이재오는 MB의 '정치적 2촌'이었다. 사실 MB 정권의 가장 큰 특징 중 하나는 '동업자同業者 정권'이라는 것이었다. 그 이전의 김영삼 김

대중 노무현 정권, 아니 박정희 전두환 정권까지도 민주화 또는 쿠데
타 동지들이 만든 '동지同志 정권'이었다. 그런데 이명박 정권은 '기브 앤
드 테이크give and take' 관계로 맺어진 동업자 정권이라는 것이다.

그런 동업자 정권에서 '2촌'은 특별한 존재일 수밖에 없었다.

2009년 9월. MB는 유엔총회 참석차 미국으로 떠나기 전 이재오에
게 전화를 건다. "조만간 무슨 연락이 갈 거다."

이재오는 10개월의 존스홉킨스대 생활을 마치고 귀국해 모교인 중
앙대 국제대학원 객원교수를 지내며 재기를 노리고 있었다. 문국현이
비례대표 공천과정에서 6억 원의 당채黨債를 발행해 재판을 받고 있었
기 때문이다.

MB가 미국으로 떠난 뒤 이번엔 정정길 대통령실장으로부터 전화가
걸려왔다. 난데없이 한나라당 탈당계를 내라는 것이었다. 이재오는 황
당했지만 정 실장은 별다른 설명도 하지 않았다. 그렇게 전화를 끊고
난 뒤 조금 있다 다시 연락이 왔다.

"그게 국민권익위원장 자리를 얘기하는 것인데…. 권익위원장 자리
를 맡으려면 당적이 없어야 하니까 탈당계를 내라고 했던 겁니다. 나
는 (대통령의 말씀을) 전달만 하는 것이니까 나머지는 이 의원이 알아
서 하세요."

정정길은 아마 탈당계 얘기만 하면 이재오가 다 알아들을 것이라고
생각했던 것 같다. MB와 이재오는 '2촌 간'이니까…. 하지만 '이재오
권익위원장 카드'는 MB가 미국 순방 중 혼자 생각해낸 아이디어였다.
정 실장도 몰랐고, 청와대 정무라인도 전혀 알지 못했다. 이재오 자신
도 "솔직히 내가 국민권익위원장이 뭐하는 자리인지 어떻게 아나? 대

통령직인수위원회 때 이런저런 기구가 합쳐진다는 건 알았지만 관심도 없었는데…"라고 실토할 정도였다. 국민권익위원회는 인수위 때 기존의 국민고충처리위원회와 국가청렴위원회, 그리고 행정심판위원회를 통합해 신설한 기관이었다. 이재오가 모를 만했다.

이재오는 급기야 국무총리실 국무차장(차관급)으로 있던 박영준에게 전화를 걸어 "야, 권익위원장이 뭐하는 자리냐"고 묻기까지 했다.

결국 순방 중이던 MB가 직접 전화를 거는 수밖에 없었다. 워낙 대통령의 머리에서 갑자기 튀어나온 인사안이라 청와대 실무자들은 서류준비에도 애를 먹었다. '이재오의 재산'이야 세상이 다 아는 것이지만 국민권익위원장에 지명하기 위해서는 법적으로 시민단체 추천이 필요했다. 아무리 '왕의 남자'이지만 그래도 젊은 시절의 대부분을 민주화운동에 헌신했던 이재오였다. 시민단체 추천도 그리 어렵지 않았다.

9월 30일, MB는 전날 임명장을 수여한 정운찬 국무총리를 비롯한 신임 각료들과 떠나는 장관들, 그리고 이재오를 초청해 만찬을 베풀었다.

MB　　　　"(신구 국무위원들을 일일이 소개하며) 여기는 신임 이재오 국가권력위원장이고…."

사회(박형준)　"(당황하며) 대통령님, 국가권력위원장이 아니고 국민권익위원장입니다."

MB　　　　"(웃으며) 그게 그거 아냐?"

그래서일까. 박영준은 나중에 "권익위원장은 국무회의 때 대통령, 장관과 함께 나란히 앉는데 이재오 위원장을 보는 장관들의 눈빛이 달랐다"고 술회했다.

여하튼 이재오 권익위원장 카드에 대해 한승수 전 국무총리는 "고스톱으로 치면 1타 몇 피라고 해야 할까? 대통령이 참 절묘한 수를 뒀다"고 평가했다. '낭인 생활'을 끝낼 수 있을 뿐 아니라 MB 표현처럼 '권력위원장'의 위상을 활용해 약자를 보살피고, 민생을 챙기는 '정치적 자유'를 마음껏 누릴 수 있게 됐다는 것이다. 거기에 국무회의 군기반장 역할까지 하게 됐으니 최소 1타 3피의 효과는 거둔 셈이다.

홍준표 "내가 MB를 세 번이나 구했다"

MB에게는 이재오 말고도 '2촌쯤 되는 사이'가 한 사람 더 있었다. 홍준표 경남도지사다.

고려대 후배이고, 15대 총선 선거법 위반으로 의원직을 상실해 미국 워싱턴에 머물 때 늘 곁에서 위로해주던 동생이었다. 홍준표 역시 선거법 문제로 재판에 회부되자 의원직을 사퇴하고 워싱턴에 합류했다. 홍준표는 MB를 "형님"이라 불렀고, 부인 김윤옥 여사에게도 "형수, 내 밥 좀 도~" 하며 스스럼없이 대했다. MB가 대통령이 되고 나서도 김 여사는 한나라당 여성의원들을 만나는 자리에서 "홍준표는 내 시동생이나 마찬가지"라고 했다.

그러나 이재오가 속이 깊고 충직한 '관우'라면 홍준표는 손아귀에 잘 들어오지 않는 '장비'였다. 물론 홍준표의 생각은 다르다. 홍준표는 "나는 MB에게 아무런 채무가 없다. 채권만 있을 뿐. 하지만 이젠 그 채권도 포기하겠다"고 했다.

채권이 뭐냐고 묻자 홍준표는 "내가 MB를 세 번이나 구했다"고 했다.

"MB는 재선(1996년 15대 총선)에 성공하자 '기수 파괴론'을 내걸고 대권도전 의사를 드러냈다. 현대건설 CEO 경력까지 합치면 자기가 4선 이상이라는 거지. YS(김영삼) 임기가 2년이나 남았을 때라 청와대로서는 그냥 좌시하기 어려운 행동이었다. 그러다 선거법 위반 사건이 터졌다. 압수수색을 해보니 'PLP(President Lee Plan)'라는 문건까지 나왔다. 레임덕을 걱정하던 YS는 구속수사를 지시했다. 그때 마침 국회 환경노동위원회 국정감사장에 강삼재 당시 사무총장이 왔기에 내가 '이명박은 우리 시대의 신화 같은 사람이다. 그런 사람을 정치판에 끌어들일 때는 언제고 선거법 위반으로 몰고 가는 건 또 뭐냐. 절대 구속하면 안 된다'고 했다. 사실은 '내가 검사로 슬롯머신 사건을 수사할 때 YS 대선자금도 조사한 게 있는데 (MB를 구속하면) 그걸 깔 수도 있다'고 협박했다. 아마 그날 저녁 여권 수뇌부 회의에서 '홍준표는 통제가 안 되는 놈 아니냐'는 얘기가 오간 모양이다. 결국 MB는 구속을 면했다."

그리고 2002년 서울시장 출마 때 이회창 총재는 홍사덕 의원을 염두에 뒀지만 자기가 MB를 밀었고, 2007년 대선 당시 BBK 사건이 불거졌을 때도 '도리 없이' 방패막이가 돼줬다는 것이다. 다시 홍준표의 증언.

"MB가 김경준과 뭘 같이한다고 하기에 내가 김경준을 보니 딱 사기꾼이었다. 그래서 안 된다고 했다. MB도 '알았다'고 했는데 내가 없을 때 자기들끼리 그 사업을 해서 사달이 난 것이다. 나중에 문제가 되니까 '홍 의원이 하지 말라고 했던 건데… 그래도 홍 의원이 도와주지 않으면 어떻게 하느냐'고 하소연해서 내가 (BBK 대책팀에) 합류한 것이다."

18대 총선이 끝난 직후 홍준표는 원내대표로 선출된다. 말이 선출이지 홍준표 원내대표-임태희 정책위의장 팀은 단독후보였다. MB의 뜻이었다.

홍준표는 엔도르핀이 솟았다. 이춘식 전 의원의 기억. "MB 취임 첫해는 한마디로 법안전쟁이었다. 어느 정권이나 마찬가지이지만 MB 개혁안을 실천에 옮기기 위해서는 국회의 뒷받침이 무엇보다 절실했다. 그런데 그해 말 대표적 개혁입법안이라고 꼽은 85건 중 50건 이상이 통과됐다. 어느 날 밤늦게 국회를 마치고 자정이 넘어 이상득 부의장과 여의도 생맥줏집에서 술을 마셨는데 SD가 '이 정도면 성공이다. 아쉬운 점도 있지만 홍준표가 잘해냈다'고 하더라."

그리고 2010년 6월. MB는 홍준표를 청와대로 불렀다. "이번에 대통령실장을 3선 의원 이상으로 하면 좋겠는데 누가 좋을까? 국회의원 배지를 떼고 올 사람이 있을까?" 갑작스러운 질문에 홍준표는 "각하, 이재오 의원이 어떻겠습니까?"라고 대답했다. 이재오는 지역구인 서울 은평을 재선거를 앞두고 있었다. 재선거도 재선거이지만 MB는 "그 사람은 참모를 할 사람이 아니야"라고 잘라 말했다.

청와대를 나와 여의도 국회의사당으로 돌아가는 길. 차가 마포대교쯤에 이르렀을 때 홍준표는 MB에게 전화를 걸었다. "각하, 임태희 의원은 어떻습니까?"

며칠 뒤 김해수 정무1비서관이 찾아왔다. 김 비서관은 홍준표의 고려대 법대 후배이기도 했다. "형님, 바보요? 다른 일은 그렇게 머리가 잘 돌아가면서 그때는 왜 그렇게 대답한 겁니까? 그러니 안 되는 겁니다. 그냥 '제가 들어가서 돕겠습니다'라고 한마디만 하면 될걸… 이재오를 시킬 거면 이재오를 부르지, 왜 형님을 불렀겠소."

김해수의 해석으로는 MB가 홍준표에 대해 '자기 욕심만 차리려는 놈'이라고 생각했을 거라는 얘기였다.

MB가 정말 홍준표에게 대통령실장을 제안하려고 했는지는 확실치 않다. 하지만 공교롭게도 이후 MB와 홍준표의 애증愛憎은 '널뛰기'를 거듭한다.

어느 날, 임태희 대통령실장이 홍준표에게 환경부장관 자리를 들고 찾아왔다. 홍준표가 원하던 건 법무부장관이었다. 홍준표는 임태희에게 이런 말을 건넸다. "혹시 '타타타'라는 노래를 아느냐"고.

'네가 나를 모르는데/난들 너를 알겠느냐/한 치 앞도 모두 몰라/다 안다면 재미없지…' MB에게 전해 달라는 말이었다.

비밀해제 in 비밀해제 ●

"내가 대통령이라도 나 같은 사람은 안 쓴다"

이재오 의원이나 홍준표 지사를 'MB의 2촌'이라고 표현한 데 대해 뒷말이 많았다. 특히 MB 측근들은 김윤옥 여사가 홍 지사에 대해 얼마나 펄펄 뛰었는데 그러느냐고 고개를 저었다.

2013년 1월 퇴임을 앞둔 MB가 진해 저도에 내려갔을 때다. 홍 지사는 행정부지사에게 영접을 맡기고 자기는 서울로 올라가버렸다. 홍 지사는 "나중에 들으니 MB가 행정부지사에게 '홍 지사 잘 모셔라. 참 의리 있는 사람이다'라는 말을 4번이나 했다고 하더라"라고 말했다.

홍 지사는 이런 말도 했다. "MB가 홍준표는 절대적으로 신뢰한다. 하지만 일을 맡기려 할 때는 대통령으로서는 손아귀에 안 들어오니까 못 맡기는 거다. 내가 대통령이라도 나 같은 사람은 안 쓴다. 인간적으로는 지금도 좋아한다."

'왕의 남자' 허당 이재오

이재오 의원은 누가 뭐래도 '왕의 남자'
였다. 정두언 의원처럼 '한때의 남자'가 아니었다.

이재오에 대한 이명박 대통령의 믿음은 순일純一했고, MB에 대한
이재오의 충정 또한 마찬가지였다.

대한민국 여의도에서는 '왕의 남자'는 곧 '권력의 2인자'로 통했다.

18대 총선(2008년 4월 9일) 때 안강민 공천심사위원장이 MB의 친
형 이상득 의원(SD)의 공천을 지지한 이유 중 하나도 '2인자 이재오'에
대한 우려 때문이었다. SD라도 당에 있어야 이재오를 견제할 수 있지
잘못하다간 한나라당이 '좌파 경력자(이재오)'의 수중에 들어갈지 모
른다는 게 안강민의 걱정이었다.

친이계 신지호 전 의원도 이듬해 3월 〈동아일보〉 기자에게 이렇게
말했다. 낙선한 이재오가 10개월간의 미국 워싱턴 낭인 생활을 마치
고 귀국하기 직전이었다. "이재오 의원이 대선 전에 밥을 한번 먹자
고 해서 만났는데 그때 보니 이미 2인자의 선을 넘고 있더라. 나한테

'MB가 대통령이 되면 MB는 경제를, 나는 정치를 맡을 거다'라고 하던데 그게 말이 되는 소리냐? 그 양반이 큰 착각을 하고 있더라."

그러나 어쩌면 신지호가 이재오라는 정치인에 대해 '착각'을 하고 있었는지도 모른다.

"재오 너는 마음이 약해서 큰일이다"

이명박–박근혜 후보의 대선후보 경선을 석 달 앞둔 2007년 5월 중순. 경선 룰을 둘러싼 두 후보 진영의 싸움이 사투死鬪를 방불케 할 때였다. 강재섭 대표가 중재안을 냈다. 여론조사 반영비율 산정에 관한 것이었다. 그러나 박근혜 후보 진영은 중재안을 거부했다. MB 캠프의 좌장인 이재오도 처음엔 마찬가지였다.

그런데 이재오가 느닷없이 한발 물러서자고 했다. MB는 의아했다.

MB　　"왜 마음이 변한 거야?"

이재오　"형님, 우리가 중재안을 거부하면 강 대표는 대표직도 내놓고 의원직도 사퇴한답니다. 강 대표 (외동)딸이 결혼한다고 하는데 대표직도 내놓고 의원직도 사퇴하면 그 결혼식이 뭐가 되겠습니까. 양보하시죠."

MB　　"(어이가 없다는 표정으로) 너는 마음이 약해서 큰일이다. 어떻게 매번 막판에 양보만 하느냐!"

이재오는 전력前歷이 있었다. 2006년 원내대표로 박근혜 대표를 모시던 시절이었다. 최고위원 회의가 시작되기 직전 박 대표가 명단을 하나 내밀었다. 새 당협위원장 20여 명의 이름이 적혀 있었다. 이미 경선을 둘러싸고 서로 신경전이 시작되고 있던 시점이었다. 아직 경선 룰이 정해지지는 않았지만 어느 쪽이 당협위원장을 많이 포섭하느냐 에 따라 결과가 달라질 수도 있었다. 하지만 이재오는 "대표님이 책임 지고 결정하신 것이니 저는 이의가 없습니다"라고 넘겼다. MB는 그때 도 "그게 몇 표인데 그냥 다 주느냐. 너는 마음이 약해서 탈이다"라며 이재오를 깼다.

"어떻게 매번 양보만 하느냐"는 MB의 질책은 그래서 나온 말이었다.

말은 그렇게 했지만 MB는 결국 2007년 5월 기자회견을 열어 강재 섭의 중재안을 받아들였다. 이재오는 그 뒤 당시 심정을 이렇게 털어 놨다. "친박이 강재섭의 중재안을 거부하고 있었고, 우리도 가만히 있 었으면 강재섭은 약속대로 대표직을 내놓아야 하는 상황이었다. 그러 면 (최고위원 선거에서 2등을 차지한) 내가 대표직을 승계할 수도 있 어서 처음에는 잘됐다 싶었다. 그런데 나도 딸들이 있잖아. 딸이 결혼 을 하는데 아버지가 아무것도 없으면…"

이처럼 이재오에겐 '여의도의 정글법칙'으로는 설명할 수 없는 캐릭 터가 있었다. 덩치만 컸을 뿐 '초식동물'이었다. 먹이를 물면 끝까지 놓 지 않는 육식동물과는 좀 달랐다.

2008년 3월 SD의 총선 불출마를 관철하기 위해 친이 소장파 55인 이 거사를 꾸밀 때도 그랬다. 이재오는 SD와 자신의 동반 불출마 카 드까지 가지고 MB를 만났다. 그날 새벽까지 이재오를 기다렸던 55인 중 한 사람의 증언.

"이재오는 소장파인 우리를 말리든, 아니면 저쪽(SD)을 정리하든 둘 중 한 가지를 선택해야 하는 상황이었죠. 우리는 서울 홍제동 인근에서 이재오를 기다렸습니다. 그런데 저녁에 청와대에 들어갔다 오겠다고 말한 사람이 새벽이 되도록 오지 않았어요. 결국 모든 것이 흐지부지되고 말았죠."

MB를 만난 다음 날 아침, 이재오는 이방호 사무총장에게 전화를 걸었다. 두 사람은 1945년생 동갑이다. 이방호의 당시 전언. "이재오가 '어떻게 해야 할지 모르겠다. 고민이다'라고 하더라. 사실 그쪽 집안 관계가 대통령이 (이상득) 부의장을 불러 대놓고 출마하지 말라고 말할 수 있는 상황이 아니다. 그래서 내가 이재오에게 '그냥 지역구로 가서 승부를 걸어라. 여기서 이 의원까지 불출마하면 추후에 일을 도모하기 어려워진다'고 얘기했다."

'55인 거사'를 기획했던 정두언은 이후 누가 이재오 얘기만 꺼내면 "그 개×× 말은 꺼내지도 마!"라고 얼굴을 붉혔다.

'왕의 남자'일 뿐 '권력 2인자'는 아니었다

이재오는 결국 소장파의 배신감을 뒤로하고 2008년 4·9총선에 출마하지만 낙선의 고배를 마시고 만다.

총선에서 낙선한 뒤 이재오는 며칠째 "꺼이~꺼이" 통곡했다. 새벽이면 자신도 모르게 벌떡 일어나 큰 소리로 울음을 터뜨렸다. 그리고 홈페이지에 이런 글을 올렸다. "성난 민심의 바다는, 사실은 조각배인데 거대한 함선인 줄 알고 (나를) 침몰시켜 버렸다. 텅 빈 유세차를 아들과 함께 타고 낙선 인사를 돌았다. 시장 노점상들이 손을 흔들 때 참았던 눈물이 그냥 쏟아졌다."

낙선 후 10개월의 워싱턴 유랑에서 돌아온 이재오는 국민권익위원 장(2009년 9월~2010년 6월), 특임장관(2010년 8월~2011년 8월)을 연이어 맡는다. 그 사이 치러진 2010년 7월 서울 은평을 재선거에서는 혼자 자전거를 타고 돌아다니는 '이재오식 나홀로 유세'로 당선돼 의 원직을 되찾는다.

돌아온 '왕의 남자'였다.

하지만 그는 왕의 남자일 뿐 '권력 2인자'는 아니었다. 그가 낙선 직 후 홈페이지에 올린 글처럼 '조각배'까지는 아닐지 몰라도, 권력의 2인 자로서 '함대'를 만들지는 못했다.

국민권익위원장으로 돌아온 직후 그가 밝힌 정치 스케줄은 세 가 지였다. 첫째, 대략 2009년 말까지 세종시 수정안 문제에 대한 가닥 을 잡고 2010년 상반기 중 행정구역 개편을 이뤄낸다. 둘째, 그 이후 개헌과 선거제도 개편을 패키지로 추진해 2010년 말까지 매듭짓는다. 셋째, 2011년부터 4대강 사업의 가시적 성과가 드러난다.

이재오의 정치 스케줄에 대해서는 측근들조차 그 진정성을 의심 했다.

이재오가 특임장관 자격으로 개헌 논의의 물꼬를 트기 시작하던 무 렵, 이재오와 권택기, 박준선 의원 세 사람이 여의도 한정식집 대방골 에서 무릎을 맞댔다. 오랜만이었다. MB 대선캠프였던 안국포럼 기획 실장 출신의 권택기는 세상이 다 아는 이재오 측근이었고, 검사 출신 인 박준선 역시 두 번의 낙천 끝에 이재오의 도움으로 18대 국회에 입성한 인사다.

박준선 "(개헌을 띄우려는) 진심이 뭡니까? 차기 정권에서 대통령이 되기 어려우니까 박근혜 훼방 놓으려고 그러는 것 아닙니까? 솔직히 말씀해 주십시오."

이재오 "내가 그렇게 얕은 사람이냐?"

박준선 "그럼 뭡니까?"

이재오 "내가 민중운동 하다가 한나라당에서 국회의원도 세 번 하고 정권도 잡아봤다. 그러다 낙선하고 낭인이 돼 미국, 중국을 전전했다. 다행히 다시 복귀하긴 했지만 그런 일을 겪다 보니 내가 정치를 언제 그만두게 될지 모른다는 생각이 들더라. 그 시기가 19대 국회가 될 수도 있다. 그래서 마지막으로 내가 해야 할 일이 뭔가를 생각했다. 그게 개헌이다. 우리나라 정치 기반을 바로잡아놓고 가야겠다는 생각을 했다."

개헌뿐 아니라 세종시 수정안 관철, 행정구역 및 선거제도 개편, 4대강 사업은 '왕의 남자'로서 그에게 주어진 임무이기도 했다. 그러나 2인자로서 한나라당을 이명박당黨으로 만들고, 차기를 도모하는 일에서는 '허당'이었다.

"허당이 내게 딱 맞는 말이지"

이재오 의원은 기사가 나간 뒤 필자에게 "허당이 딱 맞는 말이지!"라며 웃었다. 이 의원은 "내가 이명박 대통령 때 권력을 탐한 것이 없잖아. 누린 적이라도 있나"라고 강조하기도 했다. 그러면서 "개헌하고 행정구역 개편 등을 하려고 했는데 내가 (18대 국회의원에) 떨어져서 외국에 나가는 바람에 산통이 깨졌다"고 아쉬워했다.

이재오 의원은 '비화에 대해서는 좀처럼 입을 열지 않았다. 서울 구산동 자택으로 무작정 쳐들어갔다. 초인종을 눌러도 기척이 없었다. 집 근처에서 소주를 한 잔 하며 몇 시간을 기다려도 들어오지 않았다.

전철이 끊어질 시간이 되어 포기하고 돌아서 역사로 들어서는데 그가 개찰구에서 나오고 있었다. 붙잡고 근처 술집으로 '납치'하려 했지만 그는 "오랜 지지자가 하는 집"이라며 길 건너 롯데리아로 필자를 이끌었다. '역시 이재오'였다.

무대와 공주

이재오 의원이 '왕의 남자'였다면, 김무성 의원은 '공주의 남자'였다.

그런데 공주의 남자는 왕의 남자와 달랐다. 친박인 손범규 전 의원(18대·경기 고양 덕양갑)은 언젠가 이런 얘기를 했다.

"박근혜 대표를 대할 때 '나는 머슴이다'라고 생각하면 가장 편하다. '아씨와 머슴'이라고 생각하면 나도 마음이 편하고, 박 대표도 편하게 받아들인다. 김무성 의원이 박 대표와 안 된 것은 '아씨와 장수' '공주와 왕자'로 가려고 하니까 그런 거다."

정치 초년병인 손범규는 그렇게 박근혜를 대했다. 2005년 당시 한나라당 대표를 맡고 있던 박근혜가 '김대업 병풍兵風' 재판 과정에서 고생한 손범규에게 공로패를 주는 날. 손범규는 박근혜를 빤히 쳐다보며 "매번 공로패만 주시지 말고 공천장을 주시면 안 됩니까?"라고 떼를 썼다. 마치 머슴이 아씨한테 애교를 부리는 것처럼…. 곁에 서 있던 당직자들이 모두 웃었다.

그러나 손범규를 한참이나 쳐다보던 박근혜는 당시 김무성 사무총
장을 가까이 부른 뒤 "당에 공로하신 분을 인정해 주셔야죠"라고 했
다. 이 말이 영향을 미쳤는지는 알 수 없으나 1년 뒤 이성헌 사무부총
장으로부터 전화가 걸려왔다. "서울 은평갑이나 경기 고양 덕양 중 하
나를 골라보라"고. 손범규가 아마 대가를 요구하거나 '거래'를 하려는
듯한 눈빛으로 그렇게 말했다면 박근혜는 싸늘하게 외면했을 것이다.

그런 손범규의 눈에 박근혜와 김무성, 김무성과 박근혜의 관계는
'안 봐도 비디오'였다. 김무성의 표현대로라면 두 사람은 2007년 대선
후보 경선 때만 해도 수십 번을 더 싸웠다. 그럴 때마다 김무성은 소
폭(소주폭탄주)을 벌컥벌컥 들이켰다.

이런 식이다. 2007년 경선 당시 경남지역 언론사 편집국장·보도국
장 초청 저녁 모임. 박근혜가 한 시간쯤 늦었다. 김무성은 이미 술이
올랐고….

김무성 "대표님, 돈이 다 떨어졌습니다."

박근혜 "……"

김무성 "(박 대표의) 삼성동 집을 부동산에 알아보니까 한 20억 원
쯤 간다고 합디다. 그거 팔고 아버지하고 살던 예전 신당동
집으로 들어가십시오. 일주일이면 집을 고칠 수 있다고 하
니…. 신당동 들어가면 (박 대표의) 이미지에도 좋습니다. 당
선되면 (집 문제는) 어떻게든 풀릴 겁니다. 떨어지면 내가 전
셋돈 마련해주겠습니다."

박근혜 "(점점 표정이 일그러지면서) 제가 언제 돈 쓰라고 했어요? 돈

쓰지 마세요!"

박근혜가 버럭 고함을 질렀다. 멀찌감치 앉아 술을 마시던 김학송 의원(경남 진해)이 깜짝 놀라 "무슨 일입니까?"라며 달려왔다. 얘기는 끝난 것이나 다름없었다. 김무성도 "그래, 됐습니다. 고마 치아 삐리 소!"라며 자리를 털고 일어섰다.

박근혜에 면박 당한 김무성 "고마 치아 삐리소!"

'왕의 남자' 이재오는 MB(이명박)보다 네 살 아래였지만, '공주의 남자' 김무성은 박근혜보다 한 살 많았다. 김무성이 1951년 9월생이고, 박근혜가 1952년 2월생이니 실제로는 5개월 차이밖에 안 나지만 그래도 김무성은 '공주의 오라비' 같은 마음으로 박근혜를 대했다.

역시 경선 때, YS(김영삼)가 김무성을 불렀다. YS는 김무성을 아들처럼 아꼈다.

YS   "박근혜는 안 된다. …이번 선거는 이명박이 된다."
김무성   "각하, 제가 친박에서 넘버원입니다. 제가 나가면 배신자 됩니다. 각하 수하手下가 어디 가서 배신자 소리나 들어서야 되겠습니까?"
YS   "니가 넘버원이었나? 몰랐다…."

YS가 왜 몰랐겠는가. 김무성은 또 왜 몰랐겠는가. 넘버원이라는 것도 알고, 박근혜가 안 될 수 있다는 걸 알면서도 두 사람은 이런 대화를 나눈 것이다.

김무성은 이런 얘기를 자주 했다. "참, 나는 박근혜와 무슨 인연인지…."

전남방직 설립자인 부친 김용주(1985년 작고)는 1960년 제5대 총선 때 야당인 민주당 참의원으로 출마해 잠시 정치에 몸을 담았다. YS가 이승만의 자유당을 나와 부산에서 야당 정치인으로 입신立身하던 때였다. 그러나 곧 5·16군사정변, 부친은 다시 사업으로 돌아갔지만 고초가 없을 수 없었다.

김무성의 기억. "아버지는 나에게 '정치는 우리 같은 사람들이 하는 게 아니다'라고 했지만 나는 그래도 YS를 따라다녔다. 우리 가족이 박정희 때문에 얼마나 고생했는지 아느냐? 그런데 (2005년) 박 대표가 당이 어렵다고 (사무총장을) 맡아달라고 하는데 '이게 인연인 모양이다'라고 생각했다."

그렇게 시작된 인연이었지만 두 사람은 정치적 성장환경이 다른 데다 DNA가 달라도 너무 달랐다.

상도동의 정치문화는 같은 목표를 향해 모두가 함께 간다는 동지의식이 강했다. 흔히 양김 정치를 보스정치라고 하지만 민주화 투쟁의 사선死線을 함께 넘은 동지의식 때문인지 봉건적 주종관계와는 좀 달랐다.

박근혜 한나라당의 사무총장에 이어 2007년 경선캠프 좌장까지 맡았지만 김무성은 박근혜의 '공주 의식'을 견딜 수 없었다.

기자들과 술을 마시다가도 박근혜 얘기만 나오면 "너거도 나를 박근혜의 종속변수로 보고 있는 것 아니냐. 박근혜 좋지…. 옳은 사람이지. 그런데 70은 옳지만 30은 틀렸다. 그걸 고쳐야 한다. 지금이 어떤 시대인데 그렇게 공주처럼 행동하고, 또 주변에서도 공주 모시듯 하고 그게 뭐냐!"라고 소리를 질렀다.

그러고는 이런 질문도 했다.

김무성 "너거, 박근혜가 제일 잘 쓰는 말이 뭔지 아나?"

기자들 "원칙, 신뢰, 약속 아닌가요?"

김무성 "하극상이다, 하극상! 박근혜가 초선으로 당 부총재를 했는데 선수選數도 많고 나이도 많은 의원들이 자기를 비판하니까 '하극상 아니냐'고 화를 내더라. 그만큼 서열에 대한 의식이 강하다. 그 다음으로 잘 쓰는 말이 '색출하세요!'다, 색출…. 언론에 자기 얘기가 나가면 누가 발설했는지 색출하라는 말이다. 그 다음이 '근절'이고…. 하여간 영애令愛 의식에서 아직 벗어나지 못했다."

'아씨와 머슴'이 싫었던 '무대'

박근혜의 '영애 의식', 그게 바로 김무성이 생각하는 박근혜의 '시是 7, 비非 3' 중 비3의 뿌리였다. 그러나 박근혜는 김무성에게 원칙과 신뢰, 약속을 주문했다. MB가 김무성에게 정무장관과 원내대표를 제의했을 때도 그랬다.

그러다 결정적인 사건이 터졌다. 2009년의 세종시 수정안 파동이었다.

그해 10월 22일. 김무성은 케이블방송에 출연해 MB 정부의 세종시 수정안을 사실상 지지했다. 〈한겨레〉신문이 바로 전날 1면 머리기사로 '세종시는 더 보탤 것도 뺄 것도 없이 원안대로 추진해야 한다는 게 박근혜 전 대표의 확고한 생각'이라고 보도했지만, 김무성은 '원안 변경'을 주장한 것이다. 정치권은 긴장했다.

아니나 다를까, 박근혜는 그간의 침묵을 깨고 "세종시법(행정중심복합도시건설특별법)은 국민과의 약속"이라고 못 박았다. 김무성의 케이블방송 인터뷰 바로 다음날이었다. 누가 봐도 수하 장수의 반란을 진압하려는 친정親征이었다.

김무성은 침묵했다. 그리고 한 달 뒤 박근혜 담당 기자들과 만난 자리에서 이렇게 털어났다.

"내가 딴 맘을 가질 이유도 없고, 그럴 사람도 아니다. 세종시 문제는 나의 소신이었다. 그런데 전달 과정에서 오해가 있었던 것 같다. (케이블방송 인터뷰) 당일 아침까지도 〈한겨레〉 보도를 몰랐다. 박 대표가 그런 말을 한 줄 알았으면 나도 그렇게 얘기하지 않았을 거다. 애초에 그 법을 통과시킬 때 내가 사무총장이었고 당 대표는 박근혜, 원내대표는 김덕룡이었다. 노무현이 청와대와 국회만 빼고 (정부 부처를) 전부 다 가져가서 괴물을 만든다는데 어떻게 보고만 있겠나. 하지만 총선 직전이라 충청 표를 의식하지 않을 수 없었다. 충청 출신 의원들은 의원총회에서 거의 울다시피 했다. 인정에 끌려 찬성 버튼을 눌러줬다. (케이블방송 인터뷰는) 그때 내가 부끄러운 선택을 했다는 뜻이고, 그래서 사죄한다는 얘기였다. 그런데 박 대표는 내가 무슨 말만 하면 기분 나빠하니…"

세종시 파동은 결국 '시늪 7'의 승리로 끝나고, '아씨와 머슴'이 싫었던 '무대(무성 대장)'는 끝내 박근혜와 갈라선다. 그뿐만이 아니었다. 세종시 파동은 MB 5년의 국정운영에도 깊은 주름을 남겼다.

비밀해제 in 비밀해제 ●

김무성의 격렬한 항의

'무대와 공주' 편이 보도된 2013년 5월 25일 토요일 아침, 김무성 의원으로부터 문자메시지가 날아왔다.

'어제 바빠서 통화를 못했는데 이것 때문이었냐? 그런데 이명박 정권 비화 시리즈에 내가 왜 등장하냐? 너거 언론이 박근혜를 직접 비판할 수 없으니까 비겁하게 나를 등장시킨 것 아니냐? 권력 주변에서 나를 어떻게 대할지 생각 안 해봤나?'

사실 기사마감 전날 김 의원에게 전화를 했다. 아무래도 불편해할 것 같아 미리 '진의'를 말해두고 싶어서였다. 김 의원과는 20년 이상 가깝게 지내온 터다.

하지만 바쁜 탓인지 통화가 제대로 이뤄지지 않았다.

김 의원의 문자메시지는 예상했던 것보다 훨씬 더 격렬했다. 극심한 배신감의 토로처럼 느껴졌다.

필자는 이렇게 답했다. "불편하게 해드렸다면 죄송합니다. 하지만 김 선배가 얘기한 박근혜의 '是 7, 非 3'은 국민들이 반드시 알아야 할 일이라고 생각했습니다. 그래야 김 선배가 말한 것처럼 박근혜 정부가 성공할 것이라고 믿습니다."

김 의원은 이후 필자를 '외면'하다시피 했다. 돌이켜보면 필자가 1999년 김영삼 정부의 '문민비화' 시리즈를 연재할 때도 비슷한 일이 있었다. 김무성 내무부 차관과 안기부의 '기氣 싸움'을 시리즈의 한 회분으로 내보냈는데, 그때 김 의원은 매우 난처해했다.

정치부 기자를 오래하다 보면 이런 일이 심심치 않게 생기는데, 결국은 시간에 맡길 수밖에 없다.

'세종시 국무총리'
정운찬

　　　　　　　　　"어디 있나? 정운찬 (전 서울대) 총장
좀 찾아서 정 실장에게 모시고 가."

　2009년 9월 1일 밤, 곽승준 대통령직속 미래기획위원장은 이명박 대
통령의 전화를 받는다. 좀 급한 목소리였다. 곽승준은 '본업'인 미래기
획 외에 핵심측근으로서 MB의 '하명 임무'도 종종 수행했다. MB는
보스이기 전에 부친(곽삼영 전 고려산업개발 회장)의 현대건설 직장 상
사. 학생 시절엔 "공부 열심히 하라"며 용돈도 주던 '이명박 아저씨'이기
도 했다.

　곽승준은 수소문 끝에 서울 강남구 역삼동의 한 음식점에 있던 정
운찬을 찾아 자기 승용차에 태웠다. 곽승준은 그 전에도 몇 차례 정
운찬을 만나 'MB가 함께 일하고 싶어한다'는 뜻을 전했다. 서울 종
로구 삼청동에 있는 정정길 대통령실장 관저까지는 30여 분. 이 자리
에서 '차기 국무총리를 맡아 달라'는 MB의 메시지가 전달됐다. 사실
MB는 한승수 총리 후임으로 충남지사를 지낸 심대평을 염두에 두고

있었다. 목표는 하나. 심대평을 활용해 충청권 민심을 돌려 세종시 계획을 수정하겠다는 것이었다. 하지만 심대평 카드가 무산되면서 고민 끝에 같은 충청권 출신인 정운찬을 골랐다. 세종시 수정에다 2009년부터 내세운 '친서민 중도실용' 노선에도 적합하다는 판단에서였다.

정정길은 관저에서 정운찬에게 세종시와 4대강 사업에 대한 생각을 물었다. 정운찬은 '세종시 계획은 효율적이지 않다'는 취지로 답했고, 곧 정정길은 MB의 뜻이라며 총리직을 공식 제안했다. 정운찬은 이틀 뒤인 9월 3일 MB와 만난 뒤 총리 후보자로 지명된다.

서울대 경제학과 교수였던 정운찬은 그날 오후 자신이 맡고 있던 '경제학연습2'의 마지막 강의를 하러 학교를 찾았다. 떠나기 전 박형준 대통령정무수석비서관 등 청와대 참모들을 만났다.

정운찬 "학교 가면 기자들이 와있을 텐데 뭐라고 하면 좋을까요?"
참모들 "사진 찍고 질문 한두 개 받으시죠."

청와대 참모들의 조언대로 정운찬은 마지막 수업 후 기자회견을 했다. 아니나 다를까 세종시에 대한 질문이 나왔고 정운찬은 그냥 편하게 정정길에게 했던 말을 반복했다. "행정복합도시는 경제학자인 내 눈에 효율적 계획은 아니다. 원점으로 돌리기는 어렵겠지만 원안대로 다 한다고 하는 것도 쉽지 않다."

정운찬의 회견을 TV로 지켜보던 청와대는 '정운찬, 세종시 수정안 추진'이라는 속보가 뜨자 아연실색했다. 은밀하고 긴 호흡으로 추진해도 될까 말까한 사안인데, 정운찬이 너무 일찍 터뜨린 것이다. 일종의 천기누설이었다. 당시 특임장관인 주호영 새누리당 의원의 회고. "세종시 수정이 정운찬의 핵심미션 중 하나였던 건 맞다. 그런데 이를 너무 일찍 공개하면서 일이 꼬이게 됐다. 무엇보다 정운찬 자신을 '세종시 총리'로 가두어버린 결과로 이어졌다."

세종시 둘러싼 MB와 박근혜의 정면승부

특히 세종시와 충청권이란 중원中原을 발판으로 2012년 대선에서 '박근혜 대통령' 만들기에 나서려던 한나라당 내 친박들의 반발이 거셌다. 친박의 눈에는 누가 봐도 정운찬을 활용한 MB의 '박근혜 흔들기'였다. 하지만 어차피 알려진 거, 청와대도 세종시 수정안 추진을 부인할 생각이 없었다. 친박들 사이에선 MB가 세종시 수정을 고리로 정운찬을 박근혜 대항마로 키우려는 것 아니냐는 주장이 터져 나왔다. 총리 내정 발표 전 이동관 대통령홍보수석비서관이 기자들에게 총리 후보들 중엔 대선후보감이 있다는 취지의 말을 한 것도 친박들을 자극했다.

사실 친박들의 의구심이 아주 근거가 없는 것은 아니었다. MB가 오래전부터 정운찬을 눈여겨보고 있다는 건 여권에서 공공연한 비밀이었다. 실제로 MB는 서울시장으로 당선된 2002년부터 정운찬에게 최소 5차례 함께 일하자고 제안했다. 2006년 오세훈 대신 서울시장 후보로 나서라고 한 것을 시작으로 2007년 대선 경선에선 선거대책위원회에 합류하라고 제안했다. 대통령 당선 후엔 2008년 대통령직인수위 멤버로 합류하라고, 18대 총선에선 한나라당 간판으로 출마하라고 설득하기도 했다.

2008년 글로벌 경제위기를 비교적 빨리 극복하며 지지율을 회복한 MB는 세종시 문제에 자신이 있었다. 정운찬을 전면에 내세워 충청권 민심을 돌리면 박근혜도 어쩔 수 없이 세종시 수정에 찬성할 것으로 기대한 것이다. 그런 MB는 정운찬 주호영 박형준 등을 수시로 충청권으로 보내 여론전을 펴고, 동시에 세종시에 대기업 투자를 추진했다. 대기업 접촉은 박재완 대통령국정기획수석비서관이 주로 맡았다. 특히 삼성이 관건이었다. 박재완은 학생 시절 하숙을 같이 했던 장충기 삼성그룹 미래전략실 차장(사장)을 채널 삼아 삼성의 대대적인 투자를 이끌어내려 했다.

상황이 이렇게 되자 산전수전을 다 겪은 박근혜도 세종시 문제만큼은 평정심을 유지하기 어려워졌다. 결국 2009년 10월 23일엔 정부의 세종시 수정 추진에 반대의사를 공식 표명하며 MB에 정면 대응키로 한다. 박근혜의 '세종시 원안사수 투쟁'이 충청권 여론에 미치는 영향은 청와대의 예상보다 컸다. MB가 그해 11월 27일 TV로 생중계된 '국민과의 대화'에서 세종시 원안파기를 사과하면서까지 수정의사를 밝혔지만 박근혜가 가세한 충청권 민심은 좀처럼 움직이지 않았다.

당황한 MB 정부는 충청권 민심을 사기 위해 이례적으로 심리전까지 벌였다. 주호영이 이끄는 특임장관실은 연세대 황상민 심리학과 교수에게 세종시 문제에 대한 충청권의 민심을 분석해 달라고 의뢰했다. 황 교수 연구팀은 충청권 성인 남녀 60명을 심층 조사한 끝에 세종시 문제에 대해 이들이 '몰락한 양반 심리'를 갖고 있다고 결론지었다. 집안이 몰락해 변변한 살림은 없지만 자존심 하나는 세다. 그런데 집 앞에 MB가 '세종시 수정안'이라는 선물을 놓고 갔다. 하지만 양반 체면에 이를 냉큼 받을 수는 없는 법. 대신 누군가 선물을 집 안으로 밀어 넣어주길 내심 기대하고 있다는 게 황 교수팀의 분석 결과였다.

이에 고무된 청와대는 해를 넘겨도 세종시 수정안을 포기하지 않았다. 그렇게 해서 2010년 1월에 나온 게 정부 부처를 대거 옮기는 대신 삼성그룹의 2조500억 원을 비롯해 모두 4조5000억 원 규모의 기업 투자를 유치하겠다는 내용의 세종시 수정안이었다. 그러나 충청권은 여전히 요지부동이었다. 정운찬을 앞세워→경제적 유인책으로 충청권 민심을 움직이면→박근혜도 흔들리고→자연스레 세종시 수정을 추진할 수 있다는 청와대의 시나리오가 통째로 흔들린 것이다.

MB와 청와대 참모들은 결국 세종시 수정안을 추진하려면 박근혜를 직접 움직여야 한다는 현실을 '뒤늦게' 깨달았다. 처음에도 그런 얘기들이 없었던 건 아니지만 현실의 벽은 생각보다 높았다.

실패한 '세종시 총리'

2010년 1월 말. MB는 집무실로 참모 몇 명을 불렀다.

"안 되겠다. 박(근혜) 대표를 누가 좀 직접 만나야겠다."

MB는 핵심참모 B를 박근혜에게 직접 보냈다.

핵심참모 B "대표님. 대통령님께서 세종시 문제로 대화를 나누고 싶어 하십니다."

박근혜 "세종시 문제라면 별로 대화하고 싶지 않습니다."

어느 때보다 싸늘한 답변이었다. 더 말을 이어가기도 어려웠다. B는 박근혜에게 "세종시 문제가 아니라도 좋으니 양측의 핫라인이라도 만들자"고 요청했고, 박근혜는 한나라당 대표 시절 자신의 비서실장을 지낸 유정복(전 안전행정부 장관)을 대리인으로 지명했다. 하지만 이 핫라인도 개설 후 제대로 작동할 기회조차 없었다.

B로부터 박근혜와의 면담 보고를 받은 MB는 불쾌했다. MB는 그 직후 이런 감정을 여과 없이 드러내기도 했다. 2010년 2월 9일 충청북도의 업무보고를 받던 중 "잘되는 집안은 강도가 오면 싸우다가도 멈추고 강도를 물리치고 다시 싸운다. 강도가 왔는데도 너 죽고 나 죽자 하면 둘 다 피해를 입을 수밖에 없다"고 말했다.

이에 박근혜는 다음 날 기자들에게 "집 안에 있는 한 사람이 마음이 변해가지고 갑자기 강도로 돌변하면 그때는 어떻게 하느냐"고 반박했다. 듣기에 따라선 대선공약인 세종시 원안을 파기한 MB가 강도라는 논리였다. 이에 흥분한 이동관은 기자들 앞에서 평소 붙여주던 '(전)대표'라는 호칭을 뗀 채 "박근혜 의원은 최소한 대통령에 대한 기본 예의를 지켜야 한다"며 사과를 요구하기도 했다.

보다 못한 정운찬이 MB를 찾아갔다.

정운찬 "친박 의원들에게 일일이 전화해서 도와달라고 하시면 돌아서지 않겠습니까?"

MB "나는 김대중, 노무현 전 대통령처럼은 안 합니다, 못 합니다."

정운찬 "박근혜 대표를 직접 만나서 도와달라고 하시죠."

MB "아니, 저렇게 반대하는데 어떻게 도와달라고 해요."

정운찬 "(세종시 수정안 도와주면) 차기 대통령 되는 데 도와준다고 하시면 어떻습니까?"

MB는 이 말을 듣고 꽤 '심각한' 반응을 보인 것으로 알려지고 있다. 정운찬 본인은 여전히 이 대목에 대해서는 "구체적으로 말하기 어렵다"며 침묵으로 일관하고 있다. 다만 주변에선 MB가 정운찬에게 서운한 감정을 내비쳤거나 그를 심하게 질책했을 것으로 짐작하고 있다. 당시 청와대 참모 C, "MB가 정운찬을 총리로 고른 것은 세종시 수정 외에 차기 대선 구도도 감안한 측면이 없지 않다. 그런데 정운찬이 MB에게 '박근혜에게 차기를 도와주겠다고 해라'고 했으니 나 같아도 심경이 복잡했을 것이다."

결국 정운찬을 앞세워 세종시 원안 수정을 추진하려던 MB의 계획은 결과적으로 '헛다리 짚는 격'이 되고 말았다. 정운찬은 그해 6·2지방선거에서 세종시 수정안에 대한 국민투표를 동시 실시하자고 주장했지만 정부 내에서도 소수론에 그쳤다. 정운찬도 막판에는 주변에 "국민투표를 했다가 충청권만 고립되면 내가 매향노 소리를 들을 수도 있겠다"고 토로하며 고집을 접었다.

박근혜의 마음을 얻는 데 실패한 세종시 수정안은 2010년 6월 29일 국회 본회의에서 예상대로 부결됐다. 정운찬은 이날 국회 본회의장에서 박근혜가 수정안에 반대표를 던지는 것을 보고 깜짝 놀랐다고 한다. 정운찬의 증언.

"사실 (정치인으로서) 박근혜 대표의 양심을 믿었다. 설마 수정안 표결할 때 반대할까 생각했다. 나중에 보니 내가 순진했다. (표결에 들어가기 전 MB와) 타협이 이뤄질 거로 생각했다…."

고심 끝에 MB와 한 배를 탔던 정운찬은 자신의 의도와 달리 '세종시 총리'라는 실패한 꼬리표만 단 채 그해 8월 11일 총리직에서 물러나며 급속히 MB와 멀어져갔다. 그런 정운찬은 2012년 대선에선 문재인을 지지했다.

떠나간 정운찬 대신 MB에겐 레임덕의 그림자가 서서히 몰려오고 있었다. 한나라당도 '친박 당'으로 변신해가기 시작했다. MB는 이후 세종시를 한 번도 찾지 않다가 퇴임 직전인 2013년 1월 15일 세종시를 쓱 둘러보고 왔다.

비밀해제 in 비밀해제 ●

MB의 튀는 측근 곽승준

정운찬 전 총리의 발탁 과정에 등장하는 인물은 MB의 최측근 중 한 명으로 꼽히는 곽승준 전 대통령직속 미래기획위원장(현 고려대 경제학과 교수)이다. 부친의 직장(현대건설) 상사였던 MB에게 학생 시절 용돈까지 받았던 곽승준은 MB를 알고지낸 기간이나 유대감이 다른 측근들과는 달랐다. 특히 다른 교수 출신 측근들에 비해 스킨십이 좋았던 곽승준에게 MB는 본업인 '미래 기획' 외에 특수 임무를 자주 맡겼다. 정운찬 접촉을 비롯해 아랍에미리트(UAE) 왕실과 원전수출 건을 실무 논의한 것도 곽승준이었다.

곽승준은 MB 주변에서 유독 튀는 인물이었다. 특히 공개적으로 격투기를 즐기고 TV 예능 프로그램(TVN '쿨까당')에 출연하는 식의 튀는 행보를 하다 보니 주변에서 시기 질투하거나 험담하는 사람도 없지 않았다. 이에 곽승준은 기자에게 "내가 추구하는 게 '쿨COOL 보수'다. 보수가 고리타분해지면 안 된다"며 "일 잘하면 됐지 다른 시선은 별로 신경 쓰지 않는다"고 말했다. MB는 그런 그를 끝까지 중용했고, 마지막 해외순방인 2012년 10월 UAE 국빈 방문에도 동행시켰다.

MB의 박근혜 연락장교

　　　　　　　　　　　　박재완 국정기획수석비서관은 눈물을
흘렸다. "대과大過를 남기고 떠나게 돼 죄송하다. 역사의 죄인이다."

　2010년 7월 16일, 박재완을 비롯한 이명박(MB) 대통령실의 2기 참
모들은 그렇게 떠나갔다. '대과'는 보름여 전 국회 본회의에서 최종 사
망선고를 받은 세종시 수정안이었다.

　정식 안건 명칭은 '신행정수도 후속대책을 위한 연기·공주 지역 행
정중심복합도시 건설을 위한 특별법 전부 개정안'. 법안 이름만큼이나
길고, 복잡다단했던 세종시 수정안 파동이었다. 자리(국정기획수석)도
그랬지만, 세종시 수정안에 관한 한 박재완은 정운찬 국무총리 못지
않게 '전사戰士'를 자임했었다.

　MB도 잠자리에 들었다가 한밤중에 혼자 일어나는 일이 적지 않았
다. 그는 참모들에게 세종시 원안 수정을 '대통령의 양심'에 관한 문제
라고 토로했다. 당시 메시지 기획관을 맡고 있던 김두우는 "대통령을
모시는 동안 그런 표현을 사용하며 고민을 토로한 건 세종시 수정안

파동 때뿐이었다"고 기억했다.

하지만 주저앉아 있을 수는 없었다. 임기는 반환점을 돌고 있었다. 먼저 정정길 대통령실장 체제의 청와대 참모들을 교체했다. 신임 임태희 실장을 불렀다.

MB   "정무수석은 누가 좋겠어?"

임태희   "정진석 의원이 어떻습니까?"

MB   "정진석은 박근혜 (전) 대표와 가까운 것 아냐?"

임태희   "지금으로선 정진석이 제일 낫습니다. 충청도 출신(충남 공주)이고, 세종시 수정안에도 반대표를 던져 앞으로 친박 의원들을 접촉하는 데도 적임입니다."

MB   "박근혜 대표와 상의해봐."

임태희   "지금 당정청黨政靑이 서로 어려운 건 박근혜 대표와의 관계 때문입니다. 정권재창출을 위해서는 두 분이 협력하셔야 합니다. (대통령의) 의중을 그쪽에 전해줘야 합니다. 그런 얘기를 박 대표에게 전해도 되겠습니까?"

MB   "그렇게 해."

정권재창출을 향한 친이 · 친박 봉합작전

세종시 수정안 파동을 전후해 친이와 친박의 갈등은 최고조에 달해 있었다. 친이 내부에서는 갈라서자는 주장까지 나오고 있었다. 임태희는 곧바로 박근혜를 찾아갔다.

임태희 "대통령께서 정무수석 자리에 누굴 앉힐지 고심하고 계십니다. 대표님께서 적임자를 한 명 천거해주시면 어떻겠습니까?"

박근혜 "그건 대통령의 고유권한이지 않습니까?"

임태희 "(박근혜의 대답을 예상했다는 듯 곧바로) 정진석 의원이 어떻겠습니까?"

박근혜 "정 의원님이 (수락)하시겠어요?"

임태희 "지금으로선 당내 문제를 수습할 수 있는 적임자입니다. 설득을 해서라도 맡아 달라고 하겠습니다."

박근혜 "그러면 저야 좋죠…."

　이야기는 일사천리로 진행됐고, MB는 7월 13일 정책실장(백용호) 사회통합수석(박인주) 대변인(김희정)과 함께 정진석을 정무수석비서관으로 내정한다.

　며칠 뒤 정무수석 내정자로 MB를 면담하는 날, 정진석은 단도직입적으로 "내 임무가 뭐냐"고 물었다. MB로부터 내심 기대하는 대답이 있었고, 다짐을 받고 싶은 얘기도 있었다.

정진석 "이 시점에서 저에게 정무수석 자리를 맡기는 뜻을 직접 듣고 싶습니다."

MB "당신은 아버지(정석모 전 민정당 사무총장·내무장관) 때부터 정치를 봐왔잖아. 그리고 지금 3선이고…. 정권재창출이 중요해서 당신한테 맡아 달라고 한 거야."

정진석 "그럼 견마지로犬馬之勞를 다하겠습니다. 그런데 저도 세종시 수정안에 반대표를 던진 사람입니다만, 지금 당내 사정이 너무 복잡합니다. 당이 쪼개질 수 있습니다. 이건 실제 상황입니다. 박근혜 대표를 만나야 합니다. 세종시 문제를 둘러싼 갈등도 두 분이 만나서 해결해야 마침표를 찍을 수 있지 않겠습니까?"

MB "……"

MB는 끝내 대답을 하지 않았다. 분당分黨 위기까지 거론되는 당내 상황을 수습하고 정권을 재창출하기 위해서는 박근혜와 협력하지 않으면 안 된다…. 그건 안다. 하지만 머리와 가슴이 따로 놀았다. 정진석은 "박 대표에 대한 MB의 거부감은 진짜 컸다. 폐쇄적인 인물이라는 생각이 강했다"고 기억했다. 그래서 단둘이 만나야 한다는 데 대해서는 선뜻 답을 주지 못한 것이다.

정진석은 그래도 틈만 나면 박근혜를 만나야 한다고 건의했다. 그러던 어느 날, MB로부터 사인이 왔다. "어떻게 하면 돼?"

정진석은 콜롬비아 대통령 취임식 특사안案을 준비했다. 박근혜는 2008년 1월에는 이명박 당선인의 특사로 중국을 다녀왔고, 2009년 9월엔 대통령 특사로 유럽연합(EU)과 헝가리, 덴마크를 순방하고 돌아와 MB를 만난 적이 있었다. 콜롬비아 특사단의 출국일은 8월 6, 7일 경으로 잡혔다.

정진석이 은밀하게 추진하던 '박근혜 콜롬비아 특사안'은 그즈음 〈동아일보〉 취재팀에 포착됐다. 그러나 정진석은 "〈동아일보〉 보도는 오보"라고 강하게 부인했다. 공교롭게 박근혜도 "8월엔 어머니 제사도 있고 해서 못 나간다"고 난색을 표했다. 훗날 정진석은 "그 당시 박 대표의 일정 때문에 결국 콜롬비아 특사안이 무산되긴 했지만 〈동아일보〉 특종을 '오보'라고 부인한 건 지금 생각해도 미안하다"고 말했다.

MB와 박근혜 8 · 21 회동의 숨은 주역

그런데 8월 19일 박근혜로부터 갑자기 전화 연락이 왔다. 그리고 이틀 뒤 전격적으로 MB와 박근혜의 회동이 성사된다. 정진석은 국무회의 때 자주 만나는 최경환 지식경제부장관(전 새누리당 원내대표), 유정복 농림수산식품부장관(전 안전행정부장관)에게도 함구했다. 유정복은 두 번이나 박근혜의 비서실장을 지낸 측근 중의 측근이었다. 그래도 정진석은 박근혜와 직접 연락을 주고받았다. 박근혜의 '보안 의식'을 누구보다 잘 알기 때문이었다.

MB와 박근혜의 '8·21 회동'은 이명박 정부의 국정운영뿐 아니라 한나라당의 정권재창출 가도街道에서 분수령으로 칠 만한 사건이었다.

정진석은 MB에게 건의해 회동 결과 발표도 박근혜 쪽에서 하도록 했다. 발표는 역시 '대변인' 역할을 해온 이정현 의원(박근혜 정부 대통령홍보수석비서관)의 몫이었다. 정진석은 이정현의 발표를 모니터링했다.

"이명박 대통령과 박근혜 전 대표는 오늘 청와대에서 단독 오찬회동을 갖고 한나라당의 정권재창출을 위해 협력하기로…."

이정현의 발표문 첫 줄을 듣는 순간 정진석은 아차 싶었다. 급히 이정현에게 전화를 넣었다. "그건 안 된다. '이명박 정부의 성공과 정권 재창출을 위해 협력한다'고 해야지 정권재창출만 얘기하고 이명박 정부의 성공을 위해 협력한다는 말을 빼버리면 대통령은 뭐가 되느냐?"

발표문은 현장에서 즉각 수정됐지만, 이튿날 조간신문의 헤드라인은 일제히 'MB-박근혜 정권재창출 함께 노력'으로 뽑혔다. 핵심은 역시 그것이었다. 물론 친박들의 태도는 180도 달라졌다. 의원총회에서 MB를 칭송했고, 연말 예산국회도 협력모드로 임했다.

협력모드는 이듬해에도 그대로 이어졌다. 2011년 초, 이정현은 정진석에게 '민원 아닌 민원'을 넣는다. "박 대표가 외국 나간 지 2년이 다 돼간다. 기자들도 근질근질한 모양이다."

정진석은 한편으론 특사 구상을 하면서, 또 한편으론 MB의 기분이 좋을 때를 기다렸다. 박근혜를 꼭 만나야 할 '이유'가 딱히 없으니 기분 좋을 때 얘기를 꺼내자는 심산이었다.

기회가 왔다. MB는 3월 6일 임태희 대통령실장, 정진석 정무수석, 홍상표 홍보수석, 김인종 경호처장을 대동하고 수원 아주대병원을 찾아 석해균 선장을 병문안했다. MB는 '아덴 만의 영웅'인 석 선장의 귀국 작전을 직접 지휘하다시피 했었다. 대통령 주치의를 청와대로 불러 아덴 만 현지에서 석 선장의 총상 치료를 지켜보던 이국종 아주대 응급의학과 교수와 통화하게 한 뒤 '귀국 후 치료' 결정을 내린 것도 MB였다.

병문안을 마친 MB는 기분이 좋았다. "오랜만에 남산숯불갈비나 가지!" 대선 때 참모들과 자주 들른 곳이었다. 마이크로버스의 대통령 뒷자리에 앉아있던 정진석은 '이때다' 싶었다.

정진석 "박근혜 대표와 회동하신 지도 오래됐는데 다시 한 번 만나
       시는 게 어떻겠습니까?"

MB   "그러지 뭐. (방법을) 한번 알아봐."

정진석 "특사 형식이 좋겠습니다."

MB   "그럼 외교안보수석하고 상의해봐."

박근혜의 '대통령급' 유럽순방

마침 유럽엔 수교 50주년이 되는 나라들이 꽤 있었다. 정진석은 외교통상부에 "여왕이 있는 나라도 포함시켜 달라"고 당부했다. 포르투갈, 그리스와 함께 베아트릭스 여왕이 있는 네덜란드가 박근혜의 유럽순방국에 포함됐다.

그런데 박근혜의 유럽순방 일정이 논의되고 있던 3월 말, MB와 박근혜 사이엔 또 하나의 전선戰線이 형성된다. 동남권 신공항 문제였다. 동남권 신공항 건설은 MB의 대선공약 중 하나였다. 그러나 정부가 신공항 건설 백지화 방침을 발표하자 박근혜는 3월 31일 대구를 방문한 자리에서 "국민과의 약속을 어긴 것"이라며 말 그대로 '돌직구'를 날렸다.

다음 날인 4월 1일엔 MB의 대국민 기자회견이 잡혀 있었다. MB는 회견문 독회를 위한 참모회의에 이동관 언론특보와 박형준 사회특보까지 불렀다. 이동관은 이 자리에서 박근혜의 대구 발언에 대해 "대구 방문 시점이나 발언 내용이 누가 봐도 대통령을 비난한 것 아니냐"고 문제를 제기했다. 임태희는 "박 대표 쪽에서 대구 방문을 앞두고 사전

에 대통령을 공격하지 않을 것이라는 통보가 있었고 대구 발언 직후에도 대통령을 겨냥한 발언이 아니라는 취지의 해명을 해왔다"고 보고했다. 이동관은 "물론 우리도 판을 깨서는 안 되고 정권재창출을 해야 한다. 하지만 뽕잎 떨어지면 가을 오는 것을 알아야 하듯 상황 파악을 잘해야 한다"고 거듭 불만을 표시했다. 굳은 표정으로 듣고 있던 MB도 불쾌한 표정을 감추지 못했다.

다음 날 MB는 기자회견장에서 동남권 신공항 백지화에 대해 "신공항을 공약한 것은 사실이다. 그래서 지역주민들에게 죄송하다고 했다. 하지만 10조~20조 원을 투자해서 매년 적자를 본다면 어려움이 있다. 책임은 모두 저에게 있다"고 사과했다. 기자들이 박근혜의 비판에 대한 생각을 묻자 MB는 "박 대표와의 관계를 너무 그렇게 보실 필요가 없다. 선의로 보는 게 좋다. 지역구인 고향에 내려가서 그렇게 말할 수 있는 입장을 이해한다. 그러나 내 입장에서 보면 이렇게밖에 할 수 없었다는 것도 아마 이해할 것이다"라고 말했다.

MB의 대답은 부드러웠다. 진심이었을까?

당시 대통령실 기획관리실장을 맡고 있던 김두우는 이렇게 말했다. "그게 본심이었겠느냐? 갈등을 더 촉발시켜서는 안 되니까 '(박 대표가) 대선 생각해서 그런다는 걸 안다'고 한 수 위로 대답한 것일 뿐이지…"

하긴 이동관인들 MB의 그런 속내를 몰랐겠는가. 참모들은 각자 역할이 있는 법이다. 이동관마저 면전에서 "판을 깨서는 안 됩니다"라고 했다면 MB는 무척 외로웠을 것이다.

전선은 확대되지 않았고, 박근혜는 4월 말 예정대로 유럽순방길에 올랐다. 박근혜의 유럽순방은 거의 '대통령급'이었다. 동행취재를 신청한 신문 방송사도 24개사나 됐다. 2009년 9월 EU 방문 때는 겨우 2개사가 따라갔을 뿐이었는데….

이제 한나라당은 명실상부한 '박근혜 당'이었다.

MB는 유럽순방을 마친 박근혜와 오찬 회동을 한 직후 정진석 정무수석, 홍상표 홍보수석을 각각 김효재, 김두우로 교체한다. 박근혜에게는 "정무수석을 교체하더라도 앞으로 연락할 일이 있으면 정진석을 통해 하겠다"라고 미리 귀띔했다.

하지만 그럴 일은 더 없었다.

비밀해제 in 비밀해제 ●

MB 정권의 박근혜 연락장교 정진석

정진석은 정무수석을 마친 뒤 국회 사무총장으로 있다가 2014년 6월 지방선거에서 충남도지사 예비후보로 출마했다.

"박 대통령의 천거로 청와대 정무수석에 기용돼 정권재창출의 초석을 다졌다"면서 그는 '박 대통령이 뽑은 일꾼'임을 자임했다. 정진석이 박근혜 대표의 MB 정권 연락장교였다는 〈동아일보〉 시리즈가 결과적으로 그의 선거용 캐치프레이즈가 되고 만 셈이다.

시리즈가 나갈 무렵 그는 이미 충남지사의 뜻을 품고 있었을 것이다. 그래서인가. 그는 기사가 나간 뒤 "고맙다"고 했다.

박근혜 레이저

                               "아, 이게 말로만 듣던 '박근혜 레이저'
구나!"

   새누리당 정치쇄신특별위원장을 맡은 안대희는 전화가 끊어지고 나
서야 자기가 레이저를 맞았다는 걸 깨달았다. 2003년 대검찰청 중앙
수사부장으로 대선자금을 수사하며 '국민 검사'라는 별명까지 얻었고,
대법관을 지낸 뒤 새누리당에 영입된 안대희였다.

   정치쇄신특별위원장을 맡은 지 두 달쯤 지난 2012년 10월 초. 안대
희는 박근혜 대선후보가 한광옥 전 민주통합당 상임고문을 당 국민
대통합위원장에 임명한다는 소문을 전해 듣고는 귀를 의심했다. 아무
리 DJ(김대중 전 대통령)와 함께 평생 민주화 운동을 해온 한광옥이
지만 안대희에겐 어쩔 수 없는 '비리 전력자'였다.

   한광옥이 2003년 나라종금 퇴출저지 청탁혐의로 구속 기소됐을
때 수사를 총지휘한 대검 중수부장이 바로 안대희였다. 안대희는 자
존심이 상했다. 한광옥의 영입으로 호남에서 일부 표를 얻을지는 몰

라도 정치쇄신에 기대를 걸었던 표심은 이탈할 것이라고 생각했다. 한광옥과 안대희는 함께 평가받을 수 없는 가치였다.

"(두 명 중에) 선택을 하셔야 합니다."

전화를 걸 때만 해도 자신만만했다. 하지만 전화기 너머의 박근혜는 아무런 말도 하지 않았다. 안대희도 태연한 척 전화기를 붙잡고 있었지만 내심 초조함을 감출 수 없었다. 연신 시계만 쳐다봤다. 무려 30초가 흐른 뒤에야 대답이 들렸다.

"알겠습니다. 죄송합니다."

대답은 그렇게 했지만 목소리는 싸늘했다. 대꾸할 틈도 없었다. 곧바로 '뚝' 하고 전화가 끊어졌다.

박근혜의 침묵… 안대희는 뒷목이 서늘했다

그래도 안대희는 소신을 굽히지 않았다. 며칠 뒤인 10월 8일 당사에서 기자회견을 열었다. 사퇴도 불사하겠다는 배수진을 쳤다.

박근혜도 고심했다. 한광옥은 영호남 대화합을 위해서 버릴 수 없는 카드였고, 안대희도 정치쇄신을 위해선 놓칠 수 없는 인물이었다. 결국 국민대통합위 위원장은 자신이 직접 맡고, 한광옥은 수석부위원장에 앉히는 것으로 물러섰다.

안대희의 기억. "(발표 전에) 나에게는 한광옥이 '부위원장'이라고 말하더니 발표 내용을 보니 '수석'을 더 붙였더라고…. 나는 이미 당사 5층 사무실 서랍 속에 사퇴서도 써놓았던 상황이었어. 정말 그만둘 생각을 했었지."

언제든 그만둘 수 있는 안대희에게도 박근혜의 레이저는 서늘한 무기였다. '절대 그만둘 수 없는' 새누리당 의원들에게는 말할 것도 없었다.

이명박 대통령의 임기가 반환점을 돌면서 한나라당 내부 권력은 점차 박근혜 쪽으로 옮겨갔다. '정권재창출을 위해 협력한다'는 2010년 8월 21일의 MB-박근혜 합의는 그런 권력이동의 상징적 장면이었다. 박근혜는 명실상부한 '미래 권력자'가 됐다.

친박 의원들도 "권력자의 포스가 강해졌다"고 느끼기 시작했다. 자신의 뜻과 다르거나 분위기에 맞지 않다고 생각하면 말을 꺼낸 상대방을 무안하게 만들어버리는 '박근혜식 소통' 스타일에도 권력자의 포스가 얹혔다. 바로 '레이저'였다.

그나마 할 말은 한다는 친박 핵심 최경환 지식경제부장관도 레이저를 피하지 못했다.

2010년 초순 어느 날, 김무성 의원 문제 때문이었다. 며칠 전 최경환은 새누리당 초선인 이정현, 구상찬(현 주상하이 총영사) 김선동 의원(전 대통령정무비서관) 등과 회동을 가졌다. 장관 취임 이후 오랜만에 친박계 의원들에게 밥을 사는 자리였다. 자연스레 5월로 예정된 차기 원내대표 경선 얘기가 화제에 올랐다.

최경환은 김무성 얘기를 꺼냈다. 박근혜와 사이가 멀어졌어도 친이보다는 그래도 친박 좌장 역할을 했던 김무성이 낫다는 논리였다. 며칠이나 지났을까. 박근혜로부터 전화가 걸려왔다.

"과천에도 일이 바쁘실 텐데, 여의도에 신경을 많이 쓰시네요!"

최경환은 당황했다. 그날 밥자리에서의 대화 내용이 박근혜에게 보고된 것이었다. 물론 그렇게 험한 어조는 아니었다. 하지만 쓸데없는 일에 신경 쓰지 말고 장관 업무나 충실히 하라는 힐난조가 분명했다. 그는 자신의 발언 배경을 설명했지만 이미 싸늘해진 분위기는 쉽게 수습이 되지 않았다.

그 일이 있고 난 후 최경환은 현기환 의원을 만나 서로 '다짐 아닌 다짐'을 한다. "이제는 더 이상 김무성 얘기를 박 (전) 대표에게 꺼내지 말자!" 현기환도 무려 8차례나 김무성과의 화해를 건의하다 레이저를 맞은 전력이 있었다.

김영삼 전 대통령(YS)의 상도동계 관계자 얘기를 들으면 YS도 박근혜의 레이저에 '수모'를 당한 적이 있다. 박근혜가 '커터칼 테러'를 당할 때니까 2006년 5월 무렵이다. "어른(YS)이 한때는 박 대표를 괜찮게 생각했다. (커터칼 테러 사건 때) 병문안도 다녀왔다. 그 직후 박 대표가 상도동으로 감사 전화를 걸어왔는데 말끝에 잠시 뜸을 들인 뒤 '일일이 감사 전화를 못 드리고 있다. 제가 전화 드린 걸 어디 가서 얘기하시지 말라'고 한 모양이다. 어른이 '내가 어디 가서 얘기한다고…' 하면서 매우 어이없어했다. 그 후에 사람을 보내기도 했지만 어른의 감정이 좀처럼 풀어지지 않았다."(상도동 관계자)

그 때문이었을까. YS는 세종시 문제로 MB와 박근혜가 정면충돌하고 있던 2010년 5월, 원내대표 신임 인사차 찾아온 김무성 의원 앞에서 "쿠데타 세력이 가장 나쁜데 국민이 다 잊은 것 같다. 나는 (쿠데타 세력 중에서도) 박정희가 제일 나쁘다고 생각한다"고 독설을 쏟아냈다.

"저 근혜예요"

사실 박근혜가 늘 레이저만 쏘는 건 아니다. 의원들이 보고서를 만들어 안봉근 수행비서(박근혜 정부 대통령제2부속비서관)를 통해 전달하거나, 승용차를 탈 때 "시간이 나면 한번 읽어보시라"고 건네주면 며칠 뒤 '발신자 제한 표시'로 전화가 걸려온다. 친박계 손범규 전 의원의 전언. "보고서가 쓸 만하다고 생각하면 직접 전화를 걸어 '의견이 참 유익하네요, 저 근혜예요'라며 칭찬을 해주곤 한다."

경선캠프 공보단장을 맡았던 재선의 윤상현 의원도 그런 스타일을 활용했다.

2012년 8월 하순 어느 날, 박근혜가 새누리당 대선후보로 확정된 뒤 핵심측근들과 서울 강남구 역삼동의 한 중국집에서 오찬을 했을 때다.

윤상현 "후보님, 사실 내부적으로 5·16(군사정변)을 혁명이라고 하는 분들도 있고, 현상 자체는 정치변형을 일으킨 쿠데타라고 얘기하는 분들도 있습니다."

박근혜 "…. (윤상현이 쳐다봤지만 듣고 싶지 않다는 듯 고개를 푹 숙임)"

윤상현 "내부적으로 토론을 해서 (빨리) 정해야 합니다!"

박근혜 "(윤상현을 쳐다보며) 식사하면서 무슨 토론회를 해요!"

윤상현 "……."

순간 화기애애했던 분위기는 썰렁해졌고, 윤상현은 식사를 제대로 하지 못했다. 그러나 그냥 넘어갈 수 없는 대선이슈였다. 윤상현은 대신 두 차례에 걸쳐 보고서를 만들었다. 즉답은 없었지만 한 달쯤 뒤 박근혜는 5·16과 10월 유신 등 과거사에 대한 사과 기자회견을 한다.

심태흠 의원도 그즈음 아찔한 경험을 했다. 충남 보령–서천이 지역구인 그는 선진통일당과 합당을 위한 막후 협상의 메신저 역할을 담당하고 있었다. 박근혜에게 전화보고를 할 때였다.

김태흠 "김영삼 전 대통령과 김대중 전 대통령 부인 이희호 여사도
만났는데 김종필 전 총리(JP)도 한 번 만나셔야죠?"

박근혜 "(단호한 어조로) 앞에 두 분은 전직 대통령이셨잖아요."

김태흠 "3김이라는 단어가 왜 나왔겠습니까. 영남과 호남, 충청권을
상징해서 그런 것 아닙니까."

박근혜 "……."

김태흠은 순간 아차 싶었다. 그래서 사태 수습을 위해 이렇게 얘기했다.

김태흠 "제가 직접 후보님을 뵙고 말씀을 드렸다면 대선 승리를 위
해 무릎을 꿇고 간청했을 겁니다."

박근혜 "(또다시 침묵이 흐른 뒤) 알겠습니다!"

'알겠다'고 했지만 김태흠에게는 부정적 뉘앙스로 들렸다. 침묵의 레

이저 탓이었다. 하지만 박근혜는 흘려듣지 않고, 조용히 JP의 자택 방문을 추진했다.

박근혜의 레이저. 권위주의 청와대에서 사실상 '퍼스트레이디'로 살아온 세월, 비극적 개인사, 그리고 권력 주변의 표리부동한 군상에 대한 깨달음과 18년간의 '블랙아웃'이 복합적으로 교직된 캐릭터인지 모른다. 또 하나, 정치권이 헌정 사상 처음으로 접하는 여성 리더십에 대한 몰이해가 '레이저'라는 충격으로 표현된 것인지도 모른다.

어쨌건, 박근혜의 레이저는 MB 5년의 국정운영을 때로 긴장시키고, 때로 춤추게 한 주요 변수 중 하나였다.

비밀해제 in 비밀해제 ●

> ### "나 그때 밥 잘 먹었어!"
>
> "이거 오보야!"
> 신문이 배포된 날 아침, 새누리당 윤상현 원내수석부대표가 전화를 걸더니 다짜고짜 이렇게 항의했다. 친박계 실세로 통하는 윤 수석부대표는 "내가 언제 식사를 제대로 못했다고 그러는 거야. 그때 밥 잘 먹었어!"라고 소리를 질렀다. 평소 친분이 있는 윤 수석부대표는 이렇게 얘기하고는 전화를 끊었다.
> 하지만 주변에 있던 사람들은 당시 상황을 설명하며 "윤 수석부대표는 밥을 제대로 못 먹은 것이 맞다"고 다시 한 번 전했다.
> 사실 박근혜의 '레이저'는 여의도 정가에선 새삼스러운 뉴스가 아니었다. 하지만 메이저 신문에서 이렇게 클로즈업해서 보도한 적은 없었다. 그래서인지 반향이 컸다.
> 시리즈가 나간 이후 박근혜의 레이저에 대한 수많은 경험담들이 쏟아져 나왔다.
> 한편으론 레이저를 쏘고, 또 한편으론 "저, 근혜예요"라고 정감을 표시하는 그 사이 어디쯤인가에 정치인 박근혜의 캐릭터가 있지 않을까?

형님은 친박이었다

"이동관, 그 친구 잘라야 하는 거 아니야?"

2009년 9월 3일 오후, 이상득(SD) 새누리당 의원은 정정길 대통령 실장에게 전화를 걸어 다짜고짜 이렇게 말했다. 정정길은 동생(이명박 대통령·MB)과 사적으로는 오랜 친구 사이였다. SD도 그런 정정길을 평소 편하게 대했다. 그런데 이날 SD의 목소리에는 노기怒氣까지 서려 있었다. 대통령홍보수석비서관인 이동관이 이날 정운찬 전 서울대 총장을 새 국무총리 후보자로 발표하기 직전 기자들에게 '일반론'임을 전제로 "(총리를 지내면) 대선후보 중 한 사람이 될 수도 있다"고 말한 게 못마땅했던 것이다.

SD가 우려한 것은 친박계의 반응이었다. 친박의 시선으로는 MB가 정운찬을 활용해 '박근혜 흔들기'에 나선 모양새였다. 실제로 당시 MB 주변에선 차기 대선 구도에 대한 여러 논의가 오가고 있었다. 이 때문에 SD의 이 같은 반응은 당시 친이계 내에서는 이례적이었다. 정정길은 이동관에게 SD의 반응을 전해주며 "오해를 풀어라"고 했고 그 자리에 있던 정인철 대통령기획관리비서관도 거들었다. 그러나 이동관은 그러지 않았다.

여하튼 MB는 2008년 성공적으로 글로벌 금융위기를 극복하면서 국정운영의 자신감을 되찾고 있었다. 이 기세를 몰아 박근혜를 설득(또는 제압)해 세종시 수정안도 관철할 태세였다. 그런데 SD는 왜 그랬을까?

2009년 2월 21일 부산 서면 롯데호텔. SD는 김무성 허태열 서병수 등 친박계 의원들과 조찬회동을 했다. 안경률 김정훈 등 친이계 의원들도 함께했다. SD 측은 이례적으로 언론에 회동 일정을 흘렸다. 그만큼 이 장면을 알리고 싶었던 것이다. SD는 식사 전 김무성 등에게 "당 밖에서는 '친이'다 '친박'이다 하며 걱정을 많이 하지만 내부적으론 다양한 견해가 있을 뿐 갈등의 소지는 없다"고 말했다. 그러고는 김무성에게 "원내대표 선거에 나서 보라"고 제안했다.

당시 김무성이 기자들에게 한 얘기. "SD가 요즘 달라졌다. 그동안 우리 친박에 대해 반감이 많았는데, 사실 원래는 친박들 씨를 말려 죽이려고 했던 것 아니냐…" SD가 박근혜와 비밀회동을 했다는 언론 보도가 나온 것도 이 무렵이었다. 박근혜가 명예훼손 혐의로 법적 조치를 취하겠다며 반박하자 정정보도를 내기는 했지만….

"MB와 SD를 보호해줄 수 있는 사람은 박근혜뿐"

아무튼 김무성 원내대표 카드는 박근혜가 단칼에 거부하면서 없던 일이 됐지만 SD는 이후로도 친이계 내에서 유달리 박근혜와 친박계에 대한 관심의 끈을 놓지 않았다. 2010년 6월 박근혜의 반대로 세종시 수정안이 무산된 이후 SD의 관심은 본격화됐다. 그러던 9월 초 어느 날, SD의 '정치적 양아들'로 통했던 한나라당 사무총장 원희룡에게 친박 핵심인사 A가 이런 말을 전한다. 박근혜의 복심腹心으로 분류될 만한 사람이었다.

핵심인사 A "지금 대선후보 중 MB 퇴임 후 MB와 SD를 보호해줄 수 있는 사람은 박근혜 (전) 대표뿐입니다."

원희룡 "무슨 말씀이신지…"

핵심인사 A "그럼 이렇게 말씀드릴까요. MB가 박 대표의 대선행보를 방해할 수는 있겠죠. 하지만 박 대표가 대선에서 진다고 해도 야당 대표는 할 수 있습니다. 그렇다면 '야당 대표' 박근혜가 MB와 SD를 청문회에 세우지 말란 법도 없지 않습니까."

MB 임기 후 문제까지 거론하며 잘 지내보자는 제안이었다. SD가 진작부터 박근혜에 공을 들인 것도 바로 이런 포인트를 염두에 두었다는 게 주변의 대체적인 해석이다. SD는 비슷한 시기 경북지역 언론인들과의 모임에서 이런 말을 한다.

"한나라당에 가장 중요한 건 정권재창출이다. 그런 의미에서 박근혜 (전) 대표는 한나라당의 자산이다."

이 정도면 박근혜로의 정권재창출 필요성을 선언한 셈이다.

비슷한 시기 단행된 청와대 참모 인선도 눈여겨볼 필요가 있다. MB

는 세종시 수정안 부결 직후인 2010년 7월 신임 대통령실장에 임태희를, 대통령정무수석비서관에는 정진석을 임명한다. 임태희와 정진석은 각각 친이계, 친박계로 분류되지만 동시에 SD계로도 분류되는 사람들이다. 사실상 SD계가 청와대 핵심을 장악하며 박근혜와 SD, 더 나아가 MB와 박근혜의 관계 개선에 나설 수 있게 되었던 것이다.

SD가 '친박'을 자처하고 나선 데는 물론 '대안 부재론'이 결정적이었다. 동시에 SD와 박근혜의 TK(대구·경북)라는 지역적 끈, 기업인 출신인 SD의 '사업적 기질'이 복합적으로 작용했다는 게 주변의 한결같은 증언이다.

SD는 2004년 고 노무현 전 대통령에 대한 탄핵 후폭풍과 '대선자금 차떼기 사건'으로 한나라당이 휘청거릴 때 박근혜와 '찰떡 콤비'를 이뤄 천막당사 신화를 만들어 낸 적이 있다. 당시 '남원정'(남경필 원희룡 정병국) 등 당내 소장파가 최병렬 대표를 끌어내리고 박근혜를 새 대표로 추대할 때 당 사무총장이던 SD가 천막당사 프로젝트를 주도한 것. SD는 서울시장이던 MB를 설득해 서울시와 천막당사 용지로 사용할 땅 임차계약을 하고, 사무실로 쓸 컨테이너도 주도적으로 마련했다. 당시 천막당사 이전을 실무 지휘한 B의 회고. "SD가 박근혜 대표의 지시를 받자마자 순식간에 일 처리를 마무리해 박 대표가 꽤 흡족해했다. 천막당사 용지가 여의도공원 내에서도 요지라 임차료가 비쌌는데 금액 문제도 SD가 조율하고 나섰다."

MB도 수긍할 수밖에 없었던 '박근혜 불가피론'

기업인 출신으로 꼼꼼한 스타일도 영향을 미쳤다. 2004년 여름, 한나라당 사무처는 코오롱에 당 유니폼 제작을 의뢰했다. SD가 코오롱 사장을 지낸 만큼 좀 싸게 맞출 수 있다는 생각에서였다. 그런데 코오롱이 제안한 단가는 한 벌에 5만8000원. 이를 보고받은 SD는 "유니폼 점퍼 하나가 뭐 이리 비싸나"라고 역정을 내더니 동대문시장 내 가내수공업 공장에 한 벌에 1만9000원씩 제작을 맡기기도 했다.

무엇보다 전통적 TK 정서가 강하게 작용했다고 한다. MB-SD 형제의 핵심측근인 C의 증언. "SD는 MB 당선 직후부터 '다음 대통령은 박근혜'라고 생각했다. 바뀐 일이 거의 없다. 'TK의 정권재창출'이 중요하다고 생각했다. PK로의 정권재창출에 대해서는 미묘한 거부감이 있었다."

정두언 박형준 등 여권 내 소장파 그룹에서 2010년 8월 정운찬 국무총리의 후임으로 경남지사를 지낸 김태호를 강하게 천거한 데 대해 SD가 불만을 토로한 것도 이런 맥락으로 읽어야 한다는 것이다. 김태호의 등장으로 차기 대선 구도가 흔들릴 수 있는 점을 눈여겨본 것이다. MB가 청문회에서 상처를 입은 김태호를 계속 쓸지 고민할 때, SD와 가까운 정진석이 김태호 카드를 버리자고 강하게 설득한 것도 이와 무관치는 않은 듯하다.

하지만 박근혜와 SD는 이런 '연대'를 공식적으로 확인하거나 내세우지는 않았다. 아직까지 확인된 둘만의 공식 회동도 없었다. 연대가 공공연히 알려지면 2012년 대선에서 야당이 내세웠던 '이명박근혜' 정권

심판론의 근거만 제공하는 꼴이 될 게 자명한 일이었다. 2009년에 이어 2011년 4월 18일에도 SD가 서울 삼성동에서 박근혜와 전격 회동했다는 기사가 보도됐으나, 박근혜의 대변인 격이었던 이정현은 이례적으로 보도자료까지 내고 회동 사실을 다시 전면 부인했다.

이는 SD 쪽도 마찬가지였다. 하지만 물이 차면 배가 뜨는 법. MB는 어느덧 '박근혜 불가피론'으로 기울고 있었다.

2011년 1월 초. 신년 구상을 하던 MB가 곽승준 대통령직속 미래기획위원장 등 핵심측근 몇 명을 청와대로 불렀다.

참모들   "일할 수 있는 시간은 올해가 사실상 마지막입니다. 저희도 최선을 다하겠습니다."

MB   "그래. 그리고 무엇보다 정권재창출이 중요하다. 지금 상황에선 다음은 박(근혜) (전) 대표밖에 없는 것 아니냐…."

SD가 2010년 9월에 했다는 말과 표현도 크게 다르지 않다.

SD의 선견지명 때문이었을까. 이후 MB-SD 형제와 박근혜는 더 이상 크게 삐걱대지는 않았다. MB는 1987년 민주화 이후 탈당하지 않은 채 임기를 마무리한 첫 대통령이 됐다. 하지만 정작 SD는 저축은행으로부터 거액의 로비자금을 받은 혐의로 2012년 7월 전격 구속되는 추락을 맛봐야 했다. 2013년 1월 동생이 단행한 마지막 특별사면에서도 제외됐다.

어쩌면 SD의 '친박 행보'는, 정치를 잘 몰랐던 동생을 위해 형님이 짊어진 짐이었는지도 모른다.

"MB와 나는 대통령과 참모일 뿐"

시리즈가 나간 뒤 SD는 측근인 장다사로 전 대통령 총무비서관을 통해 "정정
길 실장한테 '이동관을 잘라라'라고 전화한 사실이 없다"고 부인했다.

SD 자신은 기억에 없을지 몰라도, 정 실장은 SD와 통화한 내용을 이동관 수
석에게 직접 알려줬고, 그 자리에는 정인철 기획관리비서관도 있었다. 대선 당시
MB캠프의 외곽조직이었던 선진국민연대 대변인 출신인 정인철 비서관은 이동
관 수석에게 "이 선배, 가서 사과하시는 게 좋겠습니다"라는 말까지 했다. SD를
직접 찾아가서 오해를 풀어주라는 얘기였다.

하지만 이동관은 SD를 찾아가지 않았다. MB와 자기는 '대통령과 참모'라는
거버넌스Governance(국가관리)의 관계로 만난 것이지, 과거 계보정치에서 흔히
보듯 '주군과 신하'의 봉건적 관계가 아니며, 따라서 SD가 설사 대통령의 형님이
자 정치적 실세라 하더라도 대통령 참모의 공적인 발언을 놓고 찾아가서 설명을
해야 할 상대는 아니라는 논리였다. 아니 논리라기보다는 '이동관의 미학美學'같
은 것이었다.

76학번 참모들의 갈등

　　　　　　　　　　　이명박 정권의 흥미로운 특징 중 하나
는 유난히 76학번들이 눈에 많이 띈다는 점이다. 특히 서울대 76학
번 동기들인 정두언 전 한나라당 최고위원, 임태희 전 대통령실장, 그
리고 홍보수석비서관을 차례로 지낸 이동관 김두우의 협력과 갈등은
늘 은밀한 화제였다. 묘하게도 정두언과 임태희는 서울대 상대 출신에
행시 24회 동기였고, 이동관과 김두우는 각각 〈동아일보〉와 〈중앙일
보〉 출신의 정치학과 동기였다.

　그들이 모신 대통령은 6·3세대였다. 박정희 정권의 '굴욕적 한일회
담'에 반대해 궐기했던 6·3세대. 이후 민주화에 헌신한 멤버들도 있지
만 다수는 산업화의 역군이 됐다. MB는 후자의 상징이었다. 초기에
부진하던 박정희식 경제개발도 1966년부터는 10% 이상 고도성장의
시대를 연다.

　76학번들이 입학하던 1976년은 현대자동차가 포니 판매를 시작한
해였다. '마이카'라는 신조어가 등장했다. 76학번은 그러니까 폭압적인

유신말기체제에 신음하면서도 산업화의 혜택을 본격적으로 누리기 시작한 세대였다. 노무현의 386세대와 같이 '단일 혹은 이념 코드'로 설명할 수 없는 세대였다.

그런 점에서는 6·3학생운동의 주역이자 산업화의 간판스타인 MB도 마찬가지였다. 6·3세대 대통령과 76학번 참모들. 특히 50대 초반의 76학번 참모들은 '올드 보이'들이 많은 MB 정권에서 무엇을 꿈꾸었을까.

결론부터 말하면 그들은 무엇을 꿈꾸기도 전에 권력투쟁의 직·간접적인 당사자가 되고 만다.

18대 총선 공천심사가 한창이던 2008년 3월, 정두언을 필두로 한 한나라당 소장파 55명이 이상득(SD) 국회부의장의 불출마를 압박하고 있던 때였다. 청와대 출입기자들이 이동관 대변인에게 '55인 거사擧事'에 대한 코멘트를 요구했다.

"충정은 이해한다. 하지만 문제제기 방식이 거칠고 적절치 않다." 물론 이동관의 실명이 아니라 청와대 핵심관계자의 코멘트로 보도됐다.

정두언 임태희 이동관 김두우

그날 저녁. 이동관은 식사 도중 문자 한 통을 받았다. '누가 (그런 말을) 했는지 안다. 인간이 그러면 안 된다.' 두 사람은 친구처럼 지내는 사이였다. 뒤늦게 경선캠프에 합류한 이동관이 인수위 대변인을 맡게 된 데는 '실세' 정두언의 도움이 적지 않았다. 정두언은 서운함을 참지 못하는 성격이었다.

이동관이 '(친구로서가 아니라) 대통령의 참모로서 한 얘기'라고 다독였지만 정두언은 풀지 않았다. 기획조정비서관으로 있던 SD의 심복 박영준이 "들었어요? 정두언이 요즘 기자들에게 이 선배를 '간신'이라고 씹는답니다"라고 귀띔해줄 정도였다. 제갈공명이 조조를 치기 위해 주유를 격분시키는, 삼국지 적벽대전의 그 격장지계激將之計를 연상케 하는 말이었지만 이동관도 발끈했다.

보다 못한 신재민 문화체육관광부차관이 강남의 어느 카페에서 화해의 술자리를 마련했다. 〈한국일보〉 출신으로 경선캠프인 안국포럼 메시지팀장으로 활약했던 신재민은 이동관의 정치학과 1년 후배이기도 했다.

이동관 "나를 간신이라고 욕하고 다닌다던데 그게 사실이냐?"

정두언 "욕하다 보면 그럴 수도 있는 것 아니냐?"

이동관 "너는 정치하는 사람이고, 나는 대통령 참모 아니냐? '큰 정치'를 하겠다는 사람이 그 정도밖에 안 되냐? 나는 대통령 모시느라 정신이 없다."

정두언 "네가 지금 잘 모시고 있는 거냐? 바른 소리를 해야지!"

이동관 "나름대로 바른 소리 하고 있다. 네가 나 같은 사람까지 적으로 만들면서 무슨 정치를 하겠다는 거냐."

'MB 정권의 설계사'로 불리던 정두언은 이미 세勢를 잃고 있었다. '왕의 남자' 이재오 의원까지 18대 총선에서 고배를 들자 MB 정권의 권력지형은 급격하게 '형님(SD)' 쪽으로 기울었다.

SD는 임태희를 아꼈다. 임태희는 1980년대 중반 민정당 대표를 지낸 권익현의 사위였다. 권익현은 육사 11기로 전두환 노태우의 동기. 경남 산청 출신이지만 대구 능인고를 졸업한 '범汎TK'였다. SD도 '절반'은 육사 출신이다. 비록 자퇴하고 서울대 상대로 옮겼지만 그는 코오롱에 있을 때도 입교 동기생들인 육사 14기를 챙겼다.

임태희도 서울대 상대 출신이다. 그러니까 임태희는 SD가 좋아할 만한 요소를 두루 갖춘 셈이었다. 게다가 유능하고 자기 절제력이 강할 뿐 아니라 어른을 잘 모셨다.

이방호 전 사무총장의 기억. "(2007년 경선 때) 이재오와 내가 의원들을 끌어들이기 위해 정말 간곡하게 설득하고 다녔다. 그런데 임태희는 막판까지 요리조리 버티다가 (나나 이재오가 아니라) SD 쪽에 붙어서 들어왔다. 어느 날 SD한테 시급한 경선 상황을 보고하러 갔는데 안에 사람이 있다면서 안 나오더라. 비서도 평소와 달리 안에 누가 있는지 말을 안 하고…. 쪽지라도 집어넣으라고 방방 뛰니까 문을 열어주는데 다른 사람은 없고 SD 혼자 있더라. 알고 보니 임태희를 화장실에 숨겨두고 문을 열어준 거였다. 그 정도로 끼고 돌았다."

막판에 합류했지만 임태희는 후보 비서실장, 당선인 비서실장, 한나라당 정책위의장, 노동부장관, 대통령실장에 대북특사 역할까지 MB 정권과 사실상 명운을 함께한다. 정책위의장 때부터 다듬어 온 '공정사회' 구상을 MB 정부의 키워드로 만들어낸 주인공도 바로 임태희였다.

하지만 권부 내에서는 SD가 데리고 들어온 '범TK 데릴사위'로 비쳤다. 2010년 7월, 임태희가 제3기 청와대의 대통령실장으로 자리를 잡자 여권 인사들은 "SD계의 당청 장악이 완성됐다"고 판단했다. 한 달

전 지방선거 패배의 여파로 한나라당 사무총장까지 원희룡 의원으로 교체됐다. 원희룡은 그즈음 'SD 사람'으로 분류됐다.

76학번 갈등의 변수, SD와의 관계

신설된 메시지 기획관으로 있다가 이때 기획관리실장을 맡게 되는 김두우와 민정1비서관으로 있던 장다사로까지 감안하면 'SD계의 당청 장악'이란 얘기가 그냥 나온 말이 아님을 알 수 있다. 김두우는 어찌됐건 TK이고, 장다사로는 세상이 다 아는 '(이상득) 부의장 사람'이었다. 장다사로는 임태희의 경동고 후배이기도 했다.

박영준은 국무총리실 국무차장(차관급)으로 있던 2009년 10월 몇몇 기자에게 이런 말을 했다. "지난번 청와대 개편으로 이동관 홍보수석에게 힘이 많이 실렸다고 하는데 꼭 그렇게 볼 수 있을까? 중요한 포인트는 김두우 메시지 기획관이다. 메시지 기획관은 대통령과 매일 만나는 자리다. 청와대에선 누가 대통령을 매일 만나느냐가 가장 중요하다."

SD 직계인 박영준이 김두우를 '우리 편'으로 생각하고 있음이 확연하게 드러나는 말이다. 2009년 6월 정두언을 비롯한 소장파 7인이 '만사형통萬事兄通 SD'의 정계은퇴를 요구하고 나섰을 때 '2선 후퇴론'으로 SD를 설득한 사람은 김두우였다. 2008년 총선 때와 마찬가지로 SD는 소장파의 퇴진 요구를 완강하게 거부했다. '퇴진은 곧 정계은퇴'라고 생각했다. 실제 소장파의 요구도 정계은퇴 후 해외체류였다.

메시지 기획관을 맡기 전 정무기획비서관으로 있던 김두우는 SD에게 "2선 후퇴라도 해야 정치적으로 문제를 풀어갈 수 있다"고 우회로를 제시했다. 물론 MB도 받아들인 아이디어였다.

2009년 6월 3일 아침, SD는 안국포럼 출신의 친이 직계 의원들을 불렀다. 정두언도 당연히 초청 멤버였다.

SD   "오늘 최고중진연석회의에서 중대결심을 밝히려고 한다. 여러 분이 요구하는 2선 후퇴를 받아들이겠다."

정두언   "그것만으로는 진정성을 보일 수 없습니다. 당정청에서 의심받는 측근들까지 모두 함께 물러나야 합니다."

SD   "(극도로 답답하다는 표정을 지으며) 도대체 어떻게 하라는 얘기냐? 합심해서 우리가 만든 대통령을 최선을 다해 보좌하자."

정두언   "(탁자를 내려치며) 우리라고요? 난 한 번도 우리라고 생각해 본 적이 없습니다."

김두우가 의도했건, 의도하지 않았건 '2선 후퇴'는 소장파의 예봉을 피하면서 SD를 구명救命하는 카드가 됐다.

그리고 정권재창출을 위해 박근혜 외에는 대안이 없다고 생각한 SD의 '친박 본색'까지 구명하는 정치적 결과를 낳았다. 또 하나. 76학번 네 사람의 권력좌표에도 원심력으로 작용했다. 네 사람은 SD와의 관계에 따라 협력보다는 갈등하는 경우가 더 많아졌다.

이동관에 대한 MB의 신임

이동관은 2010년 7월 홍보수석을 마치고 나올 때 비서실장 문제로 고민하는 MB에게 임태희 고용노동부장관을 추천했다. MB가 임태희 비서실장 카드를 내심 확정하기 전인지는 정확하게 알 수 없지만, MB는 이 수석의 건의에 "알았어"라고 대답했다고 한다.

그 해 12월 30일 MB는 이동관을 언론특보에, 박형준 전 정무수석을 사회특보에 임명한다.

"장관보다 더 크게 나왔더라." 언론이 주요뉴스로 다루자 MB는 이동관 특보에게 이런 조크까지 날렸다. 비록 '대통령의 입'에서 물러나지만 이동관에 대한 MB의 신임은 여전하다는 걸 보여주는 삽화라고 할 수 있다.

이동관, 박형준 특보에게 원래 승용차도 주고, 월급도 주라는 게 MB의 뜻이었다고 한다. 그런데 임태희 실장이 반대했다. 그렇게 하려면 특보 자리를 장관급으로 만들어야 하고 국무회의까지 열어야 하는데 굳이 그럴 것 있느냐는 논리였다.

이동관은 서운했다. 박형준 특보는 부인이 화랑이라도 하니까 괜찮은 편이지만, 이동관은 운전도 직접 해야 할 판이었다. 그런 사정을 잘 아는 김희중 대통령부속실장이 나서 MB에게 직접 건의를 한 다음에야 이동관 특보에게 승용차가 지급됐다.

친이계 몰락의 서막,
4·27 분당 자폭

《한나라당 정두언 최고위원, "정운찬이 나오지 않겠다고 하면서 강재섭으로 (공천은) 끝난 거다. 당은 아무런 대책도, 전략도 없다. 이재오가 대단하다고 하는데 사고는 딱 중학생 수준이다. 분당을(乙) 공천 안 되는 게 뻔히 보이는데 (정운찬) 밀어붙이고…."(2011년 3월 29일 한나라당 출입기자 정보보고)》

"그것 때문에 친이 쪽에서 (당신을) 안 좋게 생각하는 사람들이 있을 수 있어!"

2011년 초 어느 날, 이명박 대통령은 임태희 대통령실장을 걱정하며 이렇게 말했다. '그것'은 4월 27일로 예정된 경기 성남시 분당을 국회의원 보궐선거의 공천 문제였다. MB 스스로 '친이 쪽'이라고 말한 건 이재오 특임장관이었다.

임태희는 강재섭 전 대표를 밀었다. 2005년 강재섭이 원내대표로 있을 때 원내수석부대표를 맡아 한때 '강재섭 계보'로 통하기도 했지만, 임태희는 그보다 정치도의상 그래야 한다고 생각했다.

강재섭은 MB 정권 출범 이후 두 번이나 인사검증 동의서를 제출했다. 국회의원 5선에 당 대표를 지낸 강재섭에게 인사검증 동의서란 곧 '국무총리 후보'였다. 강재섭도 그렇게 생각했고, 임태희도 마찬가지였다. 임태희는 2010년 7월 대통령실장으로 임명된 뒤 MB에게 직접 물어보기까지 했다.

임태희 "총리도 안 시킬 거면서 인사검증 동의서까지 받은 건 좀 심했습니다."

MB "총리는 안 돼!"

임태희 "그러면 왜 검증을…."

MB "임 실장이 만나서 오해를 풀어줘."

그 얼마 후 임태희는 강재섭을 만났다. 강재섭은 마음이 상할 대로 상해 있었지만 '총리의 꿈'은 이미 접고 있었다. 그 대신 다른 제안을 했다. "분당을 보궐선거에 나갈 예정이니 청와대에서 방해만 하지 말아 달라." 임태희가 대통령실장으로 들어가면서 공석이 된 분당을 국회의원 선거에 자기가 출마하겠다는 뜻이었다(이 대목에 관한 강재섭의 기억은 좀 다르다. 임태희가 먼저 권유했다는 것이다).

어쨌든 임태희는 강재섭을 밀면서 MB에게 이런 얘기까지 했다. "방해할 것까지는 없지 않습니까. 총리도 안 시키는데 방해는 말이 안 됩니다. (정치인에게 그렇게) 척을 져서는 안 됩니다." 하지만 MB는 가타부타 말이 없었다.

"강재섭 대신 정운찬 공천" 상처만 남긴 이재오의 헛발질

그러는 사이 친이계 좌장인 이재오가 움직였다. 해가 바뀌어 4·27 재·보선을 앞둔 2011년 초 어느 날, 이재오는 정운찬 전 총리를 만난다. 정운찬은 2010년 7월 세종시 수정안 국회 부결에 따른 책임을 지고 총리직을 사퇴한 뒤 동반성장위원회 위원장을 맡고 있었다.

이재오 "분당을 선거에 출마하셔야죠!"
정운찬 "대통령의 뜻입니까?"
이재오 "그렇습니다."
정운찬 "······."

사실 정운찬은 MB의 뜻이 아니라는 것을 직감적으로 알아챘다. 여권에서 자신을 후보경선 없이 전략 공천하기는 쉽지 않다는 것을 느꼈던 것. 아니나 다를까 당 지도부는 '정운찬 영입' 카드로 발칵 뒤집혔다. 홍준표 최고위원은 "(세종시 수정안 실패 때문에) 문책으로 나가신 분이다"라고 했고, 정두언 최고위원도 "당의 이미지를 높일 수 있는 분을 새로 영입해 신선한 바람을 일으켜야 한다"고 목소리를 높였다.

강재섭도 가만히 있지는 않았다. 그해 2월 7일 기자간담회를 열어 "(출마) 생각도 안 하고 있는 사람(정운찬)을 거론하고 있는데, 과거 밀실정치나 다름없다"고 반격했다. 그러면서 "나는 1996년 분당으로 이사 와 올해 15년째 살고 있다. 당선돼도 대표나 국회의장 자리에는 관심 없고 시켜줘도 안 할 것"이라고 강조했다.

우려가 현실이 되자 정운찬은 3월 20일 "나는 한 번도 나간다고 한 적이 없다. 나갈 생각이 없다"고 못을 박았다. 정운찬의 전언. "눈치를 보니 (대통령의 뜻이라는) 이재오의 말은 사실이 아닌 것 같더라. 당 최고위원들 중에서 아무도 호응하지 않았거든. 결국 나가지 않기를 잘했던 거야."

애초 정운찬 영입 카드는 이재오가 아닌 원희룡 사무총장의 아이디 어였다. 안상수 의원이 당 대표로 선출된 2010년 7월 사무총장으로 임명된 원희룡은 '경기의 강남' '천당 아래 분당'이라는 텃밭에서 패배 하면 사무총장 자리뿐만 아니라 곧바로 MB 정부의 위기라고 생각했 다. 특히 민주당에서는 손학규 대표의 차출설이 솔솔 나오고 있었다. 민주당이 손학규 카드를 꺼내 든다면 분위기는 완전히 달라질 수 있 는 상황이었다.

원희룡도 처음엔 '정치도의상' 강재섭에게 기회를 주는 게 옳다고 생각했지만 이내 그 생각을 접고 정운찬을 택했다. 그리고 이재오에 게 도움을 요청한 것이었다. 그사이 참신한 신인을 찾는다며 탤런트 고현정과 박상원을 내세우는 방안까지 검토했다. 차인표의 경우는 실 제 접촉까지 했지만 거절당하고 말았다.

강재섭은 아군이 휘두른 칼에 내상을 입고 있었다. 홍준표는 연일 불가론을 폈다. "분당을은 강 전 대표가 다섯 번 국회의원을 한 대구 만큼 쉬운 지역인데 분당을에 출마하면 공정한 사회가 아니다. 대통 령도 '갸가 와 돌아오노'라고 했다고 하더라. 차라리 내 지역구를 내줄 테니 19대 때 서울 동대문을에 나오라 캐라(해라)."

강재섭도 강수를 뒀다. 3월 13일 아예 선거사무소 개소식을 열고 출마를 공식화했다. 그러나 우군이었던 안상수도 초심이 흔들리기 시작했다. 안상수는 전당대회에서 당 대표로 선출될 때 강재섭에게 진 '빚'이 있었지만 친이계 최대주주인 이재오가 정운찬 카드를 들이밀자 귀가 솔깃했다. 게다가 홍준표도 반대했고…. 무엇보다 분당을 보선에서 패배하면 대표직을 내놓아야 하는 절박한 상황이었다.

손학규가 민주당 후보로 출마를 선언하자 안상수와 원희룡은 다급해졌다. 야권의 유력 대선주자 가운데 한 명으로 꼽히는 제1야당 대표가 직접 후보로 뛰어들면서 분당을은 4·27 재·보선의 최대 승부처로 떠오르게 된 것이다.

극으로 치닫는 친이계 분열

원희룡은 비공식 라인으로 여론조사를 돌렸다. 결론은 아이러니하게도 '임태희 차출'. 임태희의 빈자리를 채우기 위해 치르는 선거에 다시 임태희를 출마시켜야 한다는, 다소 황당한 상황이 발생한 것이었다.

안상수가 다시 이재오에게 전화를 걸었다. 이재오는 워싱턴 출장 중이었다.

안상수 "아무래도 임태희로 가야 할 것 같습니다."
이재오 "지금 해외 출장 중이니 알아서 판단하십시오!"

이재오의 답변은 시큰둥했다. 4월이 시작됐다. 1일 당 대책회의가 열리자, 보다 못한 김무성 원내대표가 나섰다.

김무성 "분당을은 어떻게 할 거냐?"

원희룡 "(우물쭈물하며) 월요일에 보고 드리겠습니다."

김무성 "지금 당장 결론을 내려라. 강재섭을 (전략공천) 하려면 빨리 해야 한다. 너무 상처를 많이 받았다."

원희룡 "……."

김무성은 훗날 이렇게 회고했다. "대통령의 성격이 그렇더라. 결정을 잘 안 내리고…. 이번에도 이재오가 강재섭이 안 되는 이유를 어그레시브하게(공격적으로) 쭉 설명한 뒤 '제가 책임지고 설득해서 정운찬을 출마시키겠습니다'라고 한 거지. 그리고 MB도 '그래? 그럼 한번 해봐'라고 하니까 '대통령의 뜻'이라며 총대를 메고 나선 거지. 그러다 일이 잘 안 되면 대통령도, 이재오도 쏙 빠져버리는 식인데, 이번 일도 그렇게 된 거다."

게다가 안상수─원희룡 조가 마지막에 꺼내 든 임태희 카드는 '형님의 의심'을 불러왔다. 당시 대책회의에 참석했던 한 인사의 전언. "이상득 전 국회부의장이 의심을 했습니다. 이재오가 임태희를 출마시켜 청와대에서 나오게 해서 SD의 입김을 빼기 위한 것이라고 생각했던 겁니다. 그래서 '돌고 돌아서 강재섭'으로 갈 수밖에 없었죠."

임태희도 당시 분당을 공천파동을 권력다툼으로 인식했다. "친박은 강재섭을 막지 않았다. 친이도 이재오 쪽에서만 막았지, 이상득 쪽에서는 막지 않았다. 그 연장선상에서 (재·보선 패배 이후) 나보고 물러나라는 얘기까지 나온 것이다. 결국 세력 간 권력다툼이었다."

4월 4일 결국 공천장은 강재섭에게 돌아갔다. 하지만 적전 분열로 상품(후보)은 이미 선도가 급격히 떨어진 상태였다. 4·27 분당을 보궐선거의 결과는 51.0% 대 48.3%의 패배. 한나라당은 민주당 이광재 지사의 중도하차로 함께 실시된 강원지사 보궐선거에서도 패하고 말았다.

분당을 공천파동은 친이계의 자폭自爆이나 마찬가지였다. 친이는 본격적으로 몰락하기 시작했다. 안상수는 대표직을 사퇴했고, 김무성의 후임을 뽑기 위해 그해 5월 치러진 당 원내대표 선거는 4·27에 이은 또 한 번의 적전 분열이었다.

MB는 임기 후반을 향해 가고 있었다. 미래를 기약할 수 없는 친이계의 분열은 극에 달했다. 친이계 안경률 이병석 의원은 누구도 원내대표직을 양보할 생각이 없었다. 결국 중립파와 쇄신파, 친박계의 지원을 받은 황우여 의원이 승리했다. 황우여는 이어 2012년 5월 대표까지 거머쥔다. MB정부에서 박근혜정부로 이어지는 황우여 대표 체제는 그렇게 탄생했다.

MB 향한 강재섭의 배신감 "배은망덕한 X"

강재섭 대표는, 그가 좋아하는 골프 게임에 비유하면 MB를 '스크래치 대상'으로 여겼다. 핸디가 같다는 뜻이다. 무엇보다 이명박 정부를 탄생시킨 당 대표로서 그에게 걸맞는 자리는 국무총리밖에 없다고 생각했다.

그건 임태희 비서실장도 마찬가지였다. 그래서 강재섭 대표에게 인사검정 동의서 제출을 요구했다는 소리를 들었을 때, 임 실장은 '당연히' 국무총리 발탁을 염두에 둔 조치였을 것이라고 생각했다.

하지만 불행하게도, MB가 생각한 '강재섭의 체급'은 장관급이었다. 강재섭은 그런 MB에 대해 "배은망덕한 X"이라고 배신감을 숨기지 않았다.

2 "역대 정권과 우리는 좀 다르지 않습니까?"

"낙제는 면했다"는 이건희,
분노한 MB 정부

《정운찬 전 동반성장위원장, "사실 초
과이익공유제는 바로 그(이건희 회장)가 이끄는 재벌기업의 경영 기법
에서 아이디어를 얻는 것이었기 때문에 더 어처구니가 없었다. 그 기
업은 초과이익을 임직원에게 나눠주는 제도를 이미 운용하고 있었다."
(저서 〈미래를 위한 선택, 동반성장〉)》

이명박(MB) 정부의 임기 4년차인 2011년 3월, 한나라당 부설 여의
도연구소 실무자들은 냉가슴 앓듯 속만 끓이고 있었다.

4·27 재·보궐선거의 격전지인 강원도지사, 경기 성남 분당을, 경남
김해을에서 여론조사를 해봤더니 '0 대 3 참패'라는 결과가 나왔다.
2010년 6·2 지방선거 패배에 이어 '미니 총선'이라고 불린 4·27 재·
보궐선거에서까지 지고 나면 MB 정권의 레임덕은 불을 보듯 뻔했다.
충격은 거기서 그치지 않았다. 유권자들을 대상으로 심층면접조사
(FGI)를 했더니 '한나라당은 거의 존재하지 않아야 할 정당'이라는 민

심까지 드러났다. 여의도연구소는 한 달이나 보고서를 움켜쥐고 있다가 선거가 임박해서야 당 지도부에 보고했다.

사실 새해 분위기는 그리 나쁘지 않았다. 2010년은 천안함 사건과 6·2 지방선거 패배, 세종시 수정안 부결 사태와 유럽발 재정위기가 있었지만 세계적인 경제위기 속에서도 국가신용등급이 올라가고 서울 주요 20개국(G20) 정상회의도 성공적으로 치러내면서 '다시 해보자'는 열의까지 느껴졌다.

1월 24일엔 서울 영등포구 여의도 전경련회관에서 MB와 30대 그룹 총수 간의 간담회도 마련됐다. 간담회 직후 윤증현 기획재정부장관은 기자들에게 "전체적으로 산뜻한 한 해의 출발이라고 생각한다"고 말한다.

그런데 여론조사를 해 보니 수면 아래 민심의 바다에는 냉수대가 흐르고 있었던 것이다. 바로 그 무렵, 삼성그룹 이건희 회장의 이른바 '낙제점 발언'이 터져 나왔다.

참모들 '이건희 경고' 주장에도 MB는 미적지근

3월 10일 저녁 서울 남산 하얏트호텔. 전경련 회장단 회의에 참석하기 위해 호텔에 들어서던 이 회장을 향해 기자들이 질문을 쏟아 냈다.

기자 "회장님, 현 정부의 경제성적에 몇 점 정도를 주시겠습니까?"
이건희 "과거 10년에 비해 상당한 성장을 했으니…."
기자 "흡족하다는 말씀이십니까?"

이건희 "흡족하다기보다는 낙제는 아닌 것 같다."

이건희는 또 정운찬 동반성장위원장의 '초과이익 공유제'에 대해서도 한마디 했다.

"사회주의에서 쓰는 말인지, 자본주의에서 쓰는 말인지, 공산주의에서 쓰는 말인지 모르겠다."

다음 날 MB 주재 대통령수석비서관 회의. 김두우 기획관리실장이 나섰다. '왕실장'이라는 소리를 들을 만큼 MB의 신뢰를 얻고 있던 때다.

김두우 "이건 그냥 넘어가면 안 됩니다. 그냥 넘어가면 앞으로 (우리가) 못 견딥니다."

임태희 "삼성 쪽에서 (발언의 진의가 잘못 전달됐다고) 설명을 해 왔습니다."

MB "……."

김두우가 문제 삼은 건 '공산주의 발언'이 아니라 '낙제점 발언', 더 정확히 말하면 '면兔 낙제 발언'이다. 김두우는 MB에게 두 번, 세 번 '이건희 경고'를 주장했다. 그동안 김두우와 의견충돌이 적지 않았던 이동관 언론특보도 '이건희 발언' 건에 관한 한 경고론자의 편에 섰다.

그런데 평소와 달리 MB의 반응은 이상하게도 미적지근했다. 이동관은 '아마 사위를 통해서 얘기가 온 모양'이라고 생각했다. 삼성전자 해외법무담당 상무로 있던 이상주(현 해외법무팀장·전무)가 MB의 큰사위였다.

김두우의 직감도 이동관과 같았다. 그는 MB에게 '이건희 경고'를 거듭 건의하는 한편 삼성그룹 전체의 대외창구인 장충기 삼성 미래전략실 커뮤니케이션 팀장(사장·현 미래전략실 실차장)과 MBC 출신인 이인용 삼성전자 커뮤니케이션 팀장(부사장·현 사장)을 만났다.

김두우는 단도직입적으로 "(삼성이) 각본을 짜고 던진 말 아니냐?"고 따져 물었다. 두 사람이 부인하자 그는 "그럼 혼네(일본말로 진심) 아니냐?"고 다그쳤다. 김두우는 거기서 그치지 않았다. "이번에도 사위를 앞세워 그냥 넘어가려고 하면 좌시하지 않겠다."

장충기와 이인용의 증언은 좀 다르다. 먼저 장충기의 기억. "김두우는 그때 딱 한번 만났을 뿐이다. 대통령 앞에서는 뭐라고 했는지 모르겠지만 우리한테 그렇게 얘기하지는 않았다."

이인용도 비슷하다. "김두우와는 학번(76)도 같고 기자 시절부터 알고 지냈지만 그런 얘기를 나눌 사이는 아니다."

장충기는 특히 "회장님은 대놓고 칭찬을 잘 안 하시는 분이다. 회장님이 만약 우리한테 '낙제점은 면했네…'라고 말씀하시면 삼성 사장들은 안도의 한숨을 내쉴 거다. 그 발언은 '100% 만족은 못하지만 웬만큼 했다'는 뜻"이라고 말했다.

그럼 정작 MB는 '이건희 발언'을 어떻게 받아들였을까?

역시 증언이 좀 엇갈린다. 곽승준 전 대통령직속 미래기획위원장(장관급)은 "대통령은 별다른 반응을 안 보이셨다. 오히려 경제수석이나 경제 관료들이 난리를 쳤지…. 대통령이 아무래도 (민간기업인 현대건설 CEO라는) '을'의 처지에서 오래 살다보니 그런 것 같았다"라고 말했다.

하지만 MB 정부 초대 기획재정부장관을 지내고 대통령 직속 국가경쟁력강화위원장과 대통령경제특보를 거쳐 그즈음 KDB산은금융지주 회장으로 옮긴 강만수의 기억은 정반대다. "내가 (대통령을) 뵈었을 때는 분명히 불쾌해 하셨다."

"삼성은 왜 인사人事도, 투자도 안하는 거야?"

이동관의 분석이 설득력 있다. "방법이 없었다. 사실 우리가 할 수 있는 건 삼성이 해명을 하도록 만드는 것밖에 없었다. 평창 겨울올림픽도 걸려 있고, 삼성전자가 아니면 경제가 안 되는 판인데 어쩌겠느냐."

권력과 재벌의 위상 변화를 새삼 느끼게 해 주는 말이다.

이건희는 김영삼(YS) 정부 때 "기업은 2류, 행정은 3류, 정치는 4류"라고 발언해 곤욕을 치른 적이 있다. YS는 분노했고, 대통령의 분노는 곧 '응징'으로 이어졌다. 윤증현의 증언. "내가 그때 국장이었는데 대통령의 불호령이 떨어졌다. 삼성에 대한 신규대출은 즉각 중단됐고…. 하여튼 삼성이 혼이 났다."

김두우가 이건희 발언에 대해 '각본' 아니냐고 의심한 것도 그런 전력 때문인지 모른다.

여하튼 그냥 있을 수는 없었다. 윤증현이 나섰다. 기획재정부 간부들은 '즉각 경고'를 주장했지만 그는 3월 14일 국회 답변 형식을 통해 강하게 유감을 표명하는 방식을 택했다.

"(이 회장이) 어떻게 그런 인식을 가졌는지 안타깝고 서글프다. 과연 낙제점을 면할 정도의 경제정책을 펴는 나라에서 어떻게 글로벌 기업이 탄생할 수 있었는지 답을 해 줬으면 좋겠다."

삼성도 '비공식 해명'으로는 그냥 넘어갈 수 없는 상황이었다. 삼성은 윤증현의 국회 발언 이틀 뒤인 16일 김순택 미래전략실장(부회장)이 수요 사장단 회의에서 '회장님의 진의'를 설명하는 방식으로 공개 해명했다. 그래도 청와대의 분위기가 가라앉지 않자 이건희는 31일 '2011 스포츠 어코드' 행사 참석차 런던으로 출국하기에 앞서 직접 해명했다. "그것 때문에 골치가 좀 아팠다. 내 뜻은 경제성장이 잘됐고, 금융위기도 다른 나라보다 빨리 극복했고 이런저런 면에서 잘했다는 뜻이었다."

'이건희식式 어법'으로 보면 이른바 '낙제점 발언'이 MB 정부의 경제정책을 폄훼하려는 뜻에서 나온 건 아닌 것 같다. 하지만 권력은 어느 때나 재벌에 기대하는 게 있기 마련이고, 그 기대가 어긋나면 '발언의 진의' 따위는 사실 중요하지 않다.

일자리 창출에 목을 매던 MB에게는 삼성의 선도역할이 무엇보다 중요했다. 정상회담을 하러 나갈 때도 기업활동을 방해하지 않으려고 총수 대신 전문경영인만 데리고 나간 MB였다.

2008년 취임 초 어느 날. SBS 보도본부 미래부장 출신의 김상협 미래비전비서관은 MB가 지나가는 말처럼 던진 한마디를 곰곰이 생각했다.

"삼성은 왜 인사人事를 안 하는 거야? 눈치 보지 말고 국가경제에 도움이 되게 하고 투자도 하는 게 맞는 것 아냐?" 단둘이 있는 자리에서 한 말이었다. 이건희는 '삼성 비자금' 특별검사에 발목이 잡혀 그룹

인사도, 투자계획도 발표하지 못하고 있었다. MB는 이건희가 답답했다. 김상협은 좀 놀랐다. '오죽 답답하면 대통령이 재벌그룹의 인사 문제까지 언급할까.'

김상협은 삼성의 '요로'에 MB의 뜻을 전했다. 전하는 것 또한 MB의 뜻이라고 생각했다. "(특검에) 너무 신경 쓰지 말고 투자에 나서 주십시오."

비자금 수사의 여파로 삼성은 '이건희 회장–이학수 부회장의 동반 퇴진'으로까지 내몰렸지만 이듬해 말 MB는 이건희를 특별 사면한다. 국제올림픽위원회(IOC) 위원이던 이건희를 사면해 평창 겨울올림픽 유치에 전력을 다한다는 명분이었지만, 이건희 한 사람을 위한 전례 없는 '원 포인트' 사면이었다.

김상협은 MB가 퇴임한 뒤 어느 날, 서울 강남구 논현동 사저를 방문한 자리에서 지나가는 말처럼 이렇게 말했다.

"기업들이 이제는 대통령님 생각이 많이 날 겁니다."

여러 가지 뜻이 담긴 말이었다.

비밀해제 in 비밀해제 ●

"재벌들에게 호구 잡힌 거지"

청와대 녹색성장기획관을 끝으로 현재 KAIST 초빙교수를 맡고 있는 김상협은 재계로부터 종종 '좌파'라는 의심을 받았다.

이명박 정부의 녹색성장(green growth)은 그린green 보다 그로스growth에 방점이 찍혀 있었지만, 재계는 온실가스 문제 등 자기들이 불편한 일이 생길 때마다 김상협을 향해 "좌파 아니냐"고 볼멘 소리를 해댔다. 심지어 MB도 김상협에게 "너, 너무 세게 이야기하고 다니는 것 아니냐"고 할 정도였다.

김상협은 그럴 때마다 이렇게 되받았다고 한다.

"삼성에 다녔고, 〈매일경제〉신문과 SBS에서 기자생활을 한 제가 왜 빨갱이입니까?"

하지만 김상협은 MB 정부 5년을 거치면서 '신新 자유주의의 허구'를 깨달은 듯하다. 낙수효과가 없는 신자유주의는 기업들에게 '그들만의 리그'를 만들어주는 것이나 다름없었다. 그래서일까. 김상협은 이런 얘기를 했다.

"초기엔 대통령도, 대기업에 우호적인 환율정책을 펼쳤던 강만수도, 나도 낙수효과가 있을 것이라 생각했다. 하지만 2년 동안 기다렸지만 (낙수효과는) 밑으로 내려가지 않았다. 3년 차에 재벌총수들과 자리를 만들었는데 대통령이 갑자기 화를 버럭 내시더라. 그리고 우리는 딱 부러지게 재벌을 담당하는 비서관이 없었다. 꼭 있어야 한다는 건 아니지만, 확실하게 힘 있는 시그널을 주는 채널이 없지 않았나 싶다. 어떻게 보면 (재벌들에게) 호구 잡힌 거지…"

중동외교의 정점
"우린 형제국"

　　'그대 눈 안에 머물고 싶으니 눈물을
흘리지 마오./그러면 내가 머물 수 없으니….'

　2009년 11월 초 청와대 본관 집무실. 이명박 대통령은 시구가 적힌
노트를 다시 꺼내 들었다. 아랍에미리트(UAE)의 무함마드 빈 자이드
알나하얀 아부다비 왕세자가 젊은 시절 썼다는 시다. 서울시장 시절,
왕세자의 호감을 사 아부다비와 공동 프로젝트를 진행하기 위해 아랍
어 전문가에게 번역하도록 한 것이다. 당시 왕세자는 "내가 시인 지망
생이었던 사실을 어떻게 알았느냐"며 MB에게 왕실 가족들을 소개시
킬 정도로 감동했다고 한다.

　MB가 이 시구를 다시 떠올린 건 유명환 외교통상부장관의 보고를
받은 직후였다. MB는 임기 초부터 아부다비의 실권자인 무함마드 왕
세자가 총괄하는 UAE 바라카 원자력발전소 건설 프로젝트를 유심히
지켜봤다. 유명환에게 입찰상황을 수시로 보고토록 했다. 하지만 유
명환이 보고해온 무함마드 왕세자의 말은 "프랑스에 줄 수밖에 없다"

는 것이었다.

　직접 나설 수밖에 없었다. 중동만큼은 현대건설 시절부터 양고기와 '모래밥'을 먹어가며 잔뼈가 굵은 곳이었다. 당장 왕세자에게 전화를 넣으라고 지시했다. 그러나 왕세자는 받지 않았다. 두 차례 더 걸어도 마찬가지였다. 청와대 참모들은 급기야 MB를 말렸다.

참모 A　"대통령님. 이렇게 여러 번 전화를 거시는 건 외교 프로토콜 (의전)에 맞지 않습니다."

MB　　"이 사람아. 지금 수십 년 먹을거리가 날아갈 판인데 프로토콜이 뭐가 대수야. 계속 전화 돌려!"

"수십 년 먹을거리가 날아갈 판인데…"

　청와대 참모들이 전화통에 매달린 지 이틀 만에 왕세자와 전화가 연결됐다. 왕세자의 목소리는 무덤덤했다.

MB　　"외교통상부장관의 보고를 받아서 상황은 알고 있습니다. 프랑스로 결정하시더라도 우리 실무진을 한번 만나줄 수 없겠습니까?"

왕세자　"원전사업은 이미 결론이 났는데요."

MB　　"한국은 진심으로 협력할 준비가 되어 있습니다."

왕세자　"정 그러시다면 일단 사람들을 보내보세요."

한숨 돌린 MB는 참모들을 긴급 소집했다. 그동안 뭐가 문제였는지, UAE가 진짜로 원하는 게 뭔지를 알아야 했다. MB가 밤늦게까지 참모들을 '조사'한 결과, UAE가 원전사업을 넘어 형제국으로서 전략적 동반자 관계를 원하고 있었는데 우리 측이 이에 미지근한 반응을 보였다는 사실을 알아냈다.

MB는 당장 참모들에게 원전사업을 고리로 국방, 의료, 정보기술(IT) 등 주요 분야에서 포괄적인 경제협력 방안을 마련할 것을 지시한다. 동시에 MB는 비공식적 관계를 중요하게 여기는 중동 특유의 정서를 파고들었다. 무함마드 왕세자가 미국 밴더빌트대에서 머문 적이 있다는 점에 착안해 당시 정부 고위관료 중 밴더빌트대 출신을 급히 모았다. 밴더빌트대 경제학박사인 이용걸 당시 국방부차관(현 방위사업청장)이 MB 특사로 UAE를 방문한 데에도 이런 배경이 있었다.

MB는 이용걸로부터 '무함마드 왕세자가 생각을 바꿀 수도 있다'는 보고를 받고 그야말로 전방위 압박에 들어갔다. 한승수 전 국무총리, 최경환 지식경제부장관, 현오석 한국개발연구원장 등으로 특사단을 꾸려 그해 11월 18일 비밀리에 UAE에 보냈다. 그야말로 특급팀이었다. 특사단은 왕세자에게 "원전사업은 100년을 가는 만큼 한국이 사업자로 선정되면 수십 개 분야에서 파트너가 될 수 있을 것"이라는 MB의 메시지를 거듭 전했다.

MB와 한국 정부의 압박에 무함마드 왕세자도 서서히 움직였다. MB는 몇 차례 더 전화를 한 끝에 그해 12월 중순 왕세자의 전화를 받는다.

"UAE를 직접 방문해 주실 수 있겠습니까?"

MB는 즉각 참모들에게 UAE 출장 준비를 지시한다. 크리스마스 다음 날인 2009년 12월 26일 MB는 1박 2일짜리 '원 포인트' 외유에 나섰다. 처음에는 전화도 받지 않던 무함마드 왕세자는 직접 공항에 마중을 나오더니 MB를 자신의 전용차에 태웠다.

왕세자 "내일 저녁에 (선친을 모신) '그랜드 모스크'에 가시지 않겠습니까?"

MB "그럼요. 그리고 포괄적 협력 방안과 관련해 우리 특전사를 보내 아부다비 왕실 경호원들을 훈련시켜 드리겠습니다."

왕세자 "정말입니까?"

UAE를 비롯해 카타르, 쿠웨이트는 걸프 만 지역의 강국 이란에 대해 오랫동안 경계를 해왔다. 바로 그 점을 파고든 '히든카드'였다. 그러면서 왕세자도 기억이 가물가물했을, 청년 시절에 썼던 그 시를 다시 인용했다.

UAE는 왕정 국가. MB에게 마음이 끌린 무함마드 왕세자의 아부다비는 다음 날인 2009년 12월 27일 UAE 원자력공사(ENEC)를 통해 한국전력 컨소시엄을 400억 달러 규모의 바라카 원전 건설의 최종사업자로 선정했다고 발표했다. 아부다비 현지에서 기자회견을 갖고 "국운이 따랐다"며 기뻐하던 MB는 원전으로 만족하지 못했다. 중동은 MB의 '기업가 DNA'를 다시 일깨웠다.

2010년 1월 초, MB는 핵심 측근인 곽승준 대통령직속 미래기획위원장을 불렀다.

원전사업에 이어 중동의 유전채굴권까지 따내다

MB   "UAE와 포괄적으로 사업을 하기로 했잖아. 다음엔 유전이
         다."

곽승준 "아니 대통령님, 원전은 우리가 기술이라도 있지만 유전은 채
         굴 기술도 없는데요."

MB   "UAE에 매장된 석유만 1000억 배럴이야. 세계 6위라고. 그
         게 대부분 아부다비에 있어. 빨리 태스크포스(TF) 꾸려서 검
         토 들어가."

일단 부딪치고 보는 MB 스타일을 누구보다 잘 아는 곽승준은 더이상 설득하지 않았다. 곽승준은 비공식 접촉이 많고 부적절한 로비 논란에 휩싸일 수 있는 자원외교 특성상 TF 팀원 전원을 관료로 충원했다. 심지어 대통령민정수석비서관실에서 파견 근무하던 검사도 넣었다. 곽승준은 TF를 꾸린 뒤 박수민 미래위 총괄기획국장과 함께 아부다비에 유전사업을 타진했다. 그러나 몇 개월 전 원전 때와는 달랐다. 아부다비의 반응은 싸늘하다 못해 냉담했다.

곽승준의 회고. "세계 77위에 불과한 채굴 실력으로 미국 영국 등 메이저 석유업체들만 들어와 있는 UAE 유전시장에 어떻게 발을 붙이려 하느냐는 식이었다. 처음에는 비아냥거리는 수준이었다."

다시 MB가 나섰다. 일단 곽승준을 보내 친서를 전달했다. '석유 비즈니스가 아니라 전략적 협력자로서 한국을 봐 달라. 우리는 원전사업으로 이제 형제국이 된 것 아니냐.'

하지만 무함마드 왕세자도 유전사업만큼은 쉽사리 움직이지 않았다. 그럴수록 곽승준의 UAE행은 잦아졌고 그때마다 비슷한 내용의 친서는 끊임없이 전달됐다.

그러던 어느 날 다시 한 번 기회가 왔다. 2010년 5월 왕세자가 한-UAE 수교 30주년을 맞아 방한하기로 한 것. 무함마드 왕세자는 아부다비의 실력자지만 대통령은 아니었다. 그래도 MB는 왕세자를 '정상'으로 파격 예우했다. 청와대에서 왕세자를 위한 만찬을 열기 전 좌석을 상대방을 서로 일직선으로 마주보고 앉는 아랍식으로 배치할 것을 지시하기도 했다.

왕세자의 마음도 서서히 흔들리기 시작했다. 왕세자가 귀국한 뒤 아부다비 석유공사(ADNOC)는 한국석유공사 측에 아부다비 3개 주요 유전광구에 대한 데이터를 건넸다. "채굴 능력이 있는지 한번 테스트해 보겠다"는 사인이었다. "너희가 유전을 아느냐"는 기존 반응과는 확연히 온도차가 있었다. 곽승준은 가속페달을 밟았다. 아부다비를 방문하는 것은 물론이고 왕세자 측근들을 초청해 서울 인근에서 스키를 함께 타며 설득에 나섰다. 특히 MB는 마지막 친서에서 왕세자를 이렇게 설득한다.

"한국은 석유가 한 방울도 나지 않는다. 그러나 산업화 경험이 있다. 아무것도 없이 조선, 반도체, 자동차 분야에서 세계적 노하우를 갖추고 있다. 진정한 형제국이 되면 이걸 아부다비에 전수해줄 수 있지 않겠는가?"

무함마드 왕세자가 UAE의 미래를 위해 석유사업 외에 조선, 반도체 분야 등에 오일머니를 집중 투자하고 있다는 점을 파고든 것이다.

UAE는 당시까지 이 분야의 노하우 전수를 위해 미국, 유럽 국가 기업들을 접촉했지만 핵심을 전수받는 데는 성공하지 못한 것으로 알려졌다.

게임은 끝났다. 한국석유공사는 2010년 8월 아부다비 3개 주요 광구 독점개발권을 따낸 데 이어 2011년 3월에는 최소 10억 배럴 이상의 원유채굴권 계약을 할 수 있는 양해각서(MOU)도 체결했다. 도무지 열릴 것 같지 않던 중동의 유전채굴권이 처음으로 한국에 열리는 순간이었다.

2012년 초, 무함마드 왕세자는 인사차 아부다비를 방문한 곽승준에게 이렇게 말했다.

"친구여(My Friend), 이제 우리 가족과 당신들은 형제다. 이를 미스터 프레지던트에게도 전해 달라."

MB는 2012년 11월, 임기 중 마지막 해외순방지로 아부다비를 택했다. 다시 만난 무함마드 왕세자는 수행단과 오찬을 하려는 MB에게 "주로 우리 형제들과 먹는 것"이라며 아부다비 왕실 전용 양고기를 보내주었다. MB는 "이게 바로 중동 스타일"이라며 접시에 놓인 양고기를 싹 비웠다. '형제'에 대한 각자의 감사표시였다.

TK 비주류 MB의 설움

《한나라당 홍준표 최고위원, "부산이 지역구인 서병수 의원이 과학벨트가 충천권에 가야 한다고 세게 발언하던데 좀 이상하지 않나? 박근혜 대표가 시킨 것 아니겠느냐. 대구도 과학벨트를 노리지만 대구는 어차피 자기를 찍을 테니까 충청권 표를 얻기 위해 서병수를 시켜 떠들게 했을 가능성이 많다."(2011년 1월 한나라당 출입기자 정보보고)》

"이명박 대통령의 몸에는 대구·경북(TK)의 피가 흐르고 있다."

이상득 의원은 2011년 4월 8일 대구·경북 지역 기자들을 만난 자리에서 이런 말까지 했다. 일주일쯤 전 정부가 '동남권 신공항' 건설 방침을 백지화한 이후 TK 지역 언론이 연일 '배신' 운운하며 들끓자 답답해서 내뱉은 말이었다.

"이 대통령의 약점은 대구·경북 사람들이 대통령을 고향사람으로 생각하지 않는다는 것이다. 대통령이 동생이기는 하지만 불쌍하고 가

련할 때가 많다."

며칠 뒤 민주당 박지원 원내대표로부터 "대통령에게는 대한민국의 피가 흘러야 한다"는 핀잔을 듣긴 했지만 SD는 동생을 위해 동정표라도 구하고 싶은 심정이었다.

답답하기로 치자면 MB가 더했다.

1년쯤 전인 2010년 3월 1일. 이날 아침 청와대에 배달된 〈경북일보〉엔 '靑, 세종시 관련 대구·경북 언론논조 불만 많다'는 기사가 실려 있었다. 그런데 이 기사는 다음 날부터 이동관 홍보수석비서관의 'TK 놈들' 발언 파문으로 비화됐다. 기사 내용 중에 이동관이 전날 청와대 출입기자들과 대화 도중 "TK 놈들, 정말 문제 많다. 이건 기사로 써도 좋다"고 말했다는 대목이 들어 있었다. 이동관이 "대구·경북 지역에서 '역차별' 운운하며 다른 지역보다 (대통령의 세종시 정책에) 더 반대하는 것은 말이 안 된다. 대통령이 대구·경북에 대해 얼마나 신경을 쓰는데 그렇게 하느냐"며 그런 막말을 했다는 것이다.

이동관은 또 "(대구) 첨단의료복합단지 같은 경우도 이 대통령이 챙겨주지 않았으면 선정되지 못했을 프로젝트"라는 말까지 덧붙였다. 일찍부터 의료기기 클러스터를 준비해온 강원 원주시까지 제치고 대구가 첨단의료복합단지에 선정됐을 때부터 특혜논란이 많았는데, 이동관이 그걸 확인해준 셈이나 마찬가지였다.

이동관 "내가 'TK 놈들'이라고 했다고?"

그렇지 않아도 이동관의 '입'이 정국에 회오리바람을 일으키고 있던 때였다. 세종시 수정안에 대해 MB가 '(국민투표 같은) 중대 결심'을 할 수도 있다고 발언해 여야가 발칵 뒤집힌 것도 바로 그때였다.

'TK 놈들, 정말 문제 많다'는 보도는, '고소영(고려대·소망교회·영남)'도 'S라인(MB의 서울시 인맥)'도 아닌 이동관을 코너로 몰았다. 이동관은 이동관대로 "(TK 놈들이라는 보도는) 명백한 오보"라며 그냥 넘어가지 않겠다는 뜻을 분명히 했다. 예민한 문제였다.

경북 영일 출신으로 MB와 동향일 뿐 아니라 포항 동지상고 후배인 한나라당 이병석 의원(현 국회부의장)과 경북 울진 출신인 주호영 특임장관(현 새누리당 의원)이 이동관에게 전화를 걸어 "(너무 강경하게 나가지 말고) 좋게 넘어가라"고 조언했다. 두 사람만 해도 경북고 중심의 이른바 'TK 주류'는 아니었지만 지역구 의원에게 지역 언론은 '갑甲'이었다. 하지만 한 번 치솟은 불길은 좀처럼 잡히지 않았다.

강재섭이 빠진 대구에서 'TK 좌장'을 꿈꾸던 친박계 이한구 의원은 라디오에 출연해 "머슴이 주인을 욕한 격"이라며 이동관의 즉가 사퇴를 주장했다. 표면적으로는 "주인인 국민을 욕하고 덤벼들었다"는 말이었지만 뉘앙스는 좀 묘했다. 'MB 정권의 주인은 TK'라는 인식이 깔려 있는 듯한 어투였다. 그사이 이동관의 'TK 놈들' 발언은 사실처럼 굳어져 갔다.

이한구와 마찬가지로 경북고 출신의 TK인 권재진 민정수석비서관까지 나서 "(그런 표현을 쓴 것이) 사실 아니냐?"고 되물었다. 의심하는 기색이 역력했다. 이동관은 급기야 술자리에서 권재진에게 "내가 그런 말을 하지도 않았지만 정말 TK들은 안 되겠군요"라고 말할 만큼 흥분을 감추지 못했다.

이동관의 증언. "발언 당시 기자가 20명쯤 있었는데 〈경북일보〉 기자는 멀리 앉아 있었다. 그날은 정말 마음먹고 대구·경북 지역 언론 보도의 논조를 지적하려고 했다. 그래서 나름대로 생각을 가다듬어 가면서 얘기해 나갔다. 그런 상황이었는데 내가 'TK 놈들'이라는 표현을 썼겠느냐? 누군가가 'TK 언론'이라는 말을 잘못 들은 거다."(필자도 경상도 출신인데, 그와 당시 얘기를 나누던 중 어느 순간엔 이동관의 'TK 언론'이라는 발음이 'TK 놈들'이란 말처럼 들리기도 했다.)

이동관은 〈경북일보〉를 상대로 5억 원의 손해배상소송을 제기했다. 〈경북일보〉 사장이 찾아왔으나 이동관은 "대통령의 고향 신문이라고 제멋대로 쓰는 건 못 참는다"며 강경한 자세를 굽히지 않았다. 그러자 야당은 이동관의 소송까지 문제 삼았다.

정작 MB의 반응은 한나라당의 TK 의원들이나 청와대 TK 참모들과 달랐다. 처음엔 MB도 〈경북일보〉 보도를 '사실'일 것이라고 생각했다.

MB   "(웃으며) 내가 이 수석을 몰라? TK 놈들이라고 했겠지 뭐…."

이동관   "(정색을 하고 자초지종을 설명한 뒤) 그런데 제가 TK 놈들이라고 했겠습니까?"

MB   "알았어. 그러게 뭐 하러 (하필이면 TK 언론에) 그런 얘기를 해. 여하튼 TK는 조심해!"

TK에 고쏨함 "분지적 사고에서 벗어나라!"

사실 MB는 군이 비유하자면 '변방 TK'였다. 박정희 대통령 때부터 노태우 대통령 때까지 30년간 권력을 향유한 소위 'TK 주류'에 비하면 TK라고 부르기도 어려운 비주류였다. 2007년 한나라당 경선 때 TK가 선택한 후보도 MB가 아니라 박근혜였다.

특히 대구 지역 당원 및 대의원 투표에서 MB는 2305표를 얻어 박근혜(5072표)의 절반에도 미치지 못했다. 대선 본선에선 물론 압도적인 득표를 했지만 전북 출신에 '헌정 사상 최약체 여당 후보'였던 정동영과의 대결이었기 때문에 그건 별 의미가 없었다. PK(부산·경남) 출신의 한 친이 핵심인사는 "경선 때 MB는 대구에서 철저히 비주류로 취급받았다. 그게 쉽게 잊히겠느냐"고 회고했다.

지역 언론의 시선도 비슷했다.

'제대로 된 TK 출신이 아닌 이명박 대통령이 TK를 너무 홀대한다는 얘기가 나오고 있다. 이 대통령은 자신을 TK라고 생각할지 모르지만 (대구·경북) 시도민은 수도권과 더 정서적 친밀감이 있다고 여긴다. 정치권에서도 TK 정권이냐, 아니냐를 두고 논란이 있을 정도다. 이한구 의원은 "현 정권을 TK 정권으로 볼 수 없다"고 말한 바 있다.'(2010년 7월 16일 〈경북일보〉)

'이 대통령은 자신을 TK라고 생각할지 모르지만'이라는 전제가 맞는지는 모르겠다. 하지만 MB에 대해 '수도권과 더 정서적 친밀감이 있다고 여긴다'고 분석한 대목은 비교적 정확해 보인다.

2008년 취임 직후 치러진 18대 총선에서 한나라당이 수도권(서울, 인천, 경기) 지역구 111곳 중 81곳에서 승리를 거두자 MB는 "이제 한나라당은 (영남당이 아니라) 수도권 정당이라고 불러야 한다"고 선언했다. 엔도르핀이 솟는 표정이었다. 서울에서는 전체 48개 지역구 중

40곳을 차지하는 대역전이었다. 전통적으로 야당이 강세를 보여온 수도권에서 한나라당이 압승을 거둔 배경엔 분명 'MB 효과'가 있었다.

〈경북일보〉의 '이동관, TK 놈들 발언' 보도가 나온 지 며칠 뒤 MB는 대구를 방문했다. 대구시청과 경북도청의 2010 업무보고 자리였다.

"(말하기) 조심스럽지만…." 서두는 그렇게 꺼냈지만 MB는 작심한 듯 TK를 질타했다. "근래에 세종시가 되면 대구·경북이 어려워진다, 손해를 본다는 말이 있다. 대구·경북이 지난 10년, 15년 동안 불이익을 당했다고 할지 모르지만 머릿속에 정치적 계산은 버리고 오로지 어떻게 지역을 발전시킬 것인가만 생각해라. 대구가 분지盆地 생각에 제한돼 있고, 그 안에서 네 편, 내 편 가르면 어떻게 발전하겠느냐. 내 이야기를 정치적으로 해석하지 말아 달라."

분지적 사고盆地的 思考. MB는 TK가 화제에 오를 때마다 이 표현을 자주 사용했다. 퇴임 직전 〈동아일보〉와 인터뷰를 하는 자리에서도 MB는 "대구 이런 곳은 분지잖아요? 닫혀 있어서 외부 문물을 받아들이는 속도가 부산이나 인천에 비해 느릴 수밖에 없어요"라고 말하기도 했다.

분지나 내륙 도시의 폐쇄성, 보수성에 관한 일반적인 지적이라고 볼 수도 있다. 더구나 MB처럼 젊을 때부터 세계를 무대로 뛰어다닌 사람들 중엔 이런 유類의 '지리적 특질고特質考'를 인용하는 경우가 그리 드물지는 않다. MB 스스로도 '정치적 해석'을 말아 달라고 당부했다. 정말 그뿐이었을까?

앞서 인용한 PK 출신 친이 핵심인사의 증언은 좀 다르다. "사실 MB가 분지적 사고를 언급한 것은 TK뿐만 아니라 (계파정치와 대선 득표 전략에 매몰돼 세종시 문제 같은 국가적 과제조차 편 가르기의 대상으로 만들어 버리는) 박근혜 전 대표에 대한 답답함도 깔려 있었다. 적어도 그때까지만 해도 MB는 박 전 대표를 지지할 생각이 없었다."

그런 생각의 끝에서 나온 카드일까. MB는 석 달여 뒤 세종시 수정안이 결국 좌절되자 PK 출신의 40대 국무총리를 깜짝 발탁한다.

비밀해제 in 비밀해제 ●

MB 정권 TK 편중인사에 대한 오해와 진실

이명박 청와대는 MB 임기가 끝난 뒤 〈백서〉를 펴내면서 맨 마지막 편에 '인사의 오해와 진실'이라는 장章을 덧붙였다.

그중 '정무직 출신지역 통계'를 보면 이렇다.

'이명박 정부의 정무직 출신지역 분포는 영남(35.7%) − 경인(23.0%) − 충청(17.0%) − 호남(16.6%) − 강원(4.1%) − 기타(2.8%) − 제주(0.8%) 순이다. 이명박 정부의 정무직 중 영남출신 비율(35.7%)은 김대중 정부 때의 22.4% 보다는 높은 수준이나 노무현 정부 때이 39.3%보다는 3.6%p 정도 낮은 수준이다. 경인지역 출신(23.0%)은 김대중 정부(17.1%) 때와 노무현 정부(16.4%) 때보다 5.9~6.6%p 높고, 충청지역 출신도 이명박 정부(17.0%)가 김대중 정부(15.3%) 및 노무현 정부(11.4%) 때보다 1.7~5.6%p 더 높다. 강원지역 출신비율은 이명박 정부(4.1%)가 김대중 정부(4.0%)와는 비슷한 수준이나 노무현 정부(3.7%)보다는 약간 상회한다.'

청와대 김명식 인사기획관이 만든 이 자료를 토대로 김황식 국무총리는 마지막 국회 답변에서 MB 정권의 TK 편중 비판론을 반박했다. '최초의 전남 출신' 총리인데다, '버릴 말이 없을 정도로 진지한 성품의 김 총리가 정색을 하고 반박하는 모습은 상당히 설득력 있는 장면이었다.

김태호, 빗나간 PK발 세대교체

"김 지사는 나이가 어떻게 되지?"

2010년 6월 18일 김영삼 전 대통령(YS) 기록전시관 준공식 참석을 위해 경남 거제로 향하는 마이크로버스 안. 이명박 대통령이 통로를 사이에 두고 옆 좌석에 앉아있던 김태호 경남지사에게 뜬금없이 나이를 물었다. MB 정권의 중간평가 격이었던 6·2지방선거에서 한나라당이 패배한 직후였다.

김태호는 1962년생, 48세였다. 김태호가 나이를 얘기하자 MB는 또 이렇게 말했다. "김 지사도 실제로는 나이를 많이 먹은 거야."

김태호는 별다른 대꾸를 하지 않았다. 대신 속으로 생각했다. '세계적인 정치변화 속에서 내가 젊은 것만은 아니라는 뜻이겠구나.' 미국의 버락 오바마 대통령은 1961년생, 영국의 데이비드 캐머런 총리는 1966년생이다.

두 달 뒤 MB는 48세의 김태호에게 내각을 맡기는 파격인사(8·8 개 ·각)를 전격 단행했다. 1971년 제3공화국 시절 당시 45세였던 김종필 민주공화당 부총재가 총리로 기용된 이후 39년 만에 40대 국무총리가 탄생하려는 순간이었다.

그때부터 친박계는 들끓기 시작했다. 박근혜 전 대표의 '대항마'를 키우려는 의도를 드러낸 것이라며 흥분했다. 한마디로 '박근혜 죽이기'라는 것이다. 김태호는 박근혜보다 열 살 적었다. 2012년 대선 때는 50세로, 차세대 주자로 내놓은 카드라고 의심할 만했다.

내심 김태호도 욕심이 생겼다. 2002년 최연소 기초단체장(경남 거창군수)에서 2006년 최연소 광역단체장(경남지사)으로 직행한 김태호였다. 총리만 제대로 해내면 2년 뒤 곧바로 대권에 도전할 수도 있겠다는 계산이 섰다.

하지만 정작 MB는 별다른 설명이 없었다. 설명할 일도 아니었지만, 김태호도 물어보지 않았다. 다만 떠오르는 장면은 있었다. 8·8 개각 7개월 전인 그해 1월 6일, 김태호는 MB를 독대했다. 6·2 지방선거가 다가오고 있어 자신의 거취를 표명해야 했다.

김태호 "저, 3선 출마는 안 합니다."

MB　"도지사 두 번 하고 그만두는 게 어디 있어!"

김태호 "도지사 두 번 했더니 머리가 텅 비어서 공부 좀 해야겠습니다."

MB　"그래? (잠시 고민한 뒤) 잘 생각했어."

김태호 "그나저나, 태호 출세했는데요."

MB　"갑자기 또 무슨 얘기야?"

김태호 "소장수 아들이 대통령하고 독대까지 했으면 출세한 거죠. 하하하."

MB   "끝까지 마무리 잘해. 근데 우리(정치)도 하여튼 바뀌어야 해."

하지만 김태호는 MB의 의중을 제대로 눈치채지 못했다. 다만 '아, 뭔가 나에게 기대를 갖고 있구나!' 하는 정도로만 느꼈다.

극비리에 추진된 48세 김태호의 총리 발탁

도지사 임기가 끝난 그해 7월 4일, 이번에는 MB가 직접 전화를 걸었다. 북중미 3개국 순방을 마치고 돌아온 뒤 곧바로 연락을 넣은 것이다.

MB   "청와대로 한 번 올라와."
김태호 "죄송합니다. 빨리는 못 갑니다. 부모님, 장모님 모시고 백두
        산 가기로 일정이 잡혀 있습니다."
MB   "(잠시 말이 없다가) 그럼 갔다 와서 전화해."

김태호는 부랴부랴 백두산을 다녀온 뒤 그달 12일 청와대를 다시 찾았다. 이날도 MB는 특별한 언급을 하지 않았다. 기억에 남는 MB의 메시지는 하나였다. "준비 잘해!"
임태희 대통령실장도 MB가 김태호를 총리로 염두에 두고 있다는 사실을 모르기는 마찬가지였다. 8·8개각 6일 전, 임태희는 김태호에게 전화를 걸었다.

임태희 "대통령이 (여름)휴가를 가면서 '잘 챙기라'고 했는데, 어느 부처에 갈 거야?"

김태호 "형님, 생각해 본 적이 없습니다. 대통령께서 어느 부처에서 일하라고 하시면 최선을 다하겠다고 전해 주십시오."

임태희 "……."

임태희는 당황했다. MB가 김태호에게 입각 언질을 주면서 정부 부처를 말하지 않았다면 도대체 어떤 자리를 맡긴다는 것인가. 임태희는 부랴부랴 MB의 의중을 알아봤다. 그러곤 3일 뒤 김태호를 서울 웨스틴조선호텔로 급하게 불러냈다.

임태희 "대통령께서 총리를 하라고 하시는데…."

김태호 "(제 능력으로는) 하기 힘듭니다."

임태희 "이 사람아, 못한다고 하면 어떻게 해."

김태호 "그러면, 형님이 총리라고 생각하고 저를 전폭적으로 도와준다고 약속해 주세요."

임태희 "당연히 그렇게 해야지."

당시 여권은 두 달 전 6·2지방선거에서의 사실상 참패로 말 그대로 '패닉' 상태에 빠져 있었다. 텃밭인 경남에서 무소속 김두관 후보가 당선되는 등 민심이반이 뚜렷했다. 한나라당 정몽준 대표와 정정길 대통령실장이 사퇴했고, 6월 국회에서 세종시 수정안이 부결되자 정운찬 총리까지 사의를 표명한 상황이었다.

박형준 전 대통령정무수석비서관의 기억. "대통령은 지방선거에서 패배한 뒤 젊은 세대의 요구를 수용할 수 있는 젊은 리더그룹을 발탁하는 것이 좋겠다는 구상을 갖고 있었다. 김 지사는 젊고 행정경험도 있고, 정치적 감각도 있는 사람이었다. 그래서 대통령이 (7월 12일) 따로 면담을 한 것이다."

한마디로 '세대교체'를 염두에 뒀다는 얘기였다. 비슷한 시기 청와대 개편에서도 54세 동갑내기인 임태희 고용노동부장관과 백용호 국세청장이 각각 대통령실장과 정책실장으로 발탁됐고, 한나라당에선 46세의 원희룡 의원이 사무총장으로 기용됐다. MB는 김태호를 총리로 지명함으로써 당정청의 세대교체 그림에 화룡점정畵龍點睛을 하고 싶었던 것이다.

임태희는 이렇게 설명했다. "나도 김 지사의 (총리) 발탁을 미리 알지 못했다. 그런데 나중에 대통령이 나에게 했던 말이 있다. 대선 때 틀림없이 민주당에서 부산·경남(PK) 출신의 후보가 나올 텐데, 그렇게 되면 (대구·경북 출신인) 박근혜 전 대표가 당의 대선후보가 되더라도 PK가 돌아설 수 있다는 것이었다. 그래서 미래에 (PK의) 기대를 모을 수 있는 사람을 만들어줘야 PK가 갈라지는 것에 대응할 수 있지 않느냐고 했다."

좌절된 세대교체의 꿈

MB에게 김태호는 '박근혜 대항마'라기보다는 세대교체를 이룰 수 있는 'PK발發 기대주'라는 것이다.

MB 정부 초대 대통령실장을 지낸 류우익의 증언도 일치한다. 류우익은 주중대사 시절 김태호에게 이런 얘기를 한 적이 있다. 김태호가 총리 후보자를 사퇴하고 중국에 머물며 심신을 달래고 있을 때였다. 류우익은 MB의 의중을 이렇게 전했다. "대통령은 김 지사가 총리로 거론되기 전부터 세대교체에 대한 열망이 강했다. 한국 정치가 이대로 가면 한 발짝도 변화를 가져올 수 없고, 세대교체로 미래에 대한 변화를 이끌어가야 한다는 생각이었다."

임기 내내 말이 많았던 MB의 '탈脫여의도'도 사실 정치 자체에 대한 혐오감의 표현이라기보다 새 정치에 대한 갈망, 그리고 그런 갈망이 좀처럼 채워지지 않는 데 대한 아쉬움의 표현이라는 것이다. MB는 퇴임을 앞둔 2013년 2월 14일 〈동아일보〉 인터뷰에서도 속내를 털어놨다. "정치혐오 그런 것은 아니고, 나는 정치개혁이 필요하다고 생각했다. 우리나라가 호남을 대표하는 민주당, 영남을 대표하는 여당 이런 게 얽혀서…."

MB는 'YS식 세대교체 바람'을 생각했는지 모른다. 1995년 10월, YS는 일본의 〈니혼게이자이〉신문과 인터뷰를 하면서 "(차기 대선에서는) 깜짝 놀랄 만한 세대교체가 이뤄질 것"이라고 말했다. YS의 이 한마디로 정가의 시선은 온통 47세의 이인제 당시 경기지사에게 쏠렸다. MB도 그때 초선의원이었다. 그 역시 야망을 품고 정계에 입문했던 터라 YS의 '깜짝 놀랄 만한 젊은 후보' 발언과 그 파장을 누구보다 예민하게 받아들였을 것이다. 우연의 일치일까. YS의 세대교체 발언도 집권 3년차, 그러니까 임기가 반환점을 돌 무렵 터져 나왔고 MB의 '김태호 카드'도 비슷한 시기에 불거져 나왔다.

하지만 MB식 세대교체 실험은 채 한 달을 버티지 못했다. 김태호는 48세의 패기를 앞세웠지만 국회 인사청문회의 문턱조차 넘지 못하고 21일 만에 손을 들고 말았다. 너무 무모한 실험이었던 것일까.

김태호 자신도 비슷한 느낌을 가지고 있었던 것 같다. 그는 훗날 기자를 만난 자리에서 "당시 우기면서 고Go 했으면 할 수도 있었겠지만 돌이켜보니 민폐를 많이 끼쳤을 것 같다. 그리고 공중에 붕 떠서 정치가다운 역할도 못하고 그만뒀을 수 있겠다 싶은 생각도 들었다"고 털어놨다.

김태호는 자진사퇴하기 며칠 전 서울 삼청동 인근에서 임태희를 만났다. "이번 토요일(8월 29일)에 사퇴할 겁니다. 지금 이후로는 어른 (MB) 전화도 받지 않겠습니다."

MB도 김태호에게 전화를 하지 않았다. MB는 며칠 전인 8월 21일 박근혜와 청와대 오찬회동을 하고 '이명박 정부의 성공과 정권 재창출'에 합의한 상태였다.

정두언의 경기고 71회 동기들

《MB 핵심측근, "백악관 안에서는 남에게 등을 보여서는 안 된다. 벽에 붙어 다녀야 한다는 얘기도 있다. 지금 돌이켜보면 MB 정권 초기 정두언 정도의 위치면 '벌판의 표적'이나 마찬가지였다. 그런데 경기고 동기들을 대거 인수위원회에 집어넣고… 너무 순진했다." (2013년 5월 〈동아일보〉 인터뷰)》

강만수 "정 의원, 최중경을 왜 조원동으로 바꿨어?"

정두언 "과천에 물어보니까 조원동이가 제일 유능하다고 하던데요."

강만수 "(발끈하며) 누가 그래? 당장 최중경으로 다시 바꿔 놔!"

정두언 "원장님은 조원동이를 왜 그렇게 미워하세요?"

강만수 "그러는 정 의원은 (다 같은 고등학교 동기들인데) 최중경이를 왜 그렇게 미워하는 거야?"

2007년 12월 말, 이명박 대통령직인수위원회 강만수 경제1분과 간사는 당선자 보좌역인 정두언 의원에게 전화를 걸어 언성을 높였다. 경제부처들이 모여있는 정부과천청사 공무원들 사이에서는 벌써 소문이 파다했다. "강만수의 최중경까지 조원동으로 바꿔놓은 걸 보면 역시 정두언이 무소불위의 실세는 실세인 모양!"

공무원들의 눈과 귀가 온통 인수위원회 인선에 쏠려있을 때였다. 인수위원장이나 기획, 정무, 외교안보통일, 법무행정, 경제1, 경제2, 사회교육문화 같은 분과별 간사야 정치적으로 임명하는 자리이지만 '전문위원'은 각 부처 공무원들의 몫이나 마찬가지였다. 말이 전문위원이지 새 정부에서의 전도前途를 보장받는 '보증수표'로 인식됐다.

강만수와 정두언은 MB가 서울시장으로 있을 때부터 함께 호흡을 맞춘 '동지'였다. 시기가 일치하지는 않지만 정두언은 정무부시장을 했고, 강만수는 서울시정개발원장으로 MB 곁을 지켰다. 1945년생인 강만수는 열두 살이나 아래인 정두언을 아꼈고, 정두언은 강만수를 '원장님'이라고 깍듯이 대했다. 선거대책위원회에서도 정두언이 전략기획 총괄팀장, 강만수가 정책조정실장을 맡았다. 전략은 정두언이, 정책은 강만수가 책임지는 구도였다. 선거전략과 정책, 사실상 선거의 전부라 해도 과언이 아니었다.

조원동 천거한 정두언에게 강만수 "최중경으로 해!"

MB가 당선된 직후 인수위 구성에 착수한 정두언이 강만수에게 "실제로 대통령을 만든 사람들이 책임지고 정권을 운영해야 합니다. 원장님이 대통령비서실장을 맡으시면 어떻겠습니까?"라고 운을 뗀 것도 그런 관계 때문이다. 그러나 강만수는 입도 열지 못하게 했다. "정 의원, (비서실장은) 말도 꺼내지 마. 내가 이 나이(62)에 (대통령 모신다고) 새벽부터 빡빡 기어야 되겠어? 그런 얘기는 두 번 다시 꺼내지 마!" MB는 서울시장 때도 새벽 4시에 일어나 7시면 청사에 출근했다.

재무관료 출신인 강만수의 희망은 '초대 기획재정부장관'이었다. 기획재정부는 노무현 정부의 재정경제부와 기획예산처를 합쳐 새로 출범시킨 조직이었다. 이를테면 과거 MOF(Ministry of Finance 재무부)와 EPB(Economic Planning Board 경제기획원)를 합쳐놓은 것 같은 조직의 수장首長, 바로 경제사령탑을 맡는 것이었다.

걸림돌은 아무것도 없었다. 이명박 후보의 경제공약은 모두 그의 손을 거쳤고, 정두언은 물론 SD(이상득)도 그를 믿었다. SD가 국회 재무위원으로 활약할 때 강만수는 정부에서 파견된 재무위 수석전문위원이었다. '킹King만수'라는 소리가 나온 깃도 무리는 아니었다.

당연히 경제1분과 간사를 맡아 새 정부의 경제팀을 짜면서 최중경부터 불렀다. 강만수가 재무부 이재국장을 할 때 최중경은 그 밑에서 사무관을 했다. 외환위기도 함께 겪었다. 관가에서는 두 사람을 '한몸'처럼 바라봤다. 세계은행World Bank 상임이사로 워싱턴에 파견돼 있던 최중경은 강만수의 전화를 받자마자 웃으면서 "준비 다 해놨습니다. 어른이 저 말고 달리 부를 사람이 없잖아요?"라며 달려왔다. 최중경은 강만수를 '어른'이라고 불렀다.

그런데 과천에 대해 아무것도 모르는 정두언이 최중경을 조원동으로 바꿔놓은 것이다. 사실 정두언 최중경 조원동은 대한민국 최고의 명문이던 경기고 71회 동기동창이다. 경기고는 72회가 마지막 시험세대이고, 그 다음부터는 평준화됐다.

정두언은 조원동과 친했다. 둘은 대학입시 재수생활도 같이했다. 강만수가 물었을 때 최중경의 대답도 그랬다.

강만수 "정두언 의원이 왜 자네를 싫어하는 거야?"

최중경 "제가 정두언이라도 조원동을 택할 겁니다. 실력 문제가 아니라 둘이 원래 친합니다."

정두언과 조원동의 관계를 들은 강만수는 안 되겠다 싶어 MB를 만나 최중경을 쓰겠다고 아예 '쐐기'를 박았다.

결국 조원동은 총괄간사인 맹형규 의원이 좌장을 맡고 있던 기획조정분과로 전속됐다. 경제관료가 국무총리실로 파견되는 것이나 비슷했다. 최중경에게 밀려난, 아니 강만수의 선택을 받지 못한 조원동은 MB 정부 5년 동안 국무총리실 국무차장(차관급), 한국조세연구원장으로 '변방'만 돌았다. 반면 최중경은 새 정부 출범과 함께 강만수 기재부장관 밑에서 차관을 지내다 잠시 주필리핀 대사로 '바깥바람'을 쐰 뒤 대통령경제수석비서관, 지식경제부장관으로 화려한 경력을 꽃피운다.

전화위복轉禍爲福이라는 4자 성어는 바로 조원동의 경우를 두고 하는 말 아닐까. MB 정부에서 외곽만 돌던 조원동이 결국 그 덕에 박근혜 청와대의 초대 경제수석비서관으로 돌아올 수 있었으니….

경기고 71회 동기들 중용하다 미운털 박힌 정두언

인수위에는 최중경, 조원동 말고도 정두언의 경기고 71회 동기들이 곳곳에 포진하고 있었다. 기획조정분과엔 조원동과 김준경 당시 한국개발연구원(KDI) 부원장(현 KDI 원장), 외교통일안보분과엔 이용준 전 북핵외교기획단장(현 경기도 국제관계대사), 법무행정분과 법령정비팀장엔 정선태 서울고검 검사(나중에 법제처장), 경제1분과엔 최중경, 경제2분과엔 윤수영 산업자원부국장(현 한국무역정보통신 사장), 사회교육문화분과엔 이선용 전 환경부 공보관이 자리를 잡았다. 모두 KS(경기고-서울대)였다. 얼핏 보면 정두언의 경기 71회가 인수위를 완전히 장악한 것처럼 보였다. 또 인수위는 아니지만 기획예산처 재정운용실장엔 나중에 대통령실 경제수석과 정책실장을 역임하는 김대기까지 버티고 있었다.

정두언과 함께 인수위 구성을 비롯해 '집권 계획서' 초안을 만들었던 김원용 이화여대 디지털미디어학부 교수의 증언. "정두언이 한상률 국세청장에게 'MB 관련 자료'를 내놓으라고 하다가 그 얘기가 MB 귀에 들어가면서 결정적으로 코너에 몰렸다. SD와 박영준이 그 틈을 놓치지 않고 (정두언에게) 연타를 먹였다. MB한테 '인수위가 온통 정두언 판'이라고 보고한 것이다. 하지만 쓸 만한 사람들을 모으다 보니 그렇게 된 것이지 일부러 '정두언 사람'을 모은 건 아니었다."

미운털이 박히면 모든 게 밉게 보이기 마련이다. MB는 정두언과 김원용이 있는 자리에서 대놓고 정두언을 의심했다. "야, 내가 인사동에 밥 먹으러 갔는데 사람들이 '인수위는 다 정두언 사람이라며?'라고 말

하고 다니더라."('정두언 실종사건' 편 참조)

김원용과 정두언은 할 말이 없었다.

다시 김원용의 설명. "지금 복기해 보면 정두언이나 나나 당시 '(권력에 대한) 개념'이 없었다. 그리고 정두언의 마음은 인수위 구성이나 조각組閣보다 4월 총선에 반쯤 가 있었다. 그냥 아는 사람 좀 집어넣고 빨리 끝내려고 했다. 내가 인수위원 명단을 최종 정리하긴 했지만 나도 방학이라 미국 존스홉킨스대에 있던 둘째아들 만나러 갈 생각이 더 급했다. 초대 내각 멤버들을 추천하기 위해 네이버로 사람들을 검색하다 '우리가 이렇게 아마추어처럼 해도 되는 거냐?'고 서로 물어볼 정도였다. 장악과는 거리가 멀었다."

그러나 당사자인 김원용, 정두언만 그렇게 생각했을 뿐 세인의 관심은 '정두언의 경기고 71회 동기들'에 모아졌다. 심지어 최중경조차도 나중에 기자를 만난 자리에서 "내가 생각해도 좀 심했다"고 회고했다.

정두언이 중도하차하면서 동기들에게도 후폭풍이 불었다. KDI에서 잔뼈가 굵은 김준경과 환경부 공보관·금강관리청장을 끝으로 정부를 떠났던 이선용은 MB 정부 출범과 함께 대통령경제2비서관, 환경비서관으로 새 출발의 기회를 잡았으나 채 반년을 넘기지 못했다. 김준경은 박근혜 정부 들어 KDI 원장을 맡게 됐으니 조원동과 같은 전화위복이라고 해야 할지 모르겠지만….

경기고 71회는 또 다른 '이색 기록'도 남겼다. 최중경(2010년 4월~2011년 2월), 김대기(2011년 2월~2013년 2월), 조원동(2013년 2월~)세 사람이 정권이 바뀌어도 대통령경제수석비서관의 바통을 물려주고 물려받은 것이다. 세상은 역시 돌고 돈다.

정두언의 정오표

정두언 의원은 '정두언의 경기고 71회 동기들' 기사에 대해서도 꼼꼼한 정오표를 보내왔다.

⑴ 기사 도입부에 대화체로 소개된 나와 강만수 원장의 통화내용은 전혀 사실무근이다. 최중경은 강 원장이 추천해서 경제분과로 왔고, 조원동은 내가 추천해서 기획조정분과로 온 것이 전부다. 강 원장과 이 문제로 대화를 나눈 적이 없다.

⑵ 기사에는 '전략은 정두언이, 정책은 강만수가 책임지는 구도였다'고 돼 있지만 정책은 강만수, 곽승준이 별도로 준비했고, 곽승준의 역할이 더 컸다.

⑶ 기사에는 내가 "(강) 원장님이 대통령 비서실장을 맡으면 어떻겠습니까?"라고 운을 뗐다고 썼지만 사실이 아니다. 나는 강만수 원장은 스타일상 감사원장이 제격이라고 생각했다.

⑷ 내가 조원동과 재수생활을 같이 했다고 돼있는데, 조원동은 재수를 하지 않았다.

⑸ 강만수가 최중경에게 "정두언 의원이 자네를 왜 싫어하는 거야?"라고 물었다는 대목이 등장하는데 나는 최중경과 친했기 때문에 말도 안 되는 얘기다.

⑹ 기사는 조원동이 경제분과에서 기획조정분과로 밀려난 것처럼 쓰고 있지만, 인수위에서는 기획조정분과가 핵심이었다는 사실을 간과하고 있다.

⑺ 인수위에 포진한 경기고 71회 동기들 중에서도 김준경 당시 KDI 부원장은 KDI 원장이 추천했고, 정선태 서울고검 검사는 홍준표가 추천했으며, 이선용 전 환경부 공보관은 김백준이 추천했다.

DJ의 국장國葬을 허하라!

《박지원 의원, "노무현 대통령이 서거했을 때 DJ는 나한테 '국민을 위해 인권변호사로 활동했고, 국민에 의해 대통령으로 뽑혔고, 국민을 위해 일하다 죽었으니 마지막 가는 길도 국민이 보내줘야 한다'고 했다. 정작 DJ 자신은 동작동에 묻히고 싶다는 말밖에 하지 않았지만…."(2013년 8월 13일 〈동아일보〉 인터뷰)》

흙을 파자 무덤 자리에선 오색토五色土가 나왔다. 서울 동작동 국립서울현충원의 다른 묘역에선 볼 수 없는 적송赤松이 지키고 있었다. 거의 하루 종일 햇볕이 드는 자리였다. 김대중(DJ) 전 대통령은 평소 소나무를 좋아했고, 추위를 많이 탔다.

2009년 8월 23일, DJ는 그렇게 영면永眠했다.

"존경하는 국민 여러분, 평화를 사랑하는 세계 각국의 여러분, 대한민국 제15대 대통령을 지내셨고, 노벨 평화상을 수상하신 김대중 전 대통령께서 8월 18일 오후 1시 43분 연세대 세브란스병원에서 서거하셨습니다."

'마지막 비서실장'이었던 박지원 의원이 DJ의 서거를 발표하자마자 정가와 국민들의 관심은 '국가장이냐, 아니냐'로 모아졌다. 석 달 전쯤 스스로 목숨을 끊은 노무현 전 대통령 때처럼 장례의 격을 둘러싼 국론분열이 재연될 조짐마저 보였다.

이명박 청와대는 긴장했다. DJ가 7월 13일 입원한 이후 맹형규 정무수석비서관은 박지원과 긴밀한 연락을 취했다. 입원 기간이 길어지면서 좀처럼 소생할 기미를 보이지 않자 두 사람은 거의 매일 전화를 주고받으며 만약에 대비했다.

박지원은 나름대로 다섯 가지 원칙을 정해두고 있었다. 첫째, 국장國葬으로 치러야 한다. 둘째, 장지는 동작동 국립현충원으로 해야 한다. 셋째, 평생 의회주의자였던 만큼 영결식은 국회에서 거행해야 한다. 넷째, 북한에서 조문사절이 와야 한다. 다섯째, 국제적인 장례식이 돼야 한다.

박지원은 김 전 대통령의 부인 이희호 여사와 차남 김홍업 전 의원에게 자신의 구상을 설명하고 동의를 얻었다. 하지만 그때까지도 일체 비밀에 부쳤다. 소생 가능성이 완전히 사라졌을 무렵에야 '동교동 가신들'인 권노갑, 한화갑, 김옥두 전 의원에게도 장례계획을 설명했다.

18일 오후 1시쯤, 박지원은 맹형규를 급히 찾았다. "앞으로 30분을 넘기지 못하실 것 같다." 맹형규도 즉각 MB에게 'DJ 서거 임박' 사실을 보고했다.

6일로 줄인 국장國葬 MB가 직접 절충

그런데 박지원은 DJ의 서거소식을 발표하자마자 다시 맹형규에게 연락했다. "지금 좀 만나자. 내가 청와대로 들어가겠다." 그동안 매일같이 통화를 했던 박지원이 굳이 청와대를 방문하겠다고 하자 맹형규는 '아, 국장을 요구하려고 하는구나!'라고 직감했다.

박지원의 기억. "청와대에서 정정길 비서실장, 이달곤 행정안전부장관, 맹형규, 그리고 내가 마주 앉았는데 이달곤이 굉장히 반대했다. 이달곤은 국장도, 동작동 국립현충원도 안 된다고 했다. 정정길은 가만히 듣기만 하고 있었고…. 맹형규만이 'DJ는 (다른 대통령과) 다르다'고 했다."

주무장관인 이달곤이 계속 반대하자 박지원은 최후통첩을 했다.

박지원 "이명박 정부는 국민대화합을 부르짖고 있지 않느냐? 김 전 대통령의 장례를 국장으로 치르고 나면 이명박 대통령의 지지도가 10%는 올라갈 것이다."

이달곤 "현직 대통령(박정희)의 장례식 외에 국장을 치른 전례가 없습니다."

박지원 "(화를 벌컥 내며) 그럼 관둬라. 우리는 그냥 가족장으로 치르겠다."

아무래도 MB가 직접 결론을 내리는 수밖에 없었다.
맹형규는 비서실장과 수석비서관들이 있는 자리에서 MB에게 '국장을 허許하자'고 건의했다. "정부 수립 이후 역사의 고비마다 인물들이 나왔습니다. 건국 시기엔 이승만, 개발 시대엔 박정희가 있었지만 민주화 시대엔 김영삼 김대중 두 분이 있었습니다. 국장으로 최고의 예우를 다해야 합니다." 정치부 기자 시절 DJ를 가까이에서 지켜봤던 이동관도 거들었다.

맹형규의 기억. "예민한 문제라 다들 드러내놓고 얘기하지는 않았지만 (청와대와 여권의) 전체적인 분위기는 국장을 치르는 데 부정적이었다. 특히 (국가정보원 같은) 기관에서는 부정적인 보고가 많았다."

말없이 듣고만 있던 MB가 절충안을 내놨다. 국장으로 하되 대신 6일장으로 조정하라는 것이었다. 국가장은 장례 기간을 최대 9일까지로 지정할 수 있다. 박정희가 그랬다. 하지만 DJ의 경우 유족들도 "그렇게 오래 치를 필요는 없다"고 양해한 상황이었다. 그러면 7일장인데, MB가 '6일장'을 절충안으로 꺼낸 것이다.

6일장으로 하면 일요일(8월 23일)에 영결식을 거행할 수 있었다. 따로 임시공휴일을 지정할 필요가 없는 셈이다. 2009년에 들어서자마자 글로벌 금융위기 극복을 위한 '비상경제정부' 체제를 선언한 MB로서는 공휴일이 하루 더 늘어나는 상황을 걱정하지 않을 수 없었다. 그만큼 절박했다.

"이제 호남도 같이 가야지"

사실 MB는 DJ 서거 이전에 이미 국장을 결심하고 있었다.

서거 열흘 전쯤 청와대 연풍문 2층, 원래 청와대 방문객들을 위한 면회실이었으나 6개월 전쯤 새로 단장해 문을 연 곳이다. 연풍문 2층엔 북카페와 휴게실, 소규모 회의실이 있어 MB는 가끔 여기서 주요 비서관, 행정관들과 '깜짝 미팅'을 가졌다. 평소 자주 만나지 못하는 비서관들과 편안하게 세상 돌아가는 얘기를 나누는 기회로 활용했다.

한참 이런저런 얘기를 하던 MB가 "무슨 할 얘기가 있는 모양이던데…"라며 김두우 정무기획비서관을 쳐다봤다. 사실 의전비서관을 통해 이날 연풍문 미팅을 '기획'한 건 바로 김두우였다.

김두우는 기다렸다는 듯 A4 용지 한 장을 꺼냈다. DJ 서거 시 장례를 국장으로 치를 경우의 '정치적 대차대조표'였다. DJ라는 인물이 한국 현대사에서 차지하고 있는 위치, 호남의 정서 등 국장을 해야 하는 정치적 당위성과 함께 단점도 적시한 보고서였다. 단점은 역시 장례 기간이 길어진다는 것과 임시공휴일을 지정해야 한다는 점이었다.

중앙일보 정치부장 출신의 김두우는 TK였지만 DJ와 DJ당黨에 대한 이해가 깊었다. 한참 설명을 하고 있는데 MB가 말을 끊었다. "나는 이의가 없어!"

그렇게 한마디를 던진 다음 MB는 딴 얘기를 했다. 한 20분쯤 흘렀을까. 미팅이 끝날 때쯤 되자 MB는 "아까 그것 말이야. 장례 기간을 좀 줄여서 영결식이 일요일과 겹치도록 하면 어때? 그러면 따로 임시공휴일을 정하지 않아도 되잖아?"라고 정리한 뒤 자리에서 일어났다.

김두우의 기억. "대통령은 딴 얘기를 하면서도 머릿속으로는 내내 그 생각을 하고 있었던 것 같다. 돌이켜 생각해보면 내가 건의하기 전에 이미 '국장'을 결심하고 계셨던 것 아닌가 싶다."

김두우는 마음이 바빴다. MB의 결심을 확인한 이상 혹시 있을지 모를 정치적 장애물들을 미리 정리해놓을 필요가 있었다. 김영삼(YS) 전 대통령도 그렇고, 박근혜 전 대표도 신경이 쓰였다. 박근혜가 '이버지는 재직 중에 돌아가셨지만 DJ는 이미 퇴임한 대통령 아니냐. 경우가 다르지 않느냐'고 이의를 제기할 가능성도 없지 않다고 판단했다. 박근혜 쪽에는 '2012년 대선 때 호남을 껴안기 위해서도 좋은 일'이라고 설명했다.

상도동 쪽은 한나라당 부설 여의도연구소 부소장으로 있는 YS의 차남 김현철에게 심부름 역할을 부탁했다. 처음엔 "어른(YS)이 마땅치 않아 하신다"는 반응이었다. 하지만 곧 다시 연락이 왔다. "국장으로 하되 장지는 (대전이 아닌) 동작동 국립현충원으로 하는 게 좋겠다." 동작동 국립현충원은 김두우의 '대차대조표'에 없었다. 역시 YS였다. DJ의 문제는 바로 자신의 문제 아닌가!

급히 동작동 묘역을 다시 점검했다. 담을 없애면 DJ 말고도 4기 정도의 묘소가 더 들어설 자리를 마련할 수 있다는 보고가 올라왔다. 김두우는 속으로 생각했다. 'YS는 물론이고 설령 전두환, 노태우 전 대통령까지 안장한다고 하더라도 1기가 남는 셈 아닌가! 그럼 훗날 MB도 동작동에 갈 수 있는 것 아닌가.'

국립현충원 측이 종전의 입장에서 한발 물러서 4기의 묘역을 더 마련할 수 있다는 검토보고서를 올렸지만, DJ의 묘소는 유족이 직접 찾았다. 국립현충원 측에서도 유족의 선택에 맡겼다. DJ가 서거하자 전국의 지관들이 유족 주변과 박지원에게 몰려들고 있었다. 박지원의 기억. "심지어 비서실장(박지원)이 대통령이 될 수 있는 자리로 (DJ의) 묘소를 잡아주겠다는 사람까지 있었다."

그렇지 않아도 동교동 가신들로부터 'DJ를 독차지하고 있다'는 눈총을 받고 있던 박지원이었다. 조심해야 했다. 국립현충원 내 묘소 선택은 김홍업에게 맡겼다. 김홍업은 경기 용인에 할아버지와 할머니, 생모와 고모의 묏자리까지 마련할 정도로 풍수지리에 관심이 많았다. 김홍업이 지관의 도움을 받아 찾아낸 자리가 바로 지금의 묘역, 오색토가 나오는 자리였다.

영결식 일주일 뒤, 강만수 국가경쟁력강화위원장은 MB에게 몇 가지 경제상황 보고를 마친 뒤 DJ 국장 얘기를 꺼냈다. 노무현 영결식 때 "술 한 잔하고 싶다"며 몇몇 측근들을 부르던 모습이 생각나서였다.

강만수 "국장으로 결정하신 건 정말 잘하셨습니다."

MB "(눈에 띄게 표정이 밝아지며) 음, 그래~. 이제 호남도 같이 가야지."

비밀해제 in 비밀해제 ●

DJ 국장國葬 결정의 전말

김두우 정무기획비서관이 맨 처음 DJ 국장 얘기를 꺼냈을 때 맹형규 정무수석은 그게 될 법이나 한 소리냐며 반대했다. 김두우가 거듭 국장을 주장하자 맹형규는 "그럼 당신이 직접 대통령에게 얘기하라"며 짜증을 냈다.

맹형규는 그러나 '비밀해제 MB 5년' 시리즈가 나가기 직전 필자를 만난 자리에서는 DJ 국장이 마치 자기 '작품'인 것처럼 말했다.

시리즈에는 김두우가 MB의 결심을 확인한 다음 YS와 박근혜 대표 쪽을 접촉한 것처럼 서술돼 있지만, 선후관계가 바뀌었다. 실은 YS와 박근혜 쪽까지 미리 조율을 마친 뒤 MB의 결심을 얻어냈다.

"우린 도덕적으로
완벽한 정권!"

《홍준표 대표, "대통령은 청와대 밖에
서 만난다. (웃으며)그러니까 기자들이 '청와대 들어갔다 오셨느냐'고
물으면 자신 있게 '아니다'라고 대답한다. 주로 주말에 만났는데 어느
날 '이제 어디 가느냐?'고 묻기에 '골프 치러 갑니다'라고 하니까 '야, 네
가 부럽다'고 하더라."(2011년 12월 6일 한나라당 출입기자 정보보고)》

김동철 "이명박 정권, 도덕적으로 완벽한 정권입니까?"

김황식 "최근 친인척이라든지 측근 비리 의혹들이 제기되고 있는 이
런 상황에서 그렇게 주장할 수 있는 근거가 상실됐다고 생각
합니다."

2012년 7월 18일 국회 본회의 정치분야 대정부질문. 민주당 김동철
의원의 질문에 김황식 국무총리는 이렇게 답했다.
'근거가 상실됐다.' 김황식의 답변은 법률가다운 절제력을 갖추면서

도 뼈아픈 자기반성을 담고 있었다.

'도덕적으로 완벽한 정권.' MB가 자부심 하나로 내뱉은 이 말은 거꾸로 이명박 정부를 두고두고 옥죄는 덫이 됐다. MB가 2011년 9월 30일 청와대 확대비서관회의에서 "(우리는) 도덕적으로 완벽한 정권인 만큼 조그마한 흑점도 남기면 안 된다"고 발언한 이후 정치권과 시민단체는 틈날 때마다 이 말을 인용하며 MB 정권을 비웃었다.

특전사 출신의 어느 중사가 트위터에 '가카 ××' 같은 욕설로 상관(대통령)을 모욕했다는 혐의로 기소됐을 때, 군 검찰은 이 중사가 '도덕적으로 완벽한 정권'이라는 말을 인용한 것도 문제 삼았다. 그 말을 트위터에 올린 동기 역시 대통령을 모욕하기 위한 것 아니냐는 투였다. 심지어 '(도덕적이 아니라) 도둑적으로 완벽한 정권'이라는 말이 원래 표현이라는 비아냥거림까지 등장했다.

그런 상황이었지만 김황식은 마치 법관이 판결을 내리듯 "근거가 상실됐다"고 대답했다. 한국의 권력문화로 볼 때, 국무총리의 국회 답변이라고는 생각하기 힘들 만큼 소신발언이라면 소신발언이었다. 하지만 어쩔 수 없었다. 대통령의 형님인 이상득(SD) 의원까지 구속된 마당이었다.

홍준표의 돌직구 "이 정권도 곧 터집니다"

MB는 도대체, 무슨 생각으로 그런 '성인군자도 입에 담기 힘든 발언'을 한 걸까?

확대비서관회의가 있던 그날 아침, MB는 청와대 안가에서 한나라당 홍준표 대표와 조찬을 함께했다. 홍준표의 고려대 선배인 김효재 정무수석비서관이 만든 자리였다. 김효재는 가끔 이런 자리를 마련했다. 주로 주말을 이용했는데, 그날은 금요일이었다.

홍준표는 그날도 MB에게 '돌직구'를 날렸다. MB에 대한 홍준표의 애증愛憎은 매번 이런 식이었다.

홍준표 "각하, 제가 공직생활 30년 중 무려 25년을 (대통령의) 친인척 비리 척결하는 데 보냈습니다. 잘 아시겠지만 전두환 대통령 친인척 비리는 직접 수사했고, 노태우 대통령 퇴임 직후엔 (부인 김옥숙 여사의 고종사촌인) 박철언을 제 손으로 잡아넣었습니다. 김영삼 대통령 때는 (차남인) 현철이의 전횡과 몰락을 직접 목격했고, 김대중 대통령 시절 홍삼트리오(세 아들인 홍일, 홍업, 홍걸) 중 2명이 구속될 때도 제가 저격수 역할을 했습니다. 노무현 당선 축하금 때도 그랬고…"

MB "……."

홍준표 "(잠깐 숨을 돌린 뒤 MB를 똑바로 쳐다보며) 각하, 이 정권도 곧 터집니다. 대강 누구누구인지도 압니다. 각하가 워치(감시)해야 합니다. 내년부터 터집니다. 각하 재임 중에 감옥에 보내야 할지도 모릅니다. 그러면 각하는 식물대통령이 됩니다."

MB "(얼굴이 일그러지며) 나는 돈 안 받아!"

홍준표 "그건 저도 압니다. 하지만 친인척과 주변은 다릅니다."

MB는 화가 머리끝까지 났지만 홍준표에게는 내색하지 않았다. 그냥 "나만 깨끗하면 되지 뭐…"라고 말한 뒤 자리에서 일어났다.

대선 때 경선캠프 대운하추진본부 부본부장을 지낸 추부길 홍보기획비서관, '50년 지기知己'인 천신일 세중나모여행 회장이 비리 혐의로 사법처리된 게 2009년의 일이었다. 그리고 불과 열흘 전엔 대선캠프(안국포럼)에서 메시지팀장을 지냈던 신재민 전 문화체육관광부 1차관이 이국철 SLS 그룹 회장으로부터 10년간 10억 원의 금품을 받아왔다는 시사잡지 보도가 터졌다. 바로 보름 전쯤 부산저축은행 퇴출 저지 로비의혹을 받던 김두우 홍보수석비서관이 사표를 냈고(비록 나중에 무죄가 확정됐지만)….

그런 생각을 하면서도 홍준표에 대한 노기怒氣가 풀리지 않았다. "홍준표 이 새끼가 대통령을 협박해!"

MB는 확대비서관회의가 열리고 있는 청와대 본관으로 직행했다. 이날 회의는 임태희 대통령실장이 주재하는 자리였다. MB가 참석한다는 예고는 없었다. 도착했을 땐 이미 회의가 끝나가고 있었다.

"청와대에서 일하는 공직자는 도덕적 기준도 높고 사적인 생활도 없는 고통스러운 기간을 통해서 긍지와 보람을 찾아야 한다. 그리고 이번 정권은 돈 안 받는 선거를 통해 탄생한 점을 생각해야 한다. 도덕적으로 완벽한 정권인 만큼 조그마한 흑점도 남기면 안 된다. (중략) 가진 사람들의 비리가 생기면 사회가 좌절한다. 그중에서도 가장 높은 기준이 적용되는 곳이 청와대다."

MB는 물컵을 탁자에 내리치며 청와대의 도덕성과 소명의식을 강조했다. "MB가 물컵을 집어던지며 흥분했다더라"는 소리도 흘러나왔지만, 그 자리에 있었던 한 비서관은 "그 정도는 아니었고…"라며 그날의 분위기를 전했다.

측근비리로 무너진 MB의 자부심

전두환 민정당, 노태우 민자당, 김영삼 신한국당, 이회창 한나라당으로 이어져오는 구舊 여당의 아킬레스건은 바로 불법 대선자금이었다. '태생적'이라는 소리까지 듣던 고질병이었다. MB는 그 불법의 고리를 끊었다는 자부심이 충만했다.

당선 직후 전경련을 가장 먼저 찾은 것도 그런 자부심 때문이었다. MB는 이건희 삼성, 정몽구 현대자동차, 구본무 LG 등 재벌회장들을 향해 "여러분 중에 나한테 단돈 100만 원이라도 갖다 준 사람이 있느냐? 아무도 없지 않느냐? 그래서 내가 당선 후 제일 처음으로 여러분부터 찾아올 수 있었다"고 말했다.

취임 이후에는 정주영 회장 시절 현대그룹의 일화까지 소개하며 측근들을 단속했다. 현대그룹이 비록 민간기업이지만 임원들 부인의 사생활까지 감찰할 정도로 내부감시망이 철저했다는 것이다.

이런 일도 있었다. 이동관 홍보수석은 어느 날 편집국장들의 저녁자리에 갔다가 박태규를 만났다. 나중에 저축은행 로비스트로 등장하는 바로 그 박태규다. 이동관은 기자 시절부터 박태규를 알고 지냈다. 김두우도 그랬다. 함께 만날 때도 있었다. 그 시절 박태규는 그냥 기자들을 좋아하는 정치권의 마당발이었다.

자리를 둘러보니 몇몇 장관도 눈에 띄었다. 박태규가 즐겨 사용하던 '사교 방식'이었다. 장관이나 고위공직자들에게는 언론사 간부들이 온다고 하고, 언론사 간부들에게는 장관들이 오기로 했다고 연락해 술자리, 밥자리를 만드는 식이었다.

　저녁 자리의 화제가 대선 당시 시끄러웠던 MB의 사생아 이야기로 이어지자 박태규는 열심히 MB를 변호했다. 이동관은 다음 날 MB에게 전날 저녁 얘기를 보고했다. 그런데 MB의 반응은 전혀 뜻밖이었다.

MB　　"(혀를 차면서) 이 수석, 박태규가 누군지 알아? 내가 서울시 장할 때 나한테 사생아가 있다고 허무맹랑한 소문을 퍼뜨리고 다닌 놈이 바로 그놈이야! (홍보수석이라는 사람이) 뭐 하러 그런 사기꾼 같은 놈을 만나고 다녀!"

　이동관은 가슴이 철렁했다. 즉각 정정길 대통령실장과 몇몇 수석비서관에게 'MB한테 야단맞은 얘기'의 전말을 전했다. 말하자면 MB를 대신해 '박태규 경계령'을 발동한 것이다. 하지만 당시 비서관급이었던 김두우에게는 전파하지 못했다. 이동관의 후일담. "그때는 저축은행 사건이 터지기도 전이었다. 그런데 '박태규가 알고 보니 사기꾼이더라'는 얘기를 여기저기 떠들고 다닐 수는 없었다. 실장하고 관계 수석들에게 전파한 것으로 내 책무는 다했다고 생각했다."

　정정길도 그 후 저축은행 사건이 터진 다음에야 이동관이 전한 'MB의 박태규 경계령'을 기억에 떠올렸다. 당시엔 그렇게 넘어간 것이다.

　그런데 바로 그 박태규가 저축은행 로비사건의 핵심 고리로 등장하고, 믿었던 김두우까지 박태규와 어울린 것으로 드러나자 MB는 분통을 터뜨릴 수밖에 없었다. 거기다 홍준표까지 나서 '역대 정권의 전철을 밟을 것'이라고 돌직구를 날리자 분노가 폭발하고 만 것이다.

'도덕적으로 완벽한 정권'이라는 말은 짓뭉개진 자부심을 다시 일으켜 세우려는 MB의 자기 다짐이었다. 한편으론 자기 뜻을 몰라주는 일부 참모들을 향한 분노의 외침이었다. 하지만 당시 홍보수석실의 참모들은 그런 저간의 사정을 충분히 전달하지 못했다. 아니 알지 못했다. 대변인실은 '대통령 말씀'을 액면 그대로 브리핑했고, 언론은 대통령의 말에 경악했다.

MB는 기가 막혔다. "내가 직접 홍보까지 해야 돼?"

비밀해제 in 비밀해제 ●

저축은행 로비스트 박태규와 MB 정권의 악연

김두우 수석은 박태규에 대해 이렇게 말했다. "내가 청와대에 들어간 다음에는 한동안 만나지 않았다. 전화도 받지 않았다. 그런데 모르는 전화번호가 찍혀서 받아보니 박태규였다. '청와대 들어가더니 사람이 변했다. 내가 뭐 잘못한 것 있냐?'고 하더라. 박태규가 밖에서 무슨 말을 하고 다닐지 생각하니 순간, 뒷골이 띵하더라."

박태규는 저축은행 문제도 처음엔 정치와 지방선거를 염려하는 일반적인 '정치평론' 식으로 꺼냈다. MB 정부 들어 호남자본을 죽이려 든다는 여론이 조성되면 지방선거가 어렵지 않겠느냐는 것이었다. 그런데 조금 더 들어보니 그냥 정치 얘기가 아니었다. 김두우는 박태규에게 "(저축은행 같은 일에) 계속 관여하면 크게 다친다"라고 경고했다. 그걸로 끝이었다고 한다.

박태규는 재판과정에서도 "김두우는 개인적인 부탁을 들어줄 사람이 아니기 때문에 정국상황을 언급하는 식으로 에둘러 말했다. 그러면 김두우가 움직일 것이라고 생각했다"고 진술했다.

검찰이 김두우에게 씌운 혐의는 결국 무죄로 판명됐다. 하지만 검찰이 김두우를 저축은행과 '얽은' 배경을 두고 뒷말이 무성했다.

특히 권력 내부에서는 TK인 권재진 민정수석과 고려대 출신인 한상대 검찰총장의 '알력' 때문에 희생양이 됐다는 분석이 없지 않았다.

2011년 7월 김준규 검찰총장의 후임을 놓고 검찰 내부에서는 치열한 경쟁이 벌어졌다. 차동민 서울고검장과 한상대 서울중앙지검장이 막바지까지 경합을 벌인 후보였다. 차동민은 인천 제물포고에 서울대, 한상대는 서울 보성고에 고려대 출신이었다. 권재진 민정수석이 법무부장관으로 내정되는 바람에 'TK 검찰총장'은 이미 논외가 되고 만 상황이었다. 그런데 권재진 민정수석은 '한상대 검찰총장안案'에 대해 부정적이었다. 근본적인 자질에 문제가 있다고 생각했다.

권재진 민정수석실이 MB에게 올린 보고서도 한상대에 대해서는 부정적이었다.

그런데, 그 보고서에는 김두우 홍보수석도 한상대 검찰총장안에 대해 반대의견을 가진 것으로 기술돼 있었다고 한다.

당시 청와대의 한 관계자는 "한상대 쪽에서 그 보고서를 본 것 같다"고 했다. 그래서 마침 박태규 입에서 김두우라는 이름이 거론되자 '보복수사'를 지시했다는 것이다.

아무튼, 김두우 홍보수석이 저축은행 사건에 얽히게 되는 과정은 단순히 '박태규의 한마디' 때문만은 아닌 것 같다. 앞으로 좀 더 심층취재가 필요한 대목이다.

안철수!
아군인가 적군인가

"안철수는 어때?"

2009년 여름 어느 날, 이명박 대통령의 핵심참모들은 청와대 비서동에 모여 개각 아이디어를 주고받고 있었다. 실물경제를 총괄하는 지식경제부장관 후보에 대한 이야기가 나오자 누군가 안철수 이름을 꺼냈다. 자신이 만든 안철수연구소의 사장 자리를 내놓고 이사회 의장으로 물러나 있던 그였다. 참석자 대부분 반응이 좋았다고 한다. 그도 그럴 것이, 분야는 건설과 정보기술(IT)로 각각 다르지만 MB와 안철수는 묘한 공통점이 있었다. 각자 자기 분야에서 일가를 이뤘고 성공한 기업인을 넘어 '신화'까지 만들어냈다.

청와대 참모들은 곧장 MB에게 보고할 '안철수 파일' 작업에 들어갔다. 경제수석실은 물론이고 민정수석실의 검증자료가 빼곡히 포함된 자료였다고 한다. MB도 '안철수 지경부장관' 안을 보고받고 긍정적인 반응을 보였다고 한다. 하지만 정작 안철수 본인이 난색을 표했다. 안철수연구소 보유주식 백지신탁과 매각 문제 등을 고민했던 것 같다는 게 MB 청와대 참모들의 분석이다. 당시 안철수는 연구소 주식 372만 주(전체의 37.1%)를 갖고 있었다.

지경부장관 자리는 결국 최경환 의원(전 새누리당 원내대표)에게 갔다. 물론 최경환이 안철수의 '차선'이었던 건 아니었다. 안철수는 아이디어 차원이었지만, 최경환은 MB가 '꼭 써야 할 사람'이라고 꼽고 있던 후보였다. 다만, MB와 청와대가 안철수라는 인물에 대해 호감을 갖고 있었다는 건 분명했다.

MB 정부, 안철수 맞춤자리 고민하다

서로 첫인상부터 좋았다. 김상협 미래비전비서관이 2008년 MB 취임 직후 대통령직속 미래기획위원회를 만들면서 미국에 있던 안철수에게 이메일을 보낼 때부터 그랬다. 김상협이 취지를 설명하자 안철수는 "(대통령직속 위원회 같은 건) 한 번도 해본 적이 없지만 그런 뜻이라면 열심히 해 보겠다"고 열의를 보였다.

특히 '대기업 프렌들리 정책'이 생각했던 것과 달리 중소기업에 '스필오버 효과spill over effect(낙수효과)'를 보이지 않자 미래기획위원회는 2011년 광복절 경축사에서부터 '공생발전'을 국정운영 키워드로 내세웠다. 여기에는 안철수의 기여가 적지 않았다. 이에 앞서 김상협은 MB에게 '안철수 미래전략수석'을 건의하기도 했다. 대통령실에 가칭 미래전략수석비서관 자리를 신설해 안철수를 영입하자는 아이디어였다. 안철수가 미래수석이 되면 김상협은 그 밑에서 비서관을 하게 될 공산이 컸다. 하지만 김상협은 개의치 않고 안철수를 찾아갔다.

김상협 "아직 (신설할 수석비서관실의) 명칭은 결정되지 않았습니다만, 대통령의 허락을 얻었습니다. 대통령께서는 미래 신성장 동력을 발굴하고, 대기업과 중소기업이 함께 발전하는 산업 생태계를 조성하는 데 관심이 많습니다. 진정성을 가지고 그 일을 추진하는 데 적임자라고 생각합니다.

안철수 "(특유의 심각한 표정을 지으며) 결국 대통령의 참모가 된다는 얘긴데…. 그건 본인의 의지도 있어야 하고, 캐릭터(성격)도 맞아야 할 것 같습니다. 그런데 저는 그 둘 다 아닌 것 같습니다."

안철수는 끝내 고사했다. 김상협도 더 이상 설득하지 않았다. 그동안 미래기획위원회 일을 같이하면서 안철수라는 사람이 정치적 제스처나 허언虛言을 내뱉는 인물은 아니라는 걸 알았기 때문이다. 어쨌든 이 무렵만 해도 안철수가 정치적으로는 야권이라고 말하기도 어려웠다. 안철수가 "안보는 보수고, 경제는 진보"라고 말한 것도 이런 행보와 무관치 않다.

그래서인지 그해(2011년) 8월 무상급식 주민투표 이후 오세훈이 전격 사퇴하면서 서울시장 보궐선거가 열리게 되자 청와대에선 '안철수 여당 서울시장 후보론'이 꽤 무게 있게 돌기도 했다. 당시 대통령정무수석비서관실 핵심관계자 A의 회고. "안철수가 정치에 관심이 있다는 말은 못 들어봤지만 오세훈의 사퇴 과정에서 워낙 여야 간 정쟁이 심해 참신한 정치세력이 나타났으면 하는 기대가 있었다. 그런 의미에서 안철수 후보론이 돈 것 아니겠느냐."

이 때문에 청와대는 안철수가 그해 9월 초 서울시장 보궐선거에 출마하겠다는 의지를 피력하자 크게 놀라지도 않았다고 한다. MB도 그랬다. 그해 4월 '자폭 공천'이라는 말까지 나돈 여당의 경기 성남시 분당을 국회의원 보궐선거 후유증 때문인지 MB는 여의도 정치권에 새삼 진절머리를 내고 있었다. MB는 9월 6일 청와대 상춘재에서 열린 '추석맞이 특별기획, 이명박 대통령과의 대화'에서 안철수 돌풍에 대해 속내를 그대로 드러낸다.

홍보수석이던 이동관은 다소 긴장했다. 추석맞이 대화는 KBS에서 생중계될 예정이었다. 방송 전날 이동관은 조심스럽게 얘기를 꺼냈다.

이동관 "틀림없이 안철수에 대해 질문이 나올 텐데 어떻게 하시겠습니까?"

MB "음~. 그렇겠지. 나한테 맡겨둬. 내가 알아서 할 테니까."

그리고 MB는 방송에 나가 이렇게 말했다.

"정치권에 올 것이 왔다. 스마트 시대가 왔는데 정치는 아날로그에 머물러 있지 않나. 국민은 상당히 앞서가고 있다. 많은 변화 요구는 정치권에 대한 변화를 요구하는 것 아니냐? (그런 변화의 요구가) 안 교수를 통해 나온 것이라고 생각한다."

한마디로 안철수 돌풍은 여야 정치권의 자업자득이라는 것이다. 이즈음 MB는 안철수에 대해 호감을 넘어 미묘한 '동류의식'까지 느끼고 있었다고 한다. 이동관은 이렇게 기억하고 있다.

"내용이나 타깃 층은 다르지만 MB와 안철수 모두 '현상'이라고 할까, 일종의 시대정신을 기반으로 부상한 것이다. 2007년 대선 때도 유권자들은 기성정치권에 대한 환멸이 강했다. 그 환멸이 비즈니스 맨 신화의 주인공인 MB를 불러낸 것이다. '안철수 현상'의 기저에는 2007년 대선 때 유권자들이 MB에게 갈망하던 것과 같은 변화의 욕구가 있었다. 대통령이 누구하고도 상의하지 않고 '올 것이 왔다'고 말씀하신 배경에는 그런 인식이 깔려 있었던 것 아닌가 싶다."

안철수는 '시대적 현상'일 뿐 대선주자는 아니라고 본 MB

그러나 거기까지였다.

MB와 청와대의 안철수에 대한 호감은 안철수가 돌연 서울시장 후보를 박원순에게 양보하고 대선주자 반열로 올라서면서 변하기 시작한다. MB는 그해 초부터 여당 대선후보로 '박근혜 불가피론'을 서서히 받아들이고 있던 차였다. 무엇보다 MB는 안철수를 '시대적 현상'으로 봤지, 대선주자로는 보지 않았다.

그런데도 안철수의 지지율이 오르자 일부 측근은 안철수의 '여당 후보' 가능성을 흘렸다. MB가 한때 안철수를 국무총리 후보로까지 생각했으며, 대선주자로 눈여겨보고 있다는 듯한 신호를 퍼뜨리면서….

"내가 그런 짓 하지 말라고 했잖아!" MB는 거의 공개적으로 측근들을 질책했다.

해를 넘겨 2012년 초. 대선 전초전이라고 할 수 있는 19대 총선이 다가오는데도 안철수는 대선출마 여부를 결정하지 않고 고민을 거듭

했다. '안개 정국'이었다. 안철수가 4월 총선 직전 유튜브에 투표독려 영상을 올리자 MB는 참모들에게 이렇게 말하기도 했다.

"안철수는 도대체 뭐 하자는 건지 잘 모르겠다. 안철수 현상은 이해할 수 있지만, 현실 정치에 기반도 없는 사람이 저렇게 해서(출마를 머뭇거려서) 뭘 어떻게 하겠다는 거냐." MB는 안철수의 스타일도 이해할 수 없었다.

그런데도 MB의 '안철수 지원설'은 끊이지 않았다. 4월 총선 공천에서 배제된 MB의 핵심참모들이 안철수 진영에 합류할 것이라는 소문이 돌기도 했다. 실제로 임기 첫해에 대통령연설기록비서관을 했던 이태규는 얼마 뒤 안철수 진영에 합류했다. MB의 핵심측근으로 통하는 B, C도 안철수 측으로부터 '함께하자'는 제안을 받았으나 사양했다는 후문이다.

안철수의 출마선언이 카운트다운에 들어간 그해 늦여름. 일부 여론조사에서 안철수가 다자 대결에선 박근혜를 오차범위 내에서 앞서는 것으로 나오자 MB, 또는 MB 참모들의 안철수 지원설이 다시 불거졌다.

그해 가을, MB의 핵심참모인 D 장관과 일부 청와대 출입기자가 이런 대화를 나눌 정도였다.

기자들 "대통령이 대선에서 누굴 밀지 내기를 거는 사람이 많다."
D 장관 "이런 일은 상식적으로 봐야 한다. 대통령은 새누리당 당원이다."
기자들 "대통령은 실용주의자 아닌가?"

D 장관 "그렇다고 막말로 안철수를 밀면 '퇴임 후'가 보장되나? 정도
正道로 가는 게 원칙이다."

하지만 이즈음 MB의 머릿속엔 안철수란 이름이 들어 있지 않았다.
안철수가 결국 출마를 포기했을 때도 MB는 '그럴 줄 알았다'는 듯 별
관심을 보이지 않았다고 한다.

낙하산 당대표,
정몽준의 고군분투

《정양석 대표비서실장, "얼마 전 청와
대 회동에서 정몽준 대표의 얼굴이 굳어졌다. (친이계인) 장광근 사무
총장이 사전에 보고도 없이 시도당 위원장들을 청와대로 데려가려고
한 사실을 알았기 때문이다. 요즘 정 대표는 장 사무총장을 아예 만
나지 않으려고 하고, 전화도 안한다."(2009년 12월 4일 한나라당 출입
기자 정보보고)》

"이 와중에 어디를 가는 거야?"

전화기 속 남자의 목소리가 낮이 익긴 한데 잡음 때문에 누구인지
퍼뜩 떠오르지 않는다. 스튜어디스가 급하게 깨우는 바람에 조종실로
가 항공용 위성전화기에 귀를 가져다대기는 했지만 도대체 무슨 상황
인지 짐작이 되질 않았다.

2008년 3월 13일 인천공항발發 스위스 취리히행行 대한항공 일등
석. 국제축구연맹(FIFA) 총회 참석을 위해 해외출장길에 오른 한나라

당 정몽준(MJ) 의원은 마음이 급해졌다. 숱하게 비행기를 탔지만 지상에서 기내로 걸려온 전화를 받기는 처음이었다. 요즘은 일반석에서도 기내전화를 이용할 수 있지만, 그건 '걸 수만 있는 전화'지 '받을 수 있는 전화'는 아니다. 상공을 날고 있는 비행기로 전화가 걸려온다는 건 웬만한 비상상황이 아니고서는 있을 수 없는 일이었다.

그런 생각을 하면서도 조종실 안의 잡음이 심해 살짝 짜증이 났다. '인마, 잘 안 들린다, 끊어!'라고 할 뻔했다. 하지만 귀를 기울여 다시 들어보니 평소에 자주 듣던 이명박 대통령의 목소리였다.

"저도 중요한 회의가 있어서 가는 겁니다." 그제야 정신을 가다듬은 MJ는 이렇게 대답했다.

한나라당은 18대 총선(4월 9일)을 앞두고 있었다. MB가 취임한 직후 치러지는, 말 그대로 'MB의 선거'였다. 당 공천심사위원회는 당초 MJ를 울산 동구 후보로 내정했다. MJ의 현대중공업이 있고, 한나라당에 입당하기 전까지 내리 5선을 한 지역구였다. 하지만 '서울 승리'를 위해선 인지도가 높은 MJ를 서울로 징발해야 한다는 얘기가 나왔다. 공심위원장은 과거 울산지청장을 지내기도 했던 안강민 전 대검 중수부장이었다. 공심위의 의견은 즉각 청와대에 전달됐다.

SD "정몽준이 대표 되면 한나라당 문 닫는다"

정작 당사자인 MJ만 긴박하게 돌아가는 공천 상황을 까마득히 모르고 있었다. MB가 '이 와중에'라는 단어를 사용할 만했다.

"서울 출마를 생각해 봐." 조종실 위성전화기에서 흘러나온 MB의 메시지는 간결했다. 통합민주당 정동영 전 통일부장관과 서울 동작을에서 정면승부를 펼치라는 얘기였다. 그렇다고 그 자리에서 확답을 할 수는 없었다. 내리 5선을 했던 지역구를 옮기는 것은 쉽지 않은 일이었다.

MJ는 취리히에 내리자마자 후원회장인 이홍구 전 국무총리에게 전화를 걸었다. 이홍구는 자초지종을 들은 뒤 "정동영은 호남을 대표하는 정치인인데 꼭 (그런 사람과) 선거를 해야 하느냐"고 만류했다. 하지만 이미 주사위는 던져진 상황. 당 공심위가 이미 결정을 내렸고 MB도 직접 전화를 걸어 권유한 상태라 되돌리기는 쉽지 않았다.

MJ는 15일 급거 귀국했다. 그리고 바로 다음 날 당사에서 "정치 인생을 새로 쓰고자 한다"며 출마를 선언했다.

MJ의 기억, "서울에 출마한다니까 나보고 함정에 빠진 거라는 얘기가 있었어요. 2002년 대선 때 노무현 전 대통령과 단일화에 나섰던 기억 때문인지 한나라당에선 나를 불편해하는 사람들도 있었죠. 하지만 여러 가지 생각해서 출마한 거예요."

6년 전 한나라당의 대선 패배에 '기여'했던 정치적 부채를 이번 기회에 털어버리고 싶었다는 얘기다. 그러곤 보란 듯이 당의 수도권 돌풍을 주도하며 큰 표차로 승리했다.

하지만 한나라당은 MJ에게 '여전히 먼 당신'이었다. 역학구도부터 그랬다. 친이계는 당 주류로 위세를 떨치고 있었고, 친박은 비주류로 친이계와 첨예한 갈등구도를 형성해가고 있었다. '굴러 들어온 돌'이자 '무계파 정치인'인 MJ로서는 한계를 뼈저리게 느낄 수밖에 없는 환경이었다.

특히 친이계의 텃세가 만만치 않았다. 2008년 7·3 전당대회 때도 그랬다. MJ는 정작 어렵게 서울에 입성해 6선 의원이 됐지만 지역 주민들에게 보여줄 수 있는 게 별로 없었다. 선수選數가 많아 국회 상임 위원장이나 원내대표에도 나설 수가 없었다.

정면돌파를 선택했다. 혈혈단신으로 한나라당에 입당(2007년 12월 3일)한 지 반년이 조금 넘었을 뿐이지만 전당대회 출마를 강행했다. 원외위원장들은 물론이고 현역의원조차 누가 누군지도 몰랐던 그로서는 쉽지 않은 결심이었다. 부산 지역 초선의원 한 명과 조찬을 하기 위해 서울 마포의 한 호텔에 들어서다 박희태 전 국회부의장이 의원 수십 명과 조찬을 하는 광경을 목격하기도 했다. 진입장벽이 그만큼 높았다.

게다가 MB의 친형인 이상득 의원이 대놓고 자신을 반대한다는 얘기까지 들렸다. 불과 몇 개월 전 총선 때 격전지에 출마한 것에 대해 '고맙다'며 격려전화까지 걸었던 SD였기에 서운한 마음은 더했다. 그래서 SD와 친분이 있는 한 중진 의원에게 자신의 불편한 심기를 얘기했다. 전당대회 며칠 전, SD가 전화를 했다.

SD   "이상한 얘기를 들었어요."

MJ   "……."

SD   "박희태 전 부의장과 정 의원 사이에서 나는 완전히 중립이에요. 박 전 부의장은 만난 적도 없어요."

MJ   "후보를 만나는 것은 문제가 되지 않아요. 그런데 특정후보를 가리키며 절대 안 된다는 것은 문제가 있는 거죠!"

MJ는 당시를 이렇게 회고했다. "물론 내가 무소속을 오래 했기 때문에 이상득 전 부의장의 얘기도 일리는 있어요. 하지만 내가 대표가 되면 '한나라당이 문을 닫는다'고 하는 건 말이 안 됩니다."

당내 계파 틈바구니에 치인 MJ는 여전히 적응 중?

그래도 MJ는 전당대회에서 2위를 차지해 최고위원이 됐다. 1위는 박희태. 이듬해 9월엔 박희태가 경남 양산 재선거에 출마함에 따라 MJ는 대표직까지 승계했다. 입당 21개월 만에 168석의 거대여당을 이끄는 수장이 된 것이었다. 공직이나 기업으로 치면 '초고속 승진'이었다.

하지만 본격적인 시험대에도 오르게 됐다. 그 자신 개인적으로는 재벌그룹의 오너이기도 하지만, 정치적으로는 이명박 한나라당의 '낙하산 CEO'나 마찬가지였다. 한나라당 당원이나 당료들의 인식은 그랬다. 대표 임기 내내 불화를 빚었던 장광근 사무총장은 MJ를 향해 "한나라당을 알지도 못하면서 '오너십 경영'을 하려고 한다. 대표는 오너가 아닌데 정말 웃기는 사람이다"라며 노골적으로 비웃었다.

MJ는 집권여당의 대표로서 뭔가를 보여줘야 했다. 방법 중 하나가 당내에서 가장 조심스러웠던 'MB 인사' 문제였다. 그것도 MB에게 직접 얘기하는 모습을 보여줌으로써 정치적 위상을 굳히겠다는 생각이었다. 대표직을 승계한 직후 어느 날, MJ는 MB를 만나 작심한 듯 먼저 당내 문제부터 언급했다.

MJ   "이재오 의원이 (지난해 총선에서) 떨어질 것이라고는 생각하지
             않았기 때문에 박희태 전 부의장을 공천에서 떨어뜨린 것이 아

닙니까. 이 의원을 대표로 만들어 당을 꾸려가려던 것 아니었습니까!"

MB "그게 아니야."

MJ "그런데 이 의원이 덜컥 떨어지니까 이번엔 박 전 부의장을 당 대표로 만든 것이 아닙니까. 이것은 내가 볼 때는 권력의 오만입니다. 권력이 있으니까 마음대로 한다는 것은 상식에 맞는 일이 아닙니다."

MB "그게 아니라니까!"

MB와 MJ의 대화는 좀 남다른 데가 있었다. 과거 대통령과 여당 대표의 대화 분위기와는 다른 그 무엇이 있었다. 아마도 두 사람의 뿌리 때문인지도 모른다. MB는 고 정주영 현대그룹 명예회장을 도와 신화를 만들었고, MJ는 정 전 회장의 6남으로 현대중공업 회장 출신의 '현내가家' 일원이다.

비슷한 시기 정치를 시작했지만 길은 달랐다. MJ는 1992년 부친인 정주영 회장이 대선출마를 선언하며 통일국민당을 만들 때 창당발기인으로 참여했고, MB는 경쟁후보였던 김영삼 전 대통령의 민자당행을 택했다.

MB가 현직 대통령이고, 열 살이나 연장자이지만 MJ의 무의식 속엔 어쩌면 '월급쟁이 사장을 바라보는 오너가家의 시선'이 깔려 있었는지도 모른다. MB도 MJ만 보면 자꾸 옛날 생각이 오버랩됐을지도 모른다.

여하튼 MJ는 MB를 별로 어려워하지 않았다. MB가 당선인 시절이던 2008년 1월 초 어느 날, 이런 대화도 나누었다.

MJ "총리는 정하셨나요?"

MB "아직 못 정했지."

MJ "잘됐네요. 야당 원로 한 분이 있는데요."

MB "그 사람이 해주면 좋은데, 하겠어?"

MJ "청와대는 가만히 있으면 됩니다."

곧바로 MJ는 그 야당 원로인사를 만났다. "(정권을 떠나) 새롭게 힘을 합쳐야 하지 않겠느냐"는 것이 설득의 요지였다. 하지만 야당 원로는 "생각할 시간을 달라"고 했다. 그리고 일주일 뒤 다시 만난 자리에서 그 야당 원로는 "배신자 취급을 받을 것 같다"며 정중히 거절했다.

MB 정부 5년. MJ는 MB의 권유로 입당했지만 당내 계파의 틈바구니 속에서 좀처럼 자신의 정치적 입지를 넓히지 못했다. 그는 아직도 한나라당, 아니 새누리당에 적응 중이다.

MB 정권의
감사원장 인사후유증

　　"이명박 대통령이 2010년 9월 16일 김황식 감사원장을 국무총리 후보로 지명하고는 그 빈자리에 정동기 전 대통령민정수석비서관을 앉힌⋯ 아니, 앉히려고 한 날은 그해도 마저 저물던 12월 31일이었다. MB와 정동기는 함께 열흘 남짓 버텼다. 대통령이 어떻게 비서를 (과)감히 감사원장으로 투입하느냐는 비판여론 위로 그를 둘러싼 전관예우 '7개월, 7억 원'의 비난여론이 얹혀 이듬해 1월 12일 만사휴의萬事休矣로 되돌아갔다."

　　2013년 8월 26일 양건 감사원장 퇴임 후 〈문화일보〉 홍정기 논설위원은 '위헌違憲 경계선상의 감사원'이라는 제목의 시론에서 정동기 감사원장 후보자의 낙마 전후를 이렇게 회고했다. 정동기 낙마의 후유증은 컸다. 특히 안상수 대표 체제의 한나라당에 대한 MB의 배신감은 극에 달했다.('김황식 총리 발굴과 정동기 낙마 파동' 편 참조)

　　돌이켜보면 자업자득이었다. 감사원이라는 헌법기관에 대한 MB의 이해가 그만큼 부족했다는 증거가 되고 말았으니⋯.

여하튼 정동기 낙마 이후 MB의 청와대는 거의 '멘붕 상태'에 빠졌다. 감사원장 공백기간이 벌써 4개월이나 돼가고 있었다. 조무제 전 대법관이 다시 거론됐고, 정동기 감사원장 내정 당시 국민권익위원장으로 함께 발표된 김영란 전 대법관을 '긴급 차출'하자는 아이디어도 나왔다. 하지만 당사자들이 모두 거절했다.

임태희 대통령실장은 법조인 출신으로 재선이었던 한나라당 장윤석 의원까지 후보로 건의했다.

임태희 "(난감한 표정으로) 다 안 한다고 하는데 혹시 장윤석 의원은 어떻습니까? 성품도 꼿꼿하니까 본인이 국회의원만 던진다면 괜찮지 않겠습니까?"

MB "그 사람이 (국회의원 버리고) 하겠어?"

MB의 판단이 옳았다. 감사원장 자리는 돌고 돌아 결국 MB 정부 초대 권익위원장을 역임한 양건 전 한양대 법대 교수에게 돌아갔다. 딱히 누가 추천했다는 정황은 찾아보기 힘들다. 다만 임태희의 기억은 이렇다.

"양건 전 권익위원장은 (대통령이 보는) 청와대의 DB에 올라와 있던 인물이었다. 또 권익위원장 때의 인상이 괜찮았다. 그런데 결과적으로 (측근인) 이재오 전 의원에게 권익위원장 자리를 주기 위해 물러나게 한 모양새가 됐기 때문에 대통령도 마음의 빚이 있었던 것 같다."

문제는 청문회. 하지만 양건에겐 강원도 원주에 사놓은 땅 정도가 있었을 뿐이고, 그마저도 투기시비의 여지가 적은 '맹지盲地(도로와 맞닿은 부분이 전혀 없는 토지)'여서 충분히 돌파해나갈 수 있다고 판단했다.

정동기 후유증 탓인지 청문회도 감사원의 독립성 문제에 맞춰졌다.

이상민　"독립성을 지킬 수 있느냐가 핵심입니다."

양건 후보　"제 의지는 분명합니다."

이상민　"아니, 그렇다면 몸으로 증명해줘야 되지 않겠습니까?"

양건 후보　"필요하면 몸으로라도 하겠습니다."

손범규　"지금 이명박 정권 말기인데 만약 다음 정권이 들어서서 '좀 그만 됐으면 좋겠다'고 하면 그때는 어떻게 하실 겁니까?"

양건 후보　"정권이 바뀌더라도 임기를 지키겠습니다!"

김진애　"지금 말이죠, '의전 감사원장' 정도 제치는 건 이 정부에서 문제도 아닙니다. 사무총장 동원할 수도 있습니다. (MB 측근인) 은진수 감사위원을 동원할 수도 있습니다."

양건 감사원장과 정창영 사무총장의 불화

청문위원들이 양건을 자극한 것일까. 양건은 취임(2011년 3월 11일) 직후부터 정창영 사무총장과 충돌했다. 양건의 기억.

"정창영 사무총장을 내가 결국 잘랐는데, 이 사람은 내가 취임해서 오니까 웬만한 인사안을 다 짜갖고 와서 곧바로 결재해 달라고 했다. 내가 '놓고 가라. 검토한 뒤 결과를 알려주겠다'고 했더니 불만이 쌓인

듯했다. TK(대구·경북)에다가 이명박 대통령의 신임이 두터워서 그런지는 몰라도 나한테 '이전 원장님들은 두 말 없이 결재해줬는데 왜 못 믿겠다는 듯이 그러시느냐'는 것이었다. 그래서 내가 잘라야겠다고 생각했다."

하지만 정창영의 생각은 달랐다. "감사원장은 최고 의결기구인 감사위원회 의장을 겸하는 자리입니다. 감사위원회는 재판부고, 사무총장 휘하의 감사원 조직은 검찰이라고 생각하면 됩니다. 만약 감사원장이 감사에 관여하게 되면 그건 판사가 수사도 하고 판결도 하는 것이나 마찬가지입니다. 그래서 전임 김황식 원장은 '재판은 내가 할 테니 감사는 사무총장이 하라'고 한 겁니다. 인사도 사무총장을 통해서 하게 돼있습니다. 하지만 양건 원장은 감사원 사람들에 대한 불신이 강했습니다."

게다가 취임 직후인 5월, MB 대선캠프 출신인 은진수 감사위원이 부산저축은행 그룹으로부터 1억 원을 받은 혐의로 출국금지를 당하는 일이 터졌다. 기존 감사원에 대한 양건의 불신은 더욱 커졌다.

"에이, 씨×…." 정창영은 양건이 간부회의 자리에서 감사원 직원들을 마치 부패한 집단이나 되는 것처럼 얘기했다며 분을 삭이지 못했다. 충돌은 계속 이어졌다. 양건은 사학私學 감사의 칼을 꺼내 들었다.

'대학등록금 1000만 원 시대'가 정치·사회적 이슈로 떠오르자 감사관 400명을 동원해 대학재정 감사에 나섰다. 전체 감사인력의 3분의 2나 동원한 대규모 감사였다. 정창영은 '양건 식式' 감사대상 선정과 방식에 반대했다. 특히 사학에 대해서는 감사권한이 없었다. 한다면 대학 감독권을 가진 교육부 직원들을 앞세울 수밖에 없었다.

그건 편법이었다. 게다가 비리가 드러난 사학 감사라면 모를까 사학 전반을 감사한다는 건 '월권'이라고 판단했다. 무엇보다 감사위원회 의장인 감사원장이 직접 감사를 주도한다는 건 일종의 '제척除斥 사유'에 해당하는 것이었다. 정창영의 눈에 양건의 대학 감사는 공명심을 앞세운 '여론 감사'였다.

정창영이 반대하자 양건은 노발대발했다. 여론은 양건의 편이었다. 양건이 개설한 '맑은 교육 188 콜센터'엔 교육비리 신고가 쇄도했다.

MB "감사원장 뜻대로 하게 해줘"

청와대는 그런 사정을 아는지 모르는지 정창영에게 '악역'을 맡기기도 했다. 권재진 민정수석비서관(나중에 법무장관 역임)은 양건이 C일보와 '유착관계'인 것 같다는 보고가 들어오자 정창영에게 "감사원장이 특정 언론과 너무 가까우면 문제가 될 수 있다는 우려를 전하라"고 당부했다. 정창영은 개인적으로 권재진의 경북고 1년 후배이기도 했다. 하지만 그런 '주의 통보'가 민정수석 개인의 뜻일 리는 없었다.

"사실 그런 얘기는 권 수석이 직접 해야 하는데, 내가 그런 말을 전했으니…."(정창영)

양건은 칼을 뽑아 들었다. 대통령 보고 자리에서 직접 '정창영 문제'를 꺼냈다.

"사무총장은 바꿔야겠습니다." 양건은 이 대목에서 권재진이 '여기서 꺼낼 얘기가 아닙니다'라는 뜻으로 눈짓을 보냈다고 했다. 그래서 대통령에게 "사무총장 교체가 이뤄지지 않으면 제가 그만 두겠습니다"라고 쐐기를 박았다고 당시를 기억했다.

권재진의 증언은 조금 다르다. 권재진은 "감사원장의 대통령 보고 자리에는 반드시 민정수석이 배석한다. 그런데 내 기억으로는 양 원장이 대통령에게 직접 (사무총장 경질 건을) 얘기한 적이 없다"고 말했다.

임태희의 기억도 권재진과 같다. "나하고 민정수석에게 사무총장을 바꿔야겠다고 하기에 처음엔 '감사원에 좀 더 적응하시고 난 다음에 바꿔도 되지 않겠느냐'고 만류했다. 하지만 양 원장의 고집이 대단했다. '대통령한테 말씀드린 거냐? (안 바꾸면) 나, 못 한다'고까지 했다."

큰일이었다. 정동기 낙마사태에 이어 취임한 지 몇 달 되지 않은 양건까지 사퇴해 버리면 MB 정권은 치명상을 입게 된다. 양건이 그런 급소를 노리고 승부수를 띄웠는지는 모르겠지만 당시는 그런 걸 따질 계제가 아니었다.

임태희는 MB에게 상황의 심각성을 보고했다.

MB는 흔쾌하게 양건의 손을 들어줬다. "일을 제대로 해보겠다는데 양 원장 뜻대로 해줘. 정창영은 다른 적당한 곳으로 보내면 되잖아." 정창영은 7월 사무총장직에서 물러나 이듬해 코레일 사장에 임명된다.

정창영 "김황식 총리 발탁은 내 아이디어"

양건 감사원장 스토리를 듣기 위해 정창영 전 사무총장을 만났을 때, 그는 뜬금없이 김황식 총리 발탁 뒷얘기를 했다.

한마디로 김명식 인사기획관에게 '전남 출신 최초의 총리'라는 아이디어를 준 사람은 자기라는 주장이었다. 김명식은 정창영의 경북고 후배다. 그는 "내가 보기에 MB와 김황식 감사원장은 여러 가지 면에서 궁합이 잘 맞았다"고 했다.

"하지만 김황식 원장은 끝까지 안 한다고 했습니다. 임태희 대통령실장이 계속 전화를 하는데도 요지부동이었습니다. 그래서 내가 처음엔 '사명', 다음엔 '소명', 그 다음엔 '신의 소명'이라는 메모까지 넣었습니다. 기독교인이라 혹시 움직일까 싶어서 말입니다. 여담이지만 김황식 원장은 총리로 가면서 나를 국무조정실장으로 데리고 가려고 했습니다. 그런데 기획재정부가 그 자리는 자기들 몫이라고 완강하게 반대했습니다."

'공주의 남자' 무대의
탈박脫朴 전말

급히 미국 샌프란시스코행行 비행기 표를 알아보니 서너 시간 뒤에 출발하는 항공편이 있었다. 한나라당 박희태 대표의 비서실장을 맡고 있던 김효재 의원은 출발 준비를 서둘렀다.

"내가 비행기에 탄 다음 대표에게 보고하라." 비서실 부실장에게는 그렇게만 얘기하고 공항으로 향했다. 미국 스탠퍼드대 초청으로 샌프란시스코를 방문 중인 박근혜 전 대표가 과연 만나줄지도 의문이었다. 하지만 무조건 만나서 오해를 풀어야 했다. 신문사(조선일보) 사회부에서 잔뼈가 굵은 김효재였다. '답은 언제나 현장에 있다'고 믿었다.

2009년 5월 7일(현지 시간) 샌프란시스코 웨스틴세인트프랜시스 호텔. 김효재는 박근혜와 마주앉았다. 누군가가 5분도 버티지 못할 것이라고 했지만, 30분 동안 '김무성 원내대표 추대' 구상의 배경을 설명했다. 김효재의 표현을 빌리면 '죽을힘'을 다해….

박근혜는 단 두 마디밖에 하지 않았다.

"그건 어제 유정복 의원이 이미 말씀하셨고요."

"그것도 어제 이정현 의원이 말씀하셨잖아요!"

원내대표는 의원들이 자유경선을 통해 선출하는 자리고, 누구에게 밀어주고 몰아주는 방식은 당헌당규를 어기는 일이라고 이미 말하지 않았느냐는 반문이었다. 김효재는 '벽'을 느꼈다. 박근혜는 자기 할 말만 할 뿐, 김효재와 단 한마디도 섞으려 하지 않았다.

사실 청와대에 있는 대통령은 MB였지만, '여의도 대통령'은 박근혜였다. 김효재에겐 MB보다 훨씬 가까이 있는 권력이었다. 게다가 박근혜의 스탠퍼드대 강연 및 실리콘밸리 방문은 각별한 의미가 있는 일정이었다. 2007년의 경선 패배를 딛고, 2012년 대선을 향해 새로운 걸음을 내딛는 자리였다. 샌프란시스코 일정엔 새로운 박근혜의 비전을 선보이겠다는 의욕과 전략이 깔려 있었다. 박근혜는 스탠퍼드대 강연에서 '동북아 평화협력체' 구성을 제안했고, '원칙이 바로 선 자본주의'를 역설했다. 실리콘밸리 방문은 앞으로 '창조경제'가 박근혜 브랜드의 핵심이 될 것이라는 신호였다.

"그렇게 장관이 하고 싶으세요?"

그런데 서울을 출발할 때부터 '김무성 원내대표 추대' 아이디어가 터져나와 박근혜의 걸음걸이에 재를 뿌렸다. 거기에다 김효재가 샌프란시스코까지 찾아와 재를 펄펄 날렸으니….

'김무성 원내대표 추대' 아이디어는 외형상 박희태의 친이, 친박 화합카드였다. 특히 일주일 전쯤 치러진 4·29 재·보선에서 한나라당이

5 대 0의 참패를 당하자 박희태는 당을 추스르기 위한 돌파구가 필요했다. 5월 6일 이명박 대통령과의 조찬회동에서 MB의 추인까지 받았는데, 바로 다음 날 박근혜가 '어불성설語不成說'이라고 일축한 것이다.

김효재의 기억. "사실 MB 5년 동안 '여의도 대통령'은 박근혜 전 대표였습니다. 나도 여의도 국회의원인데 (그렇게 찾아간 것이 개인적으로는) 현명한 행동이 아니었습니다. 하지만 김무성 원내대표 추대 구상의 전 과정을 지켜본 사람으로서 어떻게든 매듭은 지어야 한다고 생각했습니다. 그리고 (대통령의 제안이나 마찬가지인데 그렇게 걷어차 버리면) 대통령의 체면은 뭐가 됩니까? 만에 하나 얘기가 잘되면 모두가 좋은 것이고, 잘 안 돼도 박희태 대표가 나만 자르면 되니까…."

박근혜의 단호한 태도에 동행했던 친박 의원들도 당황했다. 김무성과 가까웠던 이진복 의원(부산 동래)이 조심스럽게 말을 꺼냈다.

이진복   "대표님, 김무성 의원도 마음이 불편할 겁니다. 전화라도 해주시는 게 좋지 않겠습니까?"

박근혜   "(빤히 쳐다보며) 그쪽에서 전화가 왔던가요?"

이진복   "아니, 제가 했습니다. 이렇게 되면 서로 마음이 불편해지지 않을까 싶어서…."

박근혜   "……."

박근혜는 더 이상 말을 않고 자기 방으로 올라가 버렸다. 객실까지 쫓아가서 말할 상황은 아니었다. 이진복은 '(김무성이라는) 맹장염이 결국 터지고 말았다'고 생각했다.

이재오 의원이 '왕의 남자'였다면, 김무성은 '공주의 남자'였다.('무대
와 공주' 편 참조) 하지만 김무성은 동지가 되려 했지, '신하'가 되고 싶
은 생각은 없었다. 그 간극은 좀처럼 좁혀지지 않았다.

MB 정부 출범 직후 특임장관 제안이 왔을 때도 그랬다. 맹형규 정
무수석으로부터 MB의 뜻을 전해듣자마자 박근혜에게 '보고'하고, '상
의'했다. 다른 장관이라면 몰라도 특임장관, 그러니까 예전의 정무장
관 자리라면 박근혜 대통령 만들기에도 도움이 될 것이라고 생각했
다. 소수파였던 통일민주당의 YS(김영삼)가 다수당이었던 민정당의
노태우 대통령과 합당한 뒤 당시 상도동계 좌장이던 최형우 의원이
정무장관을 맡았던 기억을 떠올렸는지도 모른다.

김무성 "(MB의 제안을 설명한 뒤) 받아들이는 게 좋겠습니다."

박근혜 "제 생각은 달라요. 안 하시는 게 좋겠어요."

김무성 "왜 (안 된다고) 그러십니까?"

박근혜 "김 의원님은 친박의 좌장이시잖아요?"

김무성 "그래도 우리 것만 지키는 수비 위주보다는 외연을 넓혀 나가
　　　　는 게 친박 진영이나 대표님에게도 도움이 될 겁니다."

박근혜 "(김무성을 빤히 쳐다보며) 그렇게 장관이 하고 싶으세요?"

"박근혜 꺼도 하나 챙기라"

박근혜의 마지막 말에 김무성은 자존심이 상했다. 아니, 정나미가

떨어졌다. "친박의 좌장이시잖아요?"라는 말도 "밖에서는 친박의 좌장으로 알려져 있잖아요?"라는 어조에 가까웠다. 원내대표 추대 제안이 왔을 때 박근혜에게 '보고'하고, '상의'하지 않은 것도 그때 기억 때문이었다.

사실 원내대표 제안은 일찍부터 있었다. 김무성과 이상득(SD) 의원의 국회 의원회관 사무실은 각각 420호, 421호였다. 바로 옆방이었다. MB 취임 직후인 2008년 4월의 18대 총선 때 김무성은 공천에서 '배제'됐다. 물구나무를 서는 심정으로 살아 돌아왔고, 사무실도 바로 옆방이었지만 SD는 위로 한마디 없었다. 그러다 그해 가을쯤, SD가 방으로 찾아와 "나는 공천에 관여하지 않았다"며 손을 내밀었다. 그때부터 왕래가 시작됐고, 2009년 2월 SD는 김무성에게 원내대표 얘기를 꺼냈다.

특임장관 제안이 왔을 때도 그랬지만, 김무성은 박근혜가 자기를 '동지'로서 신뢰하지 않는 듯한 언행言行을 보일 때마다 부아가 치밀었다. 그즈음 이런 말도 했다. "박근혜 주위에서 '김무성이 자기 정치를 하려고 한다'고 씹어대는데, 정말 미치겠다. 내가 (정권재창출이나 박근혜 대통령 만들기가 아닌) 개인 정치를 하려면 왜 박근혜 옆에 있겠느냐? 이명박하고 친한데, 진작 이명박하고 손잡았지."

개인사로 따지면 그랬다. 김무성은 기업가 집안이다. 형님은 한국경영자총협회(경총) 회장을 오래 지낸 김창성 전방 회장(현 명예회장)이고, 그 위의 누님은 현정은 현대그룹 회장의 어머니인 김문희 용문학원 이사장이다. 전남방직 창업자인 부친도 1970, 80년대에 경총회장과 전경련 부회장을 지냈다. 가계도만 봐도 현대건설 출신의 MB와 더 가까울 수 있는 환경이다. 게다가 고향도 MB와 같은 경북 포항이다.

"그런데도 박근혜를 택했는데 왜?"라는 게 김무성의 불만이었고, 서운함이었다.

MB 5년 동안 박근혜는 '무대(김무성 대장)'에게 애증의 대상이었다. 박근혜가 '메탄하이드레이트'(해저나 빙하 아래서 메탄과 물이 높은 압력으로 인해 얼어붙은 얼음 형태의 고체)라면, 무대는 화르륵 타올랐다가 금방 꺼지곤 하는 짚불이었다. 박근혜에 대한 무대의 애증도 그렇게 화르륵 타올랐다가 꺼지고, 다시 타올랐다가 꺼지곤 했다.

원내대표 추대 제안이 그렇게 날아가고, 이후 세종시 수정안 파동까지 겹치면서 김무성은 점점 '탈박脫朴'을 굳혀간다. 그래도 애증은 여전했다. '탈박'이 돼서야 이듬해 5월 원내대표 자리에 오를 수 있었던 김무성이 친박계 의원들의 모임인 '여의포럼' 회원들과 중국을 방문하고 귀국하는 길. 포럼 간사인 유기준 의원(부산 서)이 귀국 준비상황을 점검하고 있는데 김무성이 불쑥 끼어들었다.

김무성 "선물은 몇 개나 사면 되노?"
유기준 "○○○, ××× 선물만 사면 되지 않겠습니까?"
김무성 "박근혜 꺼는 와 없노?"
유기준 "아, 그것도 챙길까요?"
김무성 "(짐짓 화를 내며) 야, 박근혜 꺼도 하나 챙기라(챙겨라)!"

귀국 후 이혜훈 의원(현 새누리당 최고위원)이 박근혜에게 이 얘기를 전했다. 박근혜가 "그래요?" 하면서 웃었다고 한다.

친이, 친박 화합카드 '김무성 원내대표'

2009년 5월의 '김무성 원내대표 카드'가 무산된 건, 어쩌면 김무성 자신의 입 때문인지 모른다.

김효재는 이런 얘기를 했다. "김무성 원내대표 구상은 자연스럽게, 여러 군데 서 나온 아이디어다. 내가 알기로는 본인이 간절히 원했다. 자기가 그 시점에서 해야 하는 지 여부를 온 사방에 물어보고 다녔다. 우리도 그걸 알고 대통령한테 건의한 것이다. 언론에 새기 전에 박근혜 대표에게 알려야 하는데, 바로 다음 날 기사가 나오기 시작해 놀랐다."

1년 뒤 '김무성 원내대표 카드'를 다시 꺼낸 건 박형준 정무수석이었다. 박형준 은 "박근혜 대표하고는 그랬지만 친박뿐 아니라 야당하고도 친하고 하니까 우리 는 국정과제를 중심으로 생각할 수밖에 없었다"라고 말했다.

김무성과 박근혜의 관계를 생각하면 정치적으로 부담스러운 일이었지만, 그 시점에서 국정의 원활한 운영을 위해서는 김무성만큼 장점을 가진 사람이 없었 다는 뜻이다.

탈당 유혹 뿌리친 무대의
백의종군

2012년 3월 9일 국회 의원회관 420호. 김무성은 30분 째 창밖을 응시하고 있었다. 울컥 눈물이 쏟아질 것 같았다. 23년간 몸담았던 당이 또다시 자신을 저버리려 하고 있었다. '무대'(무성 대장·김무성 의원)의 낙천은 기정사실화되는 분위기였다. 18대엔 친박이라는 이유로, 19대에는 박근혜 당시 비상대책위원장에게 등을 돌렸다는 이유로···. 얄궂은 운명이었다.

낙천의 씨앗은 낮은 지지율이었다. 박근혜와 각을 세우면서 탈박脫朴한 게 지역 민심을 흔들어 놨다. 그는 공천혁명을 위해 당이 내놓은, '여론조사로 현역의원 하위 25%를 공천 배제한다'는 컷오프 룰에 걸렸다. 부산에서는 김무성(남을)을 포함해 3명이 낙천대상이 됐다. 여론조사 결과가 나온 3월 4일 다음 날인 5일 공천심사위원회 회의.

공심위원A "김무성을 낙천시키고 부산 선거를 어떻게 치릅니까. 문재인(당시 노무현재단 이사장)이 사상구에 출마해 바람을 일으키고 있는데 차포 떼고 이길 수 있겠습니까."

공심위원B "이대로 공천하면 부산 선거 망칩니다. 반드시 김무성을 살려야 합니다."

부산 공천이 김무성 문제에 걸려 진척되지 못하자 정홍원 공천심사위원장(박근혜 정부 초대 국무총리)은 권영세 당시 사무총장(현 주중대사)과 함께 6일 박근혜 위원장을 찾았다. 이 자리에는 부산 중진인 서병수 의원(해운대-기장갑)도 참석했다.

정홍원 "컷오프 룰이 헌법처럼 돼있어 약간의 여지가 있어야 한다는 의견이 많습니다."

박근혜 "어려움은 잘 이해합니다. 하지만 어떤 경우에도 원칙을 지켜야 합니다. 이런저런 사정으로 예외를 만들다 보면 시스템 공천의 틀이 무너지게 됩니다."

박근혜의 원칙을 허물 수 있는 방법은 없었다. 하지만 어떻게든 김무성은 살려야 했다. 그래서 나온 안案이 사상 출마였다. '문재인과 그를 꺾을 수 있는 거물을 붙인다'는 명분으로 공천을 주자는 거였다. 총대는 서병수가 맸다. 서병수는 며칠 뒤 부산 지역구에 머물고 있는 김무성을 찾았다. 두 사람은 해운대 파크호텔에서 만났다.

"선배님이 사는 방법은 문재인과 붙는 것뿐입니다." 김무성은 뚱한 표정으로 서병수를 바라봤다. "잘 생각해 보세요. 문재인을 꺾으면 거물이 됩니다. 잘못돼도 당이 희생정신을 높이 사지 않겠습니까."

김무성이 차가운 표정으로 입을 뗐다. "나한테 굴욕을 강요하지 마라. 난 내 지역구를 지키겠다." 두 사람은 같은 호텔에서 한 차례 더 만났지만 김무성은 고집을 꺾지 않았다. 김무성은 일부 친박 세력이 '문재인을 꺾어주면 좋고, 낙선해 제거돼도 좋다'는 생각으로 사상 출마를 권유하는 것으로 판단했다.

김무성의 탈당 '도원결의'

낙천이 기정사실화되면서 외부의 구애求愛가 본격화하기 시작했다. 보수진영에서는 박세일 한반도선진화재단 이사장이 이미 국민생각을 창당하고 새누리당 낙천자들을 접촉하고 있었다. 정운찬 전 국무총리 가세설까지 나오면서 힘을 받는 분위기였다. 구심점 없이 흩어져 있는 비박非朴(비 박근혜) 세력을 화학적으로 결합시킬 촉매제는 김무성이었다.

부산 지역구에 머물고 있는 김무성에게 박세일이 전화를 걸었다. 다음 날 두 사람은 모처에서 만났다. 박세일은 "친이계를 비롯해 박근혜에게 비판적인 보수세력이 모두 뭉쳐 비박연대를 하면 승산이 있다"는 논리를 폈다. 그럴듯한 구상이었지만 현실정치가인 김무성의 가슴에는 와 닿지 않았다. 정운찬과도 가끔 만나며 "동업하자"는 말을 나눴지만 더 이상 진전은 없었다.

그 사이 심대평 자유선진당 대표로부터 연락이 왔다. 김무성도 충청권에 확실한 기반을 가진 선진당에 관심이 있던 차였다. 김무성은 심대평의 메신저와 부산에서 만났다.

메신저 "저희 당으로 모시고 싶습니다."

김무성 "무슨 생각을 갖고 계신가."

메신저 "공동대표를 맡아 모든 것을 협의해서 결정하자고 하십니다. 당명 개정을 비롯한 총선준비 작업도 의원님께서 지휘해 주십시오."

김무성은 선진당을 중심으로 비박이 뭉치는 게 더 승산 있다고 판단했다. 선진당 의석 15석에 새누리 낙천의원 25명가량을 합치면 기호 3번으로 선거를 치를 수 있다고 생각했다. 하지만 마음을 굳히지는 못했다.

김무성은 생각을 정리하기 위해 3월 9일 서울로 올라왔다. 그날 저녁 낙천한 친이계 초선들은 서울 여의도 한정식당인 다원에 모여 있었다. 강승규 권택기 김성회 유정현 이화수 신지호 등 10여 명은 "보복 편파공천에 무릎을 꿇을 수 없다"며 전의를 다지고 있었다. 오후 9시경 김성회의 전화를 받은 김무성이 다원으로 합류했다.

A 의원 "형님이 와 주셔서 천군만마를 얻은 기분입니다."

김무성 "다들 마음고생이 클 텐데 희망을 잃지 말자. 회관에서 탈당 선언문을 쓰다가 아우들 전화 받고 왔다. 지금 선진당과 함께 신당을 창당하는 문제를 논의 중이다. 박세일 정운찬까지 합세시켜 새누리당을 '박근혜 당'으로 만들고, '비박 범우파 신당'을 만들면 우리도 해볼 만하다. 비례대표 1번은 박선영 의원으로 하는 방안을 생각 중이다." (당시 박선영은 탈북자 북송에 반대하며 중국대사관 앞에서 단식투쟁을 하고 있었다.)

김무성의 구상을 듣고 있는 의원들의 눈빛이 반짝였다.

김무성 "절대 개별적으로 행동해서는 안 된다. 내가 깃발을 들면 아우들도 동참해야 한다."

자리에 모인 의원들은 폭탄주를 들고 건배를 외치며 '도원결의'를 했다.

다음 날 회관으로 출근한 김무성은 보좌관들과 함께 탈당선언문 마무리 작업을 했다. 전날 모임에서 나눈 말들이 언론을 통해 흘러나가면서 김무성의 탈당은 기정사실화되고 있었다. 우파 분열을 우려하는 목소리도 키지고 있었다. 그날 밤 최경환 의원으로부터 만나자는 연락이 왔다. 두 사람은 서울 힐튼호텔 바에서 만났다.

최경환 "총선 분위기가 안 좋습니다. 형님이 탈당하면 당이 큰 타격을 입게 됩니다. 형님이 죽겠다는 결심을 해야 당이 살고 장기적으로 형님도 살 수 있습니다. 공천 결과에 무조건 승복했으면 좋겠습니다."

김무성 "이렇게 억울하게 물러나라는 거냐. 당신 충정은 잘 알겠다. 고민해 보자."

"나 때문에 좌파가 집권하게 만들 순 없다"

김무성은 일요일인 11일에도 회관으로 출근해 선언문을 가다듬었다. 선진당과 신당을 창당하는 안과 무소속으로 독자 출마하는 안 두 가지로 문안을 작성했다. 만약을 대비해 불출마하는 안도 만들어 뒀다.

문안은 완성됐지만 마음은 계속 흔들렸다. 신당을 만들면 '보수 대분열'을 몰고 왔다는 비난이 그에게 쏟아질 게 뻔했다. '두 개의 당적을 갖지 않겠다'던 소신도 그를 흔들었다. 오후 11시경 김무성은 결국 신당 창당을 포기하고 무소속 출마로 마음을 바꿨다. 그러고는 12일 오후 2시 기자회견을 하겠다고 예고했다.

12일 오전 10시경 김무성은 회관에서 무소속 출마회견문을 연습 삼아 큰 소리로 읽기 시작했다. 그런데 갑자기 뭉클해졌다. '이건 내 갈 길이 아닌데…' 무엇보다 23년간 몸담았던 당을 떠난다는 말을 입으로 뱉을 자신이 없었다.

김무성 "안 되겠다. 당 못 나가겠다."

보좌관 "갑자기 무슨 말씀이세요. 무슨 일이 있어도 출마는 해야 합니다."

김무성 "이건 아닌 거 같다. 무소속으로 나가도 '우파 소분열' 아니냐. 나 때문에 좌파가 집권하게 만들 순 없다. 그냥 백의종군하자. 불출마 선언문 가져와 봐라."

김무성은 마음이 변할까봐 기자회견 시간을 오전으로 앞당겼다. 석

간신문은 이미 1면 제목을 '김무성 탈당'으로 인쇄한 상태였다. 오전 11시 반 국회 기자회견장에 선 김무성은 굳은 표정으로 선언문을 읽어 내려갔다. "누구보다 당을 사랑했던 제가 그 당을 등지고 적으로 돌아서 동지들과 싸우는 것은 제가 갈 길이 아니라고 생각했습니다. 더구나 제가 우파 분열의 핵이 될 수는 없습니다. 백의종군이 제가 갈 길이라고 결론을 내렸습니다."

기자회견이 끝나자 수없는 격려전화와 1000여 건의 문자가 쏟아졌다. 친분이 두터운 정갑윤 의원은 전화로 울음을 쏟아냈다. 박근혜 위원장도 전화로 "큰 결단을 내려주셔서 진심으로 감사드린다"고 격려했다.

김무성의 백의종군 선언과 정운찬의 총선 불출마 선언은 탈당을 준비하던 친이계 의원들에게 직격탄이 됐다. 도원결의를 했다고 생각했던 친이계 낙천의원들은 망연자실한 표정으로 회견을 바라봤다. 안상수 전 대표를 비롯해 진수희 권택기 신지호 강승규 의원 등은 김무성처럼 백의종군을 선언하며 당에 남았다. 결국 4월 총선에서 새누리당은 152석을 얻어 과반을 지켰다. 김무성의 백의종군이 없었다면 불가능한 성적이었다.

김무성을 비롯한 대다수 친이계 낙천의원들은 그해 12월 치러진 대선 승리에 힘을 보탰다. 김무성은 1년 뒤인 2013년 4월 부산 영도 재선거를 통해 국회로 살아 돌아왔다. 하지만 대선을 위해 뛰었던 친이계 낙천자들은 당으로부터 아무런 보상도 받지 못한 채 지금껏 정치권 주변을 맴돌고 있다. 김무성은 동지들과 상의 없이 백의종군을 선언한 일에 대해 지금도 미안한 생각을 갖고 있다. 김무성은 늦었지만 그들에게 사과의 말을 전하고 싶다고 했다. "수모를 당하고도 당에 남아준 그분들의 결단이 없었다면 우파 재집권은 불가능했을 겁니다. 당이 그분들께 아무런 예우를 해주지 못한 것에 대해 송구스럽게 생각합니다. 대한민국과 당을 위한 결단은 반드시 평가받을 것입니다."

3 "이 정권도 곧 터집니다"

오세훈의 실패한 승부수

"어리석은 짓이야!"

2011년 서울시 무상급식 주민투표(8월 24일)가 실시되기 며칠 전 청와대 본관 집무실. 이명박(MB) 대통령은 핵심참모들에게 오세훈 서울시장에 대한 답답함을 강하게 토로했다.

"서울시민이 한나라당 후보(오세훈)를 두 번이나 뽑아줬는데 자기가 시장을 안 한다고 나가면 세 번째에 또 한나라당 후보를 뽑아주겠느냐. 서울시민의 투표 성향으로 봐도 시장을 그만두면 절대 안 된다."

MB는 거듭 "정치적으로 말이 안 되는 얘기"라고 답답해했다.

집권 4년차였던 MB의 정치적 감각은 '절정'에 달했다. 각종 현안에 대한 정무적 판단을 혼자 내릴 정도였다고 한다. 무상급식 주민투표도 마찬가지였다. MB도 전면 무상급식 즉각 시행을 찬성하지 않았다. 하지만 어쩌랴. 현실적으로 민주당이 서울시의회를 장악하고 있지 않은가. 설령 주민투표가 오 시장의 승리로 끝난다고 해도 예산승인은 결국 시의회가 하게 돼있기 때문에 전면 무상급식 실시를 제도

적으로 막을 장치는 없었다. 당시 서울시의회는 시의원 114명 중 76명 (67%)이 민주당 소속이었다.

게다가 이듬해에는 4월 총선과 12월 대선이 기다리고 있었다. MB는 전국 선거의 승패를 가르는 서울시의 정치지형이 변하지 않을까 걱정했다. MB는 참모들에게 "서울이 흔들리면 모든 것이 어려워진다. (서울시 참모 중에서) 누가 조언을 했는지 아주 잘못 조언을 한 것이다. 트렌드를 거스르면 절대 안 된다"고 아쉬움을 토로했다.

무상급식 주민투표에 서울시장 직을 걸다

처음 하는 얘기도 아니었다. 6개월 전 박형준 대통령사회특보가 올라왔을 때였다.

박형준 "오 시장이 서울시의회와 정면대결을 하겠다는 계획을 갖고 있습니다."

MB "(어이없다는 표정으로) 절대 말려야 한다!"

박형준의 기억. "대통령도 전면 무상급식은 오 시장과 같은 입장이었다. 무상보육 문제는 전체적으로 육아정책, 저출산 방지를 위한 정책으로 봤지만 무상급식은 포퓰리즘 성격이 강하고 예산도 감당되지 않는 퍼주기 정책이라고 봤다. 점진적으로 할 수밖에 없다는 생각이 강했다. 하지만 정치적으로 시장 직을 연계해서는 안 된다는 생각이었다."

박형준은 오세훈을 만났다. 박형준은 오세훈의 서울 대일고 1년 선배. 둘은 막역한 사이였다. "시장 직 사퇴는 안 된다."

하지만 별 소용이 없었다.

비슷한 시기 오세훈의 고려대 동기인 정진석 대통령정무수석비서관(전 국회 사무총장)도 나섰다. 정진석의 생각도 MB와 같았다. MB에게도 "여론조사 결과가 부정적으로 나옵니다. 이렇게 밀어붙였다가 만일에 실패할 경우 후폭풍이 예상됩니다"라며 '오세훈 저지'를 건의했다.

그러는 사이 여의도 국회 주변에선 '박형준 기획설'이 파다하게 퍼졌다. 박형준이 박근혜 전 대표의 대항마를 키우기 위해 오세훈을 부추겼다는 내용이었다. '세대교체' 주자로 내세웠던 40대의 김태호 총리 후보자가 낙마(2010년 8월)하자 이번에는 오세훈을 '보수의 아이콘'으로 키우려는 것 아니냐는 소문이었다. 말이 '박형준 기획설'이지 그건 'MB 기획설'이나 마찬가지였다.

박형준은 펄쩍 뛰었다. "전혀 사실무근이다. 오 시장이 무상급식과 정면 대결한다는 계획을 확정한 다음에야 알았다. 청와대가 (오 시장의 계획에 대해) 개입한 것은 아무것도 없다. 당시 오 시장을 (박 전 대표의) 경쟁자라고 생각을 했으니까 오 시장과 개인적으로 가까운 박형준의 기획설로 말을 만든 것이다."

같은 시기 오세훈도 답답하기는 마찬가지였다. 정치적으로 '무상급식 주민투표=오세훈 대권 플랜'으로 비치면서 한나라당 내부에서조차 제대로 지원을 받기 힘든 구도가 돼버렸다.

2011년 8월 12일, 오세훈은 결국 대선 불출마 기자회견까지 해야 했다. 주민투표 결과에 관계없이 이듬해 대선에 출마하지 않겠다는 내용이었다. 그는 "거취 문제가 주민투표 의미를 훼손하고 투표에 임하는 진심을 왜곡하고 있다"고 호소했다.

그래도 상황은 별반 달라지지 않았다. 2007년 12월 대선 당시 MB의 서울 득표율은 33.4%였다. 오세훈의 주민투표 개표가 이뤄지려면 서울시 유권자(838만7278명)의 33.3%(279만5760명) 이상이 투표에 참여해야 했다. 전국적으로 500만 표의 압도적 승리를 거둔 MB가 17대 대선 때 서울에서 얻은 268만9162표를 다 가져와도 부족한 상황이었다. 야권은 이미 '나쁜 투표, 착한 거부'라는 슬로건으로 투표불참을 독려하고 있었다.

그래서 오세훈은 '중도층'에 호소했다. 서울시 유권자의 50%에 육박하는 중도층의 관심을 끌어올리고, 최소한 중도층의 10%를 투표에 참여시키기 위해서는 또 다른 '승부수'가 필요했다. 결국 주민투표를 사흘 앞둔 8월 21일, 오세훈은 시장 직까지 걸었다. 여권은 오세훈의 두 번째 승부수에 경악했다. 오세훈의 행동은 "대통령과 당의 뜻을 모두 저버린 것"이라는 비판이 나왔다.

사실 8개월 전만 해도 무상급식 주민투표는 '오세훈 사단' 내부에서 폐기된 방안이었다. 정치적 부담도 부담이지만 투표비용만 해도 200억 원가량으로 추산되자 참모들은 적절하지 않다고 판단했다. 오세훈은 서울시 출입기자를 통해 뒤늦게 그런 사실을 알았다. 정무조정실장인 강철원을 불렀다. '오세훈 의원'의 보좌관이었던 강철원은 2006년 오세훈이 처음 서울시장에 당선됐을 때 '시장직 인수위원회' 간사로 활약했고, 이후 홍보기획관을 지낸 뒤 2010년 6월부터 신설된 정무조정실장을 맡고 있었다.

오세훈 "주민투표 방안에 대해서는 왜 말을 안 한 거야?"
강철원 "검토는 했지만…."
오세훈 "(언성을 높이며) 왜 마음대로 검토하고 결론을 내리는 거야!"

오세훈의 실책, 안철수와 박원순의 부상浮上

주민투표 방안은 즉각 부활했다. 오세훈은 1월 10일 전면 무상급식 시행여부를 주민투표로 결정하자고 시의회 다수당인 민주당에 전격 제안했다. "무상급식 때문에 서해뱃길 등 서울시의 미래가 걸린 사업들의 발목이 잡혔다. 민주당의 '망국적 무상 쓰나미'를 막지 못하면 국가가 흔들린다." 전면전을 선포한 것이나 마찬가지였다.

전운戰雲은 이미 되돌리기 어려웠다.

11일 전 민주당이 주도하는 서울시의회는 오세훈이 재의를 요구한 '친환경 무상급식조례안'을 재의결해 버렸다. 또 무상급식 예산이 담긴 2011년도 서울시 예산안을 의결하면서 오세훈이 강력 추진했던 서해뱃길 사업 예산도 전액 삭감했다.

경인 아라뱃길을 통과한 대규모 관광선이 한강으로 들어올 수 있도록 하기 위해 오세훈은 양화대교 구조개선사업을 추진했다. 서해뱃길 프로젝트의 핵심사업이었다. 하지만 민주당 시의회가 예산을 전액 삭감하면서 공사는 중단됐다. 오세훈은 6개월간 시의회 출석을 거부했다. 그런 상황에서 주민투표 카드를 꺼내든 것이다. 일종의 힘겨루기용이었다.

하지만 어느새 판이 커져버렸다.

한 핵심측근의 전언. "출발은 시의회와의 관계가 힘드니 주민투표라
는 승부수를 던지자는 것이었다. 표면적 이유는 양화대교였지만 우리
가 주민투표에서 이기면 시의회를 압박하고 무상급식에서 협상의 여
지가 생긴다는 계산이었다. 그런데 대선출마용 기획설이 터져 나왔고,
우리는 더욱 부담스러워졌다. 대선 불출마를 선언한 시장으로서는 어
찌됐든 이기기 위해 최선을 다해야 했다. 결국 과격한 방법이지만 시
장 직을 걸게 됐다."

8월 24일 주민투표 최종 투표율은 25.7%에 그쳤다. 215만7744표
가 담긴 투표함은 열리지도 못했고, 오세훈은 재선 1년 2개월 만인 8
월 26일 스스로 물러나야 했다. 정치권은 곧바로 10·26 서울시장 보
궐선거라는 블랙홀에 빨려 들어갔다. 결과적으로 야권 무소속 박원순
후보가 시장으로 당선되면서 9년 동안 한나라당이 차지했던 서울시장
자리가 야권으로 넘어갔다.

그리고 안철수 서울대 융합과학기술대학원장은 당시 박원순에게
'깜짝 양보'를 하면서 일약 '박근혜 대항마'로 떠올랐다. 기성정치에 대
한 불신으로 탄생한 '안철수 현상'은 대선 정국에서 정치권을 흔든 태
풍이 됐다. 반면 오세훈은 복지 포퓰리즘을 막겠다는 '보수의 전사'에
서 하루아침에 원망을 듣는 신세로 전락했다. 퇴임 이후 오랫동안 오
세훈은 좀처럼 언론에 모습을 드러내지 않고 있다. 최소 자신의 재선
임기였던 2014년 6월까지는 무거운 침묵을 이어갈 것으로 보인다.

"오세훈은 아직 죽은 카드 아니다"

오세훈 전 시장을 만나려 했지만 그는 끝내 고사했다.

'오세훈의 실패한 승부수' 기사가 나간 후 2013년 12월 3일 서울 여의도 한 음식점에서 오세훈을 어렵게 만났다. 그는 이 자리에서 자신의 심경을 이렇게 설명했다. "(주민투표 때문에) 어쨌든 안철수가 등장하게 됐다. 2012년 대선을 앞두고는 새누리당을 힘들게 만들었다는 친박계의 얘기가 먹혔고, 보수층의 마음도 많이 불편했다. 박원순 서울시장을 욕하면서도 결국 '오세훈이 그만두는 바람에 이렇게 됐다'는 얘기가 따라 나온다. 이번 6월 지방선거에서 새누리당이 이겨야 한다. 그 다음에 남는 것은 (망국적 복지 포퓰리즘을 막겠다는) 주민투표의 의미만 남게 된다."

기사가 나간 뒤 박형준은 이런 얘기를 했다. "(오세훈은) 아직 죽은 카드가 아니다. 표는 엄청 얻은 거였다. 총선 때 한나라당이 얻은 표보다 더 받았으니까."

'SD 그룹'과 '정두언 그룹'의
사찰 혈투

"내가 검찰 시절 수사를 해보니 화랑 경영하는 놈치고 탈세 안 한 경우가 없고, 주얼리 하는 사람치고 밀수 안 하는 놈이 없더라."

민주당 강성종 의원 체포동의안이 가결되던 2010년 9월 3일 국회 본회의장. 서울지검장 출신의 한나라당 이범관 의원은 작심한 듯 독한 말을 퍼부었다. 정두언, 남경필 의원한테 내뱉는 말이나 다름없었다. 화랑은 정두언의 부인을, 주얼리(보석상)는 남경필의 부인을 지칭하는 게 분명했다.

이범관은 남경필 바로 앞자리였다. 남경필은 분을 삭이며 자리를 떴다. 학교로 따지면 이범관은 남경필의 연세대 대선배였다.

'SD(이상득) 그룹'과 '정두언 그룹'은 이명박 정부 내내 사찰査察 문제로 혈투를 벌였다. 정두언, 남경필, 그리고 정태근 의원으로 대표되는 '정두언 그룹'은 MB 취임 직후, 특히 SD의 총선 불출마를 요구한 '55인 서명 사건' 이후부터 박영준 대통령실 기획조정비서관이 자신들을 사찰했으며, 그 배후에는 SD가 있다고 정치문제화 했다. 하지만 이범 관의 독설에서 보듯 '정두언 그룹'의 호소는 동료의원들 사이에서 광범 위한 지지와 동정을 이끌어내지는 못했다.

사실 사찰이라는 게 당하는 사람은 피가 말라도 당해보지 않은 사 람은 '남의 말'처럼 하기 십상이라….

'정두언 그룹'이 사찰을 감지한 건 2008년 4월 말에서 5월 초 사이. 정태근의 기억은 이렇다. "검사 출신으로 대통령민정수석실에 있던 장 용석 비서관으로부터 시그널이 왔습니다. 대충 '정두언 의원의 부인 이 화랑을 경영하면서 그림을 비싸게 팔고 있고, 정 의원이 자기 지역 구에 있던 옛 미미예식장 터 재개발에 관여해 5000만 원을 받았다'는 첩보가 기획조정비서관실을 통해 들어왔다는 겁니다."

기획조정비서관은 'SD의 남자'로 불린 박영준이었다. '정두언 그룹'은 기획조정비서관실에 이창화라는 국정원 직원이 근무하고 있다는 사 실을 알았다. 박영준의 기획조정비서관실은 기업으로 치면 기획조정 실의 역할을 했다. 나중엔 기획조정실장이라는 직제가 생기지만 MB 취임 초기엔 기획조정비서관이 정보와 인사를 관리했다. 노무현 청와 대 때의 국정상황실 기능도 함께 맡았다. 그런 기획조정비서관실에 국 정원 직원이 파견근무를 하고 있는 것 자체는 이상할 게 없었다. 하지 만 '박영준의 기획조정비서관실'이라는 게 문제라면 문제였다.

사찰의 주체 'SD의 남자' 박영준

6월 6일, 촛불시위 와중에 정태근은 MB를 만났다. 정태근은 MB

가 서울시장으로 있을 때 정무부시장을 했고, 대선 때는 후보수행단 장을 지낸 이를테면 '친이 직계'였다(MB 서울시장 시절 정무부시장은 정두언-이춘식 전 의원-정태근으로 이어졌다).

정태근은 MB에게 '촛불 대책'의 일환으로 청와대 개편의 불가피성을 역설한 뒤 류우익 대통령실장, 박영준, 그리고 장다사로 비서관의 '정리'를 주장했다. 장다사로는 SD가 국회부의장 시절 비서실장으로 데리고 있던 'SD 맨'이었다. 촛불에 흔들리고 있던 MB는 가타부타 말이 없었다.

그런데 MB를 만나고 나오는데 정두언으로부터 급한 연락이 왔다. "내일 기사가 나온다."

〈조선일보〉의 정두언 인터뷰 얘기였다. SD와 박영준이 권력을 사유화하고 있다는 정두언의 직격탄이 그대로 실린 인터뷰였는데, 결국 활자화를 막지 못했다는 소식이었다. 상황이 꼬여가고 있었다. '이제 막 MB를 만나 류우익, 박영준, 장다사로의 정리를 주장하고 나왔는데 내일 아침 인터뷰 기사까지 터져 나오면…'

MB나 SD는 정두언과 정태근이 서로 짜고 '협공'을 한 것으로 받아들일 게 뻔했다. 그렇게 되면? 그건 권력투쟁으로 흘러갈 수밖에 없었다. 아니나 다를까 MB가 "사실에 근거하지도 않은 이야기나 하고…"라며 역정을 냈다는 소리가 들려왔다. 하지만 이미 엎질러진 물, 도리가 없었다.

SD로부터 만나자는 연락이 왔다. SD는 일본으로 잠시 몸을 피하기전에 '정두언 그룹'과의 문제를 정리하고 싶었다.

SD   "어떻게 하면 좋겠느냐?"

정태근   "부의장님은 몰라도 류우익, 박영준, 장다사로는 정리해야 합니다."

SD   "류우익, 박영준은 정리하겠다. 그런데 꼭 장 비서관까지 해야겠느냐? 그 대신 너희들과 가까운 박형준을 쓰겠다."

정태근   "그렇다면 더 이상 (사찰) 문제를 확대시키지 않겠습니다."

그렇게 대답을 하면서도 정태근은 속으로 놀랐다. 박영준이 MB나 SD가 정두언을 의심하고 있다는 낌새를 알아차리고 '장난'을 친다는 건 알고 있었지만, SD가 이렇게까지 '만사형통萬事兄通'의 권력을 행사하고 있다는 사실을 직접 목격한 적은 없었다. 인사권자인 대통령을 제치고 거리낌 없이 박형준을 청와대 비서관으로 데려다 쓰겠다고 하지 않는가.

정두언의 압박 "이상득 의원실에서 농성하겠다"

MB는 7월 7일 청와대 수석 진용을 전면 개편했다. 물론 '촛불사태'의 수습책이었다. 국정지지율은 취임 초 50%대 중반에서 20%대 초반으로까지 떨어져 있었다. 하지만 그 속엔 '정두언 그룹의 쿠데타'를 진정시키려는 뜻도 있었다. 박영준은 이미 한 달 전인 6월 6일 사표를 냈다. 그 대신 17대 의원을 지내고 대통령직인수위원회 기획조정분과위원으로 참여했던 박형준이 대통령실 홍보기획관(차관급)으로 들어왔다. SD가 말한 그대로였다.

그래도 찜찜한 게 있었다. 국정원 직원 이창화였다. 박영준은 나갔지만, 이창화는 청와대에 그대로 있었다.

SD, 정두언, 정태근, 그리고 이춘식의 서울 메리어트호텔 4자 회동은 그렇게 이루어졌다. 정두언은 포항 출신인 이춘식을 SD의 대리인이자 일종의 '증인' 자격으로 참석시키길 원했다. 그런데 회동의 배경에 대해서는 정태근과 이춘식의 기억이 완전히 다르다.

정두언과 정태근은 이춘식의 제안으로 메리어트 회동이 이뤄졌다고 했지만 이춘식은 "내가 제의한 게 아니다"라고 잘라 말했다. 이춘식의 증언. "정두언이 사찰을 당하고 있는 줄 내가 어떻게 알겠느냐? 영감(SD)도 잘 몰랐다. 자기가 괴로우니까 나한테 자리를 마련해달라고 해서 내가 영감에게 연락을 했을 뿐이다. 원래는 영감, 정두언, 나 이렇게 셋이서 만나려고 했는데 정두언이 정태근을 데리고 나왔더라."

정두언은 이창화 문제를 직접 따졌다.

정두언 "다른 건 몰라도 청와대가 사찰을 한다는 건 말이 안 됩니다. (박영준은 나갔지만) 이창화를 청와대에 그대로 두고 (사찰 문제로 불거진 갈등을) 어떻게 풀겠습니까?"

SD "나는 정말 모르는 일이다."

정두언 "이창화도 지시를 받아서 한 일이니까 자르지는 말고 국정원으로 다시 돌려보내십시오."

메리어트 회동으로 사찰을 둘러싼 'SD 그룹'과 '정두언 그룹'의 갈등은 일단락되는 듯했다. 하지만 또 다른 '복병'이 기다리고 있었다.

김성호 국정원장이 "그런 놈은 받을 수 없다. 잘라야 한다"고 발끈한 것이다. 김성호는 노무현 정부 때 법무장관을 지내고도 이명박 정부의 국정원장으로 임명된 인물이었다. 정권교체가 이뤄졌는데도 이전 정부의 법무장관 출신을 권력기관장 중의 권력기관장인 국정원장에 기용한 건 아직도 미스터리다.

이창화는 그런 김성호도 감시했다. 김성호가 MB 정부의 국정원장이 되고 난 이후에도 '친노 인사'를 특보로 쓰고 있다든가, 서울 청담동의 유명한 바bar인 '티볼리'에서 이종찬 민정수석비서관과 만나 '모종의 협의'를 하는 장면이 목격됐다는 사찰보고가 올라갔다는 얘기까지 나왔다.

난처해진 건 류우익의 후임인 정정길 대통령실장과 청와대 직원의 인사를 책임지고 있는 'MB의 집사' 김백준 총무비서관이었다.

정태근의 증언. "(SD의 대리인이자 메리어트 회동의 증인인) 이춘식 의원은 분명히 '김백준에게 (이창화 문제 처리에 관한 SD의 생각을) 전했다'고 했는데, 김백준이 SD에게 확인해 보니 '자기는 모르는 일'이라는 반응을 보였다는 겁니다." SD가 약속을 지키지 않고 있다고 생각한 정두언은 "국회 의원회관 이상득 의원 방에서 농성을 하겠다"고 거듭 압박했고, 김성호는 김성호대로 이창화에 대한 노여움을 풀지 않았다.

정정길은 결국 이창화를 국무총리 공직윤리지원관실로 보냈다. 이창화는 김성호가 물러나고 원세훈 국정원장이 취임(2009년 2월)한 직후 친정인 국정원으로 복귀했다. 사찰을 둘러싼 'SD 그룹'과 '정두언 그룹'의 전선戰線은 그렇게 소강국면을 맞는 듯했으나 불씨가 완전히 꺼진 것은 아니었다. 사찰의 불씨는 점점 권력투쟁의 장작더미로 번져가고 있었다.

비밀해제 in 비밀해제 ●

'정두언 그룹'의 SD 퇴진요구

정두언 의원은 SD와 정태근의 대화록 중 정태근이 "그렇다면 더 이상 (사찰) 문제를 확대시키지 않겠습니다"라고 말한 대목이 실제와 좀 다르다면서 당시 상황을 보충설명했다.

"정두언과 정태근, 김용태 의원은 정두언 의원의 6월 7일 〈조선일보〉 인터뷰 보도 이후 SD 퇴진요구로의 확전이 불가피하다는 결론을 내렸다. 이후 정두언 의원의 '권력 사유화' 비판은 사유화의 핵심인 SD 퇴진요구로 구체화된 상황이었다. SD 쪽에서는 친위대 의원들을 동원해 정두언을 비판하는 등 확전양상이 분명해졌다. 그런데 남경필 나경원 의원까지 정두언 그룹에 동조하는 양상이 되자 MB가 공개적으로 역정을 내는 상황이 됐다. 정태근이 문제를 확대시키지 않겠다는 것은 사찰이 아니리 SD 퇴신요구였다."

민간인 사찰로 번진
MB 정권의 사찰 파문

                "우리 사회에 권력과 이권을 같이 한다고 하는 사람들이 아직 있는데 이것은 시대착오적인 생각이다."

    2010년 9월 7일. 한나라당 안형환 대변인은 이명박 대통령이 안상수 대표와 월례회동에서 이렇게 강조했다고 브리핑했다.

    신문과 방송은 MB의 '권력과 이권' 발언이 김태호 국무총리, 신재민 문화체육관광부장관, 이재훈 지식경제부장관 후보자의 '청문회 낙마落馬'와 유명환 외교통상부장관의 '딸 특채' 파문을 언급한 것이라고 해석했다. 또 MB가 그 직전 8·15 광복절 경축사에서 제시한 '공정한 사회' 구현 의지를 거듭 피력한 것이라고 풀이했다.

    그런데 이틀 뒤, 안형환이 몇몇 기자들과 만난 자리에서 좀 다른 얘기를 했다. "그건 정두언, 정태근, 남경필 들으라고 한 얘기다."

    아닌 게 아니라 '권력과 이권' 발언은 대통령의 공개적인 코멘트로는 좀 이상하다 싶을 만큼 원색적이었다. 또 MB가 정두언 의원 부인의 화랑, 정태근 의원 부인이 '월급사장'으로 있는 이벤트 회사, 그리고 남경필 의원 부인의 주얼리(보석상)에 대해 '걱정 반半, 의심 반'의 시선을 갖고 있는 것도 사실이었다. 비단 세 사람의 부인만이 아니었다.

2008년 6월 6일. 정태근이 '촛불 대책'의 일환으로 청와대 인사개편을 역설하면서 박형준 전 한나라당 대변인의 이름을 꺼냈을 때도 MB는 "잘 모르는 소리 하지 마라"며 고개를 저었다. 박형준의 부인도 부산에서 화랑을 경영하고 있었는데, 그 화랑을 둘러싸고 여러 가지 보고서가 올라오고 있다는 얘기였다.

정태근은 곧바로 조현오 부산지방경찰청장(나중에 경찰청장 역임)에게 전화를 걸어 사실을 확인했다. 여러 가지 얘기가 있어 알아봤지만 사실무근이었다고 했다. 정태근은 김희중 대통령실 제1부속실장에게 다시 전화를 걸어 "조현오 청장의 얘기를 대통령께 그대로 전해 달라"고 부탁했다. 김희중은 이명박 의원의 비서관, 이명박 서울시장의 의전비서관을 지낸, 말 그대로 'MB의 분신分身'이었다. MB는 그제야 의심을 풀었다.

"그건 정두언, 정태근, 남경필 들으라고 한 얘기"

정태근의 증언. "MB는 2007년 대선 직전에도 (후보 수행단장인) 나에게 '정두언, 박형준의 와이프들이 그림을 비싸게 팔고 있다는데 못하게 해!'라며 뭐라고 한 적이 있다. (흑색보고의) 뿌리가 그만큼 깊었다."

박형준은 이후 대통령실 홍보기획관, 정무수석비서관, 사회특별보좌관으로 줄곧 MB의 지근거리에 있었지만 정두언, 정태근은 달랐다.

2008년 가을 이상득(SD), 이춘식, 정두언, 정태근의 서울 메리어트호텔 4자 회동에서 SD로부터 '사찰 중지, 박영준 대통령실 기획조정비서관 퇴출'을 다짐받았지만, 사찰은 국무총리실 공직윤리지원관실의 'BH(청와대) 하명下命 민간인 사찰' 파문으로 번져가고 있었다. '정두언 그룹'이 보기에도 '민간인 사찰' 사건에 대한 검찰 수사는 축소수사가 분명했다. 게다가 박영준은 국무총리실 국무차장(차관급)을 거쳐 2010년 8월엔 지식경제부 2차관으로 영전했다.

정두언이 2010년 7월 한나라당 새 지도부를 선출하는 전당대회 경선에 나선 것도 그 때문이었다. 그즈음 목 디스크 수술을 받은 정두언은 실밥 뽑는 날을 하루 앞당겨가면서까지 최고위원 출마를 강행했다.

"그나마 최고위원이라도 하고 있어야 우리를 지킬 것 아니냐!" 걱정하는 정태근에게 정두언은 이렇게 말했다. 우여곡절 끝에 안상수 의원이 1위를 차지해 대표 최고위원이 됐고, 정두언은 홍준표, 나경원 다음으로 4위를 했다.

새로 출범한 안상수 지도부는 8월 30일 충남 천안 지식경제공무원연수원에서 연찬회를 개최했다. 당의 '쇄신'과 '화합'이라는 두 마리 토끼를 잡겠다며… 하지만 연찬회는 '정두언 그룹'의 SD 저격소동으로 얼룩지고 말았다. SD도 앉아있는 자리였다.

"총리실 사찰 문제를 한번 봐라. 컴퓨터 자료를 다 파기하고 증거를 인멸했는데도 (고위급은) 아무도 문책하지 않았다. 그러니까 기강이 서지 않는 것 아니냐!" 박영준을 겨냥한 발언이었다. 정두언은 그러면서 SD를 한 번 쳐다본 뒤 회의장을 박차고 나왔다. 기자들이 에워싸자 정두언은 "영감(SD)이 앉아있어서 나왔다. 압력을 주는 것도 아니고…"라며 불쾌감을 드러냈다.

정태근은 "이상득 의원도 사찰을 알고 있었다"며 공개적으로 SD를 지목했다. 친이계 여권은 다시 내부 권력투쟁으로 요동쳤다. 정리가 필요했다. 김무성 원내대표의 주선으로 서울 정동의 달개비에서 원희룡 사무총장, 이춘식 의원, 임태희 대통령실장, 정진석 대통령정무수석, 그리고 정두언, 정태근, 남경필이 회동했다.(이상은 정태근의 기억. 그러나 이춘식은 김무성을 보지 못했다고 했고, 임태희는 '정두언 그룹'만 봤다고 했다)

임태희 "우리 모두 대통령을 만든 사람들 아니냐. 이제 그만 좀 하자. 어떻게 했으면 좋겠느냐?"

정두언 정태근 "그걸 왜 우리에게 묻느냐. 청와대에서 해결해야 할 일 아니냐?"

임태희 "사실 여러 가지 얘기가 있었지만 대통령이 오히려 막아주고 계신다. 여하튼 불이익이 없도록 하겠다."

임태희의 증언. "사실 정태근 의원 부인이 대표로 있는 이벤트 회사만 해도 '인천 쪽에서 (행사 발주를) 싹쓸이하고 있다'는 투서가 들어오고 그랬다. 그런 투서들이 많았다. 언젠가는 회의 때 누군가가 '한번 알아봐야겠습니다'라고 했지만 대통령은 '쓸데없는 짓 하지 마라'고 제지했다." MB는 '정두언 그룹'에 대해 호루라기를 불면서도 다치게 하는 일은 막았다는 얘기다.

정두언 지고 박영준 뜨다

'SD의 대리인' 자격으로 달개비 모임에 참석한 이춘식은 "임태희 실장이 그런 일이 없도록 하겠다고 보장했고, 정두언 정태근 남경필도 '다시는 (사찰 문제를) 얘기하지 않겠다'고 합의했다. SD에게 전달하고 말고 할 이야기도 없었다"고 말했다.

그러나 '정두언 그룹'은 그렇게 생각하지 않았다. 가시적인 조치라고 해봐야 'SD맨'인 김주성 국가정보원 기조실장을 그만두게 한 정도였다는 것이다.

'정두언 그룹'으로선 그렇게 생각할 만한 이유가 있었다. 이듬해 정태근의 부인이 경영하는 이벤트 회사에 국세청 직원 20명이 들이닥쳤다. 직원이 80명인 회사였다. 정두언은 이현동 국세청장을 찾아갔다. 이현동은 경북고와 영남대를 나온 TK 출신이었다.

정두언 "광복 이후 (직원 80명인 회사에) 그 정도 조사인력을 투입해 석 달씩이나 세무조사를 한 사례가 있느냐."

이현동 "갑자기 매출이 오르면 조사를 하게 됩니다. 통상적인 겁니다."

이현동이 더 이상 대답을 않고 입을 닫자 정두언은 국세청장 방에서 농성 아닌 농성을 벌였다. 몇 시간이 흘렀다. 퇴근 시간이 돼서야 이현동이 입을 열었다. "사실 오늘이 제 생일입니다." 그러고는 나가 버렸다.

정두언은 울분을 넘어 '심통心痛'을 얻었다. 그 심통은 정두언을 MB

5년 내내 '정치적 멘붕'으로 내몰았다. 이재오가 '허당'이었다면 정두언은 '바보'였다.

'새 정부의 아키텍트architect(설계자)'라는 소리를 듣고 있었고, 재선의 관록까지 갖춘 KS(경기고–서울대) 출신의 정치인. 더구나 나이도 51세. 정치적 포부를 펼치기엔 그보다 더 좋을 수 없었다.

하지만 정두언은 그 아까운 시간을 박영준과 싸우는 데 허비하고 말았다. "내가 생각해도 대단하다. 거대한 권력과 매일같이 이렇게…." 그런 푸념을 늘어놓으며 5년을 보내고 말았다.

정치를 생물이라고 하지만, 정치인도 마찬가지다. 그런데 정두언은 박영준을 '어린애'로만 생각했다. 이춘식의 기억. "정두언과 박영준은 MB가 서울시장을 하고 있을 때부터 앙숙이었다. 박영준은 자기가 MB의 비서실장이라고 생각하고 있는데, 정두언은 박영준을 하급 보좌관 정도로 취급했다. 둘 사이에 사건도 많았다. 그건 SD도, MB도 잘 몰랐다. 하지만 MB가 당선되는 순간부터 박영준은 SD의 손에서도 벗어났다. SD가 도리어 뭘 부탁해야 하는 상황이 됐다."

사실 대선 승리 직후 박영준을 당선인 비서실 총괄조정팀장으로 앉힌 것도 정두언이었다. 하지만 그때부터 2008년 4월 총선 공천 때까지 대략 3개월간 박영준은 '권력적으로' 급성장한다. 주요 인사가 모두 이뤄지는 시기였다. 집짓기로 치면 땅을 파고 기초를 놓는 시기였지만 목수들은 모두 자리를 비우고 없었다. 이재오, 정두언, 심지어 SD도 총선에 발목이 잡혀 있었다.

박영준이 그 자리를 채웠다.

사찰사건에 대한 정두언의 '기억'

정두언 의원은 사찰에 대해서도 자세한 '기억'을 정리해 보내왔다.

(1) 기사에는 임태희 실장이 "대통령이 오히려 막아주고 있다"고 했지만 사실과 다르다. 정태근의 부인이 부사장으로 있는 이즈피엠피(당시 사장 황광만)는 MB 집권 첫 해인 2008년에 창사 이래 처음으로 마이너스 성장을 했다. '인천 쪽 행사를 싹쓸이하고 있다'는 투서가 들어왔다고 하지만 2009년 8월~10월 사이 개최된 인천세계도시축전의 국제회의 부분사업 1건을 수주했을 뿐이다. MB가 어떻게 얘기했는지는 모르겠으나 〈동아일보〉 기사처럼 '호루라기를 불면서도 다치게 하는 일을 막은 사실'은 전혀 없었고, 오히려 이즈피엠피의 경우 국정원 사찰, 검찰 조사, 국세청 세무조사가 연이어 계속됐다. 2012년 2월 국무총리실의 민간인 불법사찰에 대한 검찰수사에서도 확인되었듯 정태근과 관련하여 2010년 이후 원화건설 박덕흠 대표, 장훈학원 박세철 이사장 등이 사찰과 세무조사를 받았음이 확인되었다.

(2) 기사에는 "언젠가 회의 때 누군가가 '(정태근 의원 부인의 행사 싹쓸이 투서에 대해) 한번 알아봐야겠습니다'라고 했지만 대통령은 '쓸데없는 짓 하지 마라'고 제지했다"고 돼있다. 그러나 MB가 백용호 국세청장에게 조사를 지시했다고 전직 청와대 수석비서관 중의 한 사람이 귀띔해줬다.

(3) 국세청을 항의 방문했을 때 이현동 국세청장이 "오늘이 제 생일입니다"라고 하길래 내가 "진작 얘기하지"라고 말하고 먼저 나왔다.

(4) 기사에는 '정두언과 박영준은 MB가 서울시장을 하고 있을 때부터 앙숙이었다'고 썼지만 사실과 전혀 다르다. MB와 SD는 박영준이 서울시로 옮기는 것을 내켜하지 않았다. 어느 날 박영준이 내게 와서 "이러다간 평생 보좌관만 하겠다. 두 분을 설득해 달라"고 하기에 내가 나서서 서울시로 옮겨준 것이다.

박근혜, 한나라당 주인 되다

"저와 권 의원님의 뜻이 다르지 않아요."

2011년 12월 7일 서울 강남의 한 호텔. 한나라당 권영진 의원의 얘기를 가만히 듣고 있던 박근혜 전 대표는 의미심장한 한마디를 던졌다. 박근혜가 이듬해 4월 총선을 앞두고 당의 전면에 나설 수도 있다는 의사를 처음으로 내비치는 순간이었다. 10·26 서울시장 보궐선거에서 '안철수 현상'의 위력을 절감한 뒤 한나라당 내에서는 홍준표 대표 퇴진론과 박근혜 조기 등판론이 비등해지고 있었다. 권영진은 1시간 동안 끈질기게 박근혜의 정치적 결단을 촉구했다.

권영진 "이제 국민과 당원들이 대표께서 전면에 나서기를 원하고 있습니다. 그동안 자신의 이익을 계산하면서 정치를 하신 것은 아니지 않습니까?"

박근혜 "……."

권영진 "저는 (2012년) 총선과 대선은 패키지라고 봅니다. 총선에서

지면 대선은 없다고 봅니다. 그런데 대다수 친박 의원들은 (조기 등장에) 반대를 하고 있습니다. 이제 대표께서 결단을 내려주셔야 합니다."

권영진은 개혁성향 초선의원 모임인 '민본21'을 이끌던 쇄신파 리더. 이날 회동은 사실 우연한 기회에 이뤄졌다. 그 직전, 권영진의 출판기념회가 잡혀 있었는데 박근혜가 양해전화를 걸어왔다.

박근혜 "내가 꼭 가야 하는데 사정이 생겨서 못 갑니다. 미안합니다."
권영진 "대표님 안 오셔도 됩니다. 바쁜데 다른 일 보셔야죠. 근데 요즘 상황이 긴박하니 한번 만나셔야죠?"
박근혜 "(흔쾌하게) 제가 연락할게요!"

박근혜는 약속을 지켰다. 권영진과 만나기로 한 날, 박근혜는 오전에 유승민 최고위원의 전화를 받았다. 2005년 박근혜 당 대표 시절 비서실장을 지낸 유승민은 당시만 해도 '원조 핵심 친박'으로 통했다.

유승민 "오늘 최고위원직을 사퇴했습니다. 원희룡 남경필 최고위원도 바로 사퇴할 것 같습니다."
박근혜 "(담담한 어조로) 알겠습니다."

사실 그날 사퇴 결정은 유승민의 단독 결정이었다. 박근혜에 대한 '압박'으로 비칠 수도 있었다. 이 때문에 유승민의 사퇴를 놓고 친박

진영 일각에선 "성급했다"는 얘기가 나왔다. 박근혜가 당의 전면에 나서기까지는 시간이 필요한데 독단적 판단으로 최고위원 자리를 박차고 나왔다는 비판이었다.

유승민의 설명. "중앙선거관리위원회 홈페이지에 대한 디도스 공격 사건 때문에 현 지도부로는 총선이 굉장히 힘들다고 봤다. 그래서 사퇴 전날 혼자서 결심을 했다. 다만 내 나름대로 예측은 했다. 나와 남경필 원희룡 최고위원이 사퇴하면 결국 홍준표 대표 체제는 유지하기 힘들어지고, 당은 박근혜 전 대표의 책임 아래 총선을 치르는 방향으로 갈 수밖에 없지 않겠느냐는 것이었다."

한나라당 위기, 박근혜 비대위 체제 논의 가속화

실제 한나라당은 위기를 맞고 있었다. 10월 26일 서울시장 보궐선거일에 당 소속 최구식 의원 비서의 '중앙선거관리위원회 홈페이지 디도스DDoS(분산서비스거부) 공격'이란 대형 돌발변수가 등장했다. 특검에서 최구식은 최종적으로 혐의가 없는 것으로 밝혀졌지만, 홍준표 체제로는 도저히 총선을 치를 수 없다는 위기감이 팽배했다.

어쨌건, 그날 오전 원희룡 남경필도 동반사퇴를 결행했다.

그러나 홍준표는 생각이 달랐다. 박근혜와 권영진이 회동하고 있던 그 시간, 의원총회에서 홍준표는 또다시 버티기를 시도했다. "지도부 퇴진 문제는 몇 사람의 목소리에 의존하지 말고 169명 의원 전원이 의견을 표명해 결정해야 한다."

승부수는 통했다. 친박 의원들은 "지도부 교체, 박 전 대표의 전면 등장은 시기와 내용에서 적절치 않다. 선거가 있을 때마다 대표 바꾸고 당명 바꾼다고 될 일이 아니다"라며 홍준표 체제를 지지했다. 쇄신파와 친이계는 홍준표 체제 개편을 주장하고, 친박은 반대하는 좀 묘한 상황이 연출됐다.

물론 이유는 다른 곳에 있었다. 친박 의원들은 박근혜의 의중을 제대로 알지 못하고 있었다. 권영진의 기억. "친박 의원들조차 당시 박 전 대표의 뜻을 제대로 못 읽었다고 봅니다. 그러니까 의원총회에서 홍준표를 대표로 유임시키고 박 전 대표가 전면에 나서는 것을 반대한 것이죠."

박근혜를 만나 '의중'을 확인하고 국회에 돌아온 권영진은 주저하지 않았다. 그날 오후 10시 곧바로 '민본21' 소속 의원들을 비상 소집했다. 비상토론은 오전 3시까지 이어졌다. 김성식 정태근 의원은 박근혜를 등판시켜봐야 선거 승리가 어렵다며 '당 해산 후 재창당'으로 가야 한다고 주장했고, 친박계인 김선동 현기환 의원은 박근혜가 전면에 나설 생각도 없는데 왜 홍준표 체제를 무너뜨리고 비상대책위원회 체제로 가야 하느냐며 반대했다. 반면 권영진 김세연 주광덕 황영철 의원은 당 해체 후 신당으로 가는 것은 현실적으로 어렵다며 실질적 개혁을 위한 '박근혜 비대위 체제'를 주장했다.

난상토론을 벌인 끝에 '민본21'은 다음 날인 12월 8일 △박근혜 비대위 체제로의 전환 △신당 수준의 재창당 등이 담긴 성명을 전격적으로 발표했다.

홍준표는 그날 곧바로 '2012년 2월 재창당'을 골자로 하는 쇄신안을 내놓고 버텼지만 대세는 이미 기울고 있었다. 그러곤 이틀도 버티지

"이 정권도 곧 터집니다"

못하고 다음 날인 9일 사퇴 기자회견을 해야 했다.

홍준표 체제는 이처럼 붕괴했지만, 한나라당은 후속조치인 재창당 문제를 놓고 급격하게 소용돌이로 빨려 들어갔다. 그해 12월 13일 의원총회에서 재창당에 대한 부정적 의견이 주류를 이루자 재창당을 주장해온 정태근 김성식 의원은 탈당을 선언해 버렸다.

내부적으로 집단탈당까지 논의한 쇄신파는 마지막으로 박근혜를 만나보기로 결정했다. 박근혜의 당 혁신의지를 확인하고 재창당 논란의 마침표를 찍겠다는 생각이었다. 박근혜도 피하지 않았다. 의원총회 다음 날 오후 국회 의원회관 103호에서 전격적으로 '7인의 박근혜 집단면접'이 이뤄졌다.

"왜 어려울 때만 당을 맡아 달라고 그러세요"

참석자는 남경필 임해규 권영진 김세연 주광덕 황영철 구상찬 의원 등 7명으로 한정했다. 너무 많이 모이면 박근혜에게 부담을 줄 수 있기 때문에 사전에 적당한 수로 맞춘 것이다. 재창당에 대한 쇄신파와 박근혜의 생각은 좀 달랐다.

박근혜 "무늬만 바꾸는 것이 무슨 의미가 있나요. 정책과 사람을 바꾸는 것이 쇄신 아닙니까. 당명만 바꾸면 국민이 보기에는 국민을 속이는 것밖에 더 됩니까!"

권영진 "'한나라당'이라는 이름에 대한 국민의 거부정서가 너무 강하기 때문에 재창당으로 가야 합니다. 새로운 사람들과 함께하는 정당으로 가려면 재창당으로 가야 합니다."

박근혜 "꼭 구태여 그 용어(재창당)를 써야 합니까? 그것은 신당인
데…."

권영진 "재창당 방식으로는 신한국당 모델도 있습니다. 개혁을 한
뒤 마지막에 이름을 바꾸는 방식입니다."

회동 분위기는 나쁘지 않았지만 쇄신파는 1시간 반 동안 박근혜와 설전 아닌 설전을 벌여야 했다. 박근혜가 회동 말미에 이렇게 정리를 했다. "그러면 뼛속까지 바꾸자! 재창당을 뛰어넘는 쇄신과 개혁을 이뤄내겠다. 비대위에서 국민의 신뢰를 회복하면 당명을 바꾸는 것을 논의하겠다."

쇄신파도 받아들였다. "박 전 대표와 우리의 의견이 본질적으로 다르지 않다는 것을 확인했다." 언론 브리핑은 이렇게 나왔다. 김성식 정태근의 탈당으로 분출된 '재창당 논란'이 수습 국면으로 접어든 순간이었다.

권영진의 증언. "박 전 대표가 처음에 재창당을 반대한 건 우리가 한나라당 해체까지 주장하는 것으로 알았기 때문입니다. 그래서 신한국당 모델을 얘기하며 당명을 바꿔야 하는 이유를 설명했습니다. 그런 논의 끝에 결국 '뉘앙스의 차이는 있지만 뜻은 다르지 않다'는 결론을 내린 겁니다. 만약 우리가 뜻이 다르다고 선언했다면 추가 탈당이 이어지는 등 한나라당은 걷잡을 수 없는 상황에 빠졌을 겁니다."

박근혜는 그날 비공개 회동에서 이런 말도 했다고 한다.

"왜 나보고 어려울 때만 당을 맡아 달라고 그러세요. 저 아직 비대

위원장을 하겠다고 한 적 없어요. 여러분과 뜻이 다르거나 여러분이 동의해주지 않으면 저 안 할지도 몰라요." 웃으면서 한 말이지만, 뼈 있는 발언이었다.

하지만 쇄신파는 이미 알고 있었다. 박근혜가 내심 비대위원장 수락을 결심한 것을…. 그러곤 쇄신파도 함께 웃었다. 박근혜는 대선을 꼭 1년 앞둔 그해 12월 19일 비대위원장으로 추대됐다. 5년 6개월 만에 명실상부한 '주인'으로 당의 전면에 복귀하는 순간이었다.

비밀해제 in 비밀해제 ●

박근혜 비대위 체제 전환의 이면

기사가 나간 뒤 권영진 전 의원은 다소 당혹스러워했다. 2011년 12월 박근혜 전 대표가 당 비대위원장을 수락하는 과정에서 자신의 역할이 너무 부각된 것 같다고 했다. 당시 과정에 관여한 전·현직 의원들도 필자에게 전화 또는 휴대전화 문자를 통해 "줄거리는 대충 맞는데 당시 실제상황과는 차이가 많아 좀 아쉽다"는 반응을 보이기도 했다. 권 전 의원이 당내 쇄신파를 사실상 대표하며, 박 전 대표가 당의 전면에 등장하는데 적지 않은 역할을 한 것은 맞지만 김성식 정태근 의원이 그해 12월 재창당을 주장하며 탈당을 선언한 게 결정적 계기였다는 것이다.

남상태 연임 로비의혹의 진실

기자　"대우조선해양 남상태 사장 연임 로비의혹도 조사합니까?"

최재경　"그것까지는…."

기자　"김윤옥 여사의 남동생인 김재정 씨 얘기도 나오고 있습니다."

최재경　"(긍정도 부정도 않다가 뜬금없이) 김재정 씨가 많이 아프다
　　　　지? 요즘 일어나지도 못하는 것 같던데. 혼수상태라고…."

　2009년 7월 〈동아일보〉 사회부 법조팀의 최우열 기자는 최재경 서
울중앙지검 3차장(현 인천지검장)과 이런 대화를 나눴다. 최재경이 지
휘하는 서울중앙지검 특수1부가 대우조선해양 홍순호 전무를 배임수
재 혐의로 구속한 직후였다. 납품업체와 상이군경회로부터 6억8000
만 원을 받은 혐의였다. 검찰 주변에선 '남상태가 사장직 연임 로비를
위해 조성한 비자금일 것'이라는 소문이 파다했다. 연임 로비의 대상
은 ㈜다스의 감사였던 이명박(MB) 대통령의 처남 김재정이고….

　그러나 최재경은 최우열의 질문엔 애써 즉답을 피한 채 김재정의 병

세만 언급했다. 언론에 김재정의 위독설이 보도된 건 그로부터 두 달쯤 뒤였다. 따로 병세를 알아봤다는 얘기였다. 지병이 악화돼 1년 가까이 투병생활을 하던 김재정은 이듬해 2월 결국 사망한다.

김재정은 2007년 한나라당 대선후보 경선과 12월 본선을 뜨겁게 달구었던 '도곡동 땅 실소유주' 논란의 핵심 당사자였다. MB가 현대건설 사장으로 있던 1985년, 맏형 이상은과 처남 김재정이 서울 도곡동 땅 4240m²를 15억6000만 원에 샀다가 10년 뒤 263억 원을 받고 포스코건설에 팔았다. 그 땅의 실소유주가 MB 아니냐는 게 논란의 핵심이었다. 땅 매각대금의 일부가 BBK로까지 이어져 '도곡동 땅 실소유주' 논란은 '판도라의 상자'로 인식되기도 했다.

어쨌든 김재정이라는 이름은 그렇게 잊히는 듯했다.

하지만 2010년 11월 1일 국회 본회의장. 정치분야 대정부질문이 있던 그날 본회의장 대형 전광판에 '남상태 연임 로비 라인'이라는 제목의 화면이 떴다.

민주당 강기정 의원이 이귀남 법무부장관을 상대로 로비의혹을 추궁하며 띄운 차트였다. 그런데 질문은 단지 '남상태가 대우조선해양 사장 자리를 지키기 위해 김재정에게 로비를 했다'는 수준이 아니었다.

로비의혹의 몸통은 병중 김재정 아닌 김윤옥?

강기정 "(이명박 대통령의 친구인) 천신일이 8월 일본으로 도피할 때 묵인했지요?"

이귀남 "그 당시는 (천신일이 임천공업 대표로부터 43억 원을 받은)

혐의사실이 구증이 안 돼 있는 상태였습니다."

강기정 "천신일 수사를 하면서 마치 대통령의 친구를 읍참마속泣斬馬謖하는 것처럼 하고 있는데 사실은 더 큰 정권비리를 감추기 위해 몸통 자르기를 하고 있는 것이라는 얘기가 있습니다."

이귀남 "그런 얘기는 처음 듣습니다."

강기정 "(화면을 가리키며) 2009년 1월 19일 김재정 씨가 (지병으로) 쓰러져 서울대병원에 입원하게 됩니다. 그때 남상태는 병간호를 하고 있던 김재정 씨 부인의 도움으로 김윤옥 여사의 병문안 일정을 알아내고…."

요컨대 '남상태 연임 로비'의 몸통은 김재정이 아니라 김윤옥이라는 주장이었다. 한나라당 의석에서는 야유가 터져 나왔다. "소설을 써라, 소설을!"

대우조선해양은 1999년 대우그룹의 워크아웃(기업개선작업) 당시 대우중공업 조선부문이 분리돼 만들어진 회사로, 2조9000억 원의 공적자금을 쏟아 부어 회생시킨 기업이었다. 대우조선해양 홈페이지의 연혁 어디에도 공적자금에 관한 이야기는 없지만, 국민 혈세로 살린 기업임은 분명하다. 산업은행이 최대주주가 된 배경도 거기에 있었지만, 이후 '주인 없는 회사'의 사장 선임을 둘러싼 로비의혹이 끊이지 않았다.

2006년 사장에 취임한 남상태는 대구 출신으로, 대우조선에만 30년 넘게 근무한 산증인이었다. 2009년 한 차례 연임에 성공한 뒤부터 산업은행 내에서는 '남상태가 엄청난 백을 가지고 있다'는 얘기가 파다했다. 한 살 위인 김재정과는 어린 시절 인연이 있었다. 또 공교롭게도 MB 정부 출범 직후 국가정보원 2차장(2008년 3월~2009년 2월)을 지낸 김회선 새누리당 의원이 매제였다.

대우조선해양을 둘러싼 '권력형 비리' 의혹을 감지한 건 민주당 강기정 의원만이 아니었다.

2011년 7·4 전당대회에서 한나라당 대표 최고위원으로 선출된 홍준표는 대표에 취임하자마자 우리금융지주와 대우조선해양의 '국민매각'을 주장했다.

"정권 말의 특혜매각 시비와 권력형 게이트를 막기 위해서라도 공적자금을 투입해 살려낸 우리금융지주와 대우조선해양은 국민공모주 방식으로 매각해야 한다. 정권 말에 이런 게 한 번 터지면 끝장이다."

두 기업의 국민주 매각 아이디어는《대통령학》의 저자인 고려대 함성득 교수에게서 나왔다. 하지만 전두환 정권 이래 역대 대통령의 친인척 비리를 직접 수사히고 관찰해 온 홍준표에게는 '국민 혈세로 살린 기업을 국민, 특히 서민에게 되돌려준다'는 정치적 명분 외에도 '불길한 느낌' 같은 게 있었다.

정부는 물론이고 청와대와 한나라당 지도부 내에서도 홍준표의 '튀는 행동'으로 치부하는 목소리가 많았지만 홍준표는 개의치 않았다.

홍준표는 KDB산은금융지주 회장으로 가 있던 강만수에게 전화를 걸었다.

"남상태 그 친구 오래두면 큰일 납니다"

홍준표 "내가 알아보니까 대우조선해양이 형님 소관이라면서요? 국
민에게 돌려주면 안 됩니까?"

강만수 "(어이가 없다는 어조로) 할 수 있으면 해보시오. 다만 특별법
은 하나 만들어줘야 합니다. '강만수 형법상 배임죄 적용 배
제에 관한 특별조치법'을 하나 만들어주면 됩니다. 그 다음에
홍 대표 마음대로 하시오."

포스코는 정부가 가지고 있던 것을 국민에게 돌려주면 그만이지만,
대우조선해양은 전 세계에 주주들이 있는데 그걸 어떻게 하냐는 게
강만수의 논리였다.

홍준표는 답답했다. 홍준표의 증언. "사실 국민주 매각 방식은 MB
하고도 어느 정도 얘기가 됐던 것이다. 나 혼자 그걸 어떻게 결정하느
냐? 그리고 (남상태가 3연임을 위해 로비를 하고 다닌다는) 그 얘기도
들었고…".

홍준표에게 '면박'을 주긴 했지만 강만수는 강만수대로 걱정하는 바
가 없지 않았다. 남상태는 한 달에 한 번 강만수에게 경영현황을 보
고했다. 그런데 '호가호위狐假虎威'하는 기색이 역력했다. 지배구조로도
KDB산은이 '주인'일 뿐 아니라, 정치권력으로 보더라도 강만수는 '킹
만수'라는 소리를 들을 정도로 MB 정권의 실세였다.

강만수의 기억. "어디서 그런 용기가 생겼는지는 모르겠지만 한 번
더 하겠다고 하더라고. 세 번 하겠다고. 그래서 내가 일언지하에 안

된다고 했다."

남상태는 3연임을 꿈꿨다. 스스로를 '포스코의 박태준'으로 생각한 것일까? 그는 대우조선해양의 '주인'이 되고 싶었던 것 같다. 아니, 이미 주인행세를 하고 있었다.

강만수는 남상태에게 "대신 명예롭게 물러나게 해줄 테니 엉뚱한 얘기는 하고 다니지 마라"고 다짐을 해뒀다. 그래도 안심할 수 없는 노릇이었다.

강만수는 MB에게도 직접 보고를 했다.

강만수 "남상태라는 친구가 사장을 더 하겠다고 돌아다니는 모양인데 더는 안 됩니다."

MB "……."

강만수 "그 친구 오래두면 큰일 납니다. 사고 납니다."

남상태는 결국 2012년 2월 3연임을 포기하고 "회사 내부에서 대표이사가 선임된다면 언제든지 용퇴할 준비가 돼 있다"며 사임의사를 밝힌다. 산업은행은 여기에 맞춰 "남 사장에 대한 사퇴요구 보도는 사실이 아니다"라고 체면을 세워줬다.

허망한 올드보이 권력의 종말

이상득 "(몹시 흥분한 어조로) 강 장관은 알고 있었지? 정두언이야?"

강만수 "아닙니다. 김용태입니다."

이상득 "김원용이 배후라던데…. 그 ×× 강 장관이 데리고 왔다며?"

강만수 "예, 맞습니다. 한번 만나보시죠."

이상득 "김원용이 자리 하나 만들어 줘야겠어."

강만수 "그 친구는 그런 욕심은 없는 사람입니다."

  2008년 18대 총선 직전 정두언 의원을 비롯한 한나라당 총선출마
자 55인이 대통령 친형의 공천 및 국정 개입을 규탄하며 이상득(SD)
국회부의장의 불출마를 종용하는 이른바 '55인의 선상 반란'을 일으
켰을 때, SD는 강만수 기획재정부장관부터 다그쳤다. 그것도 몇 차례
에 걸쳐….

  '왜 기재부장관한테 당내 사정을?' 그렇게 되물을 수도 있겠지만, 그
럴 만한 사정이 있었다.

친이계 내 YB(Young Boys)와 OB(Old Boys)의 1차전이라고 할 수 있는 '55인 선상 반란'의 주역은 사실 정두언이 아니었다. 당시 40세의 김용태 의원(서울 양천을·18, 19대 의원)이었다.

강만수, 정두언과 함께 MB 선거를 도왔던 김원용 이화여대 디지털미디어학부 교수의 증언. "(55인 기자회견 계획은 서울 서초구 우면동에 있는) 우리 집에서 얘기했습니다. 김용태가 주동이었고…. 정두언 의원은 김용태의 명분에 밀려 함께할 수밖에 없는 상황이었습니다. (55인 회견의 성격을) 권력이 이상득, 박영준에게 넘어가는 데 대한 반발로 볼 수도 있겠지만 김용태는 그런 데는 관심이 없었습니다."

SD, 반기 든 김원용에게 "자리 하나 줘야겠어"

김용태는 김영삼(YS) 정부 때 들어온 한나라당 내 '민중당 그룹'(이재오 김문수 차명진)의 막내였다. YS 시절이던 15대 총선 때 이원종 대통령정무수석비서관의 외곽 여론조사팀을 이끌었던 '김원용 광화문 팀'의 막내이기도 했다. 김원용은 강만수의 경남고 후배고….

강만수는 또 정두언을 아꼈다. 한 번은 이런 일도 있었다. 강만수가 이명박 서울시의 시정개발연구원장이던 시절. MB가 느닷없이 소리를 질렀다.

MB   "강 원장, 김원용이 삼성 스파이라며? 앞으로 그 친구 오지 못하게 해!"

강만수   "…. 그 친구는 미국 조지 W 부시 대통령을 만든 핵심인사들을 만나 선거학을 연구한 사람입니다. 삼성 스파이가 아닙니다."

김원용은 1992년부터 삼성의 기업전략 자문역을 맡고 있었다. MB
가 의심할 만한 근거가 전혀 없는 건 아닌 셈이다. 하지만 MB가 강만
수에게 소리를 지른 건 처음이었다.

얼마 뒤 정두언이 머리를 조아렸다. "형님, 죄송합니다. 죽을죄를 지
었습니다. (MB하고 같이 차를 타고 가다가) 제가 (김원용 교수에 대
해) 한마디했는데 갑자기 화를 내면서 (형님한테) 전화를 건 겁니다."

그걸로 끝이었다. 강만수는 더는 문제 삼지 않았다. 정두언이 자기
를 음해할 사람이 아니라고 믿었다.

SD가 강만수를 찾아 정두언, 김용태, 김원용 문제를 다그친 건 그
런 관계 때문이었다. 그런데 SD의 문제해결 방식은 자리를 하나 만들
어 주자는 것이었다. 말 그대로 '올드보이 스타일'이었다. 강만수는 답
답했고, 김원용은 어이가 없었다.

김원용에게 단도직입적으로 물어봤다.

기자　"SD가 자리를 하나 주겠다고 했던 모양인데 왜 받지 않았나?"
김원용　"나는 김영삼 정권 때 권력의 몰락 과정을 지켜봤다. 교훈은
　　　　그 한 번이면 충분하다. 그보다 나는 국가를 변화시키는 데 더
　　　　관심이 많았다. 강만수 장관이나 김용태 의원은 잘 알 거다."

김원용은 YS의 차남 현철 씨를 도운 적이 있다. SD의 권력운용 행태
에서 김현철의 그림자를 느낀 것일까? 공조직이 거버넌스Governance(국

가관리)의 중심에 서지 못하고, 친인척의 권력이 그 자리를 대신할 때의 결과를 예감했는지도 모르겠다.

2009년 1월 19일 발생한 '용산 참사'는 MB 정권의 또 다른 위기였다. '제2의 촛불'이 될 수도 있었다.

사건이 터진 직후 국회 행정안전위원회 소속 한나라당 신지호 의원은 3분짜리 동영상을 만들어 SD를 찾았다. 뉴라이트 출신인 신지호는 이재오 의원보다는 SD나 친이 직계인 안국포럼(MB의 대선캠프) 라인과 가까웠다. 그는 '용산 참사'의 성격을 전국철거민연합회(전철련)의 '도심 테러'에 가까운 것으로 규정하고 정면대응을 주장했다. 하지만 갓 국회에 진출한 초선의원일 뿐이었다. 자기주장을 관철하기 위해서는 '힘'이 필요했다.

신지호의 기억. "그런데 SD의 파워가 정말 막강하더라. 내가 사건 동영상을 3분 분량으로 편집해 보고했는데 그 자리에서 '선先 진상 규명, 후後 책임자 처벌'이라고 얘기하더니 바로 맹형규 원세훈 박희태 홍준표 임태희한테 전화를 넣더라. 그러고는 (당정청의 방침을) 확실하게 정리해 버리더라. 와, 정말 대단했어!" 맹형규는 대통령정무수석비서관, 원세훈은 행정안전부 장관, 박희태는 한나라당 대표, 홍준표는 원내대표, 임태희는 정책위의장이었다. SD는? 그냥 6선 의원일 뿐이었지만 '만사형통萬事兄通'의 바로 그 '형兄'이었다.

영보이에겐 불편한 올드보이 스타일

'올드보이 스타일'은 굳건했다.

김원용의 기억. "우리는 SD 문제도 끊임없이 제기했지만 최시중 씨도 기용하면 안 된다고 건의했다. 그런데 MB는 '함부로 남의 욕을 하면 안 돼! 근거도 없이…'라면서 꿈쩍하지 않았다."

김원용이 말하는 '우리'는 정두언, 김용태와 자기였다. 최시중은 2008년 추석을 앞두고 보좌관을 시켜 꽤 두툼한 봉투를 돌렸다. '정치 또한 인간관계의 하나'라는 게 최시중의 생각이었지만, 정두언이나 김용태는 최시중의 '올드보이 스타일'이 불편했다. 안 그래도 '55인 선상 반란'과 정두언의 '권력 사유화 발언' 때문에 전선이 확대되고 있는 마당이었다. 정두언은 보좌관이 승용차 트렁크를 열려는 순간 돈이란 걸 직감하고 거절했다. 김용태는 아예 만나지를 않았다.

'올드보이 스타일'의 끝은 그 어떤 정치적 퇴장보다 더 허망하다. 법과 제도보다는 보이지 않는 권력에 의존했기 때문이다.

2013년 10월 30일 치러진 포항남-울릉의 재선거 뒷이야기는 그런 허망함의 한 편린片鱗을 보여준다.

MB 정권 5년 내내 'SD의 대리인'으로 불렸던 이춘식 전 의원은 포항 재선거 출사표를 내면서 마지막 희망을 버리지 않았다. 대선 때 친박을 표명한 박명재 전 행정자치부 장관이 인지도는 높지만 노무현 정부 때 사람이라는 약점이 있었다. 아니, 그런 약점이 아니더라도 '친이 대 친박'의 양강 대결로 끌고 가면 승산이 없지 않다고 판단했다. 포항 현지엔 SD에 대한 동정론도 없지 않았고, 'SD 사람들'도 남아 있었다. 한때 지지도를 17%까지 올렸다. 상승 무드였다.

중간에 서장은 전 서울시 정무부시장도 공천 경쟁에 뛰어들었다. '서청원 맨'이었다. 그런데 SD의 오랜 보좌관 출신인 문성곤이 서장은을 돕고 있었다. 과거 SD를 도왔던 사람들이 반신반의하며 이춘식 캠프를 빠져나갔다. 상승 무드였던 지지도도 급격히 떨어졌다. 이춘식은 한순간에 '미아迷兒'가 돼버렸다.

구속시한 만료로 석방돼 서울 성북구 성북동 자택에서 요양 중인 SD에게 긴급 SOS를 보냈다.

"문성곤이 서장은을 돕는 건 내 뜻이 아니야. 그런데 내가 아무리 전화해도 말을 듣지 않으니…." 오랫동안 데리고 일했던 보좌관 한 사람도 어찌할 수 없는 상황, 그게 바로 올드보이 권력의 끝이었다.

비밀해제 in 비밀해제 ●

강만수 전 장관의 문자메시지

기사가 나간 토요일 아침, 강만수 전 장관으로부터 문자메시지가 왔다. "앞으로는 동의 없이 내 이름을 쓰지 않았으면 좋겠습니다. 마음이 불편하네요."

필자가 "미안합니다. 비화 시리즈의 특성상 실명을 쓰시 않을 수 없었습니다"라고 답장을 보내자 강 전 장관은 "강만수의 대화는 안 썼으면 좋겠습니다. 아무리 비화라도 상대방에 대한 예의와 명예를 지켜줘야 하지 않겠습니까? 이번에는 아주 어려웠습니다"라는 문자를 다시 보내왔다.

강만수 장관이 주요 화자話者로 등장하는 기사가 연이어 나가자 안팎으로 말이 많았던 것 같다. 특히 김윤옥 여사로부터….

거듭 강 전 장관에게 미안한 마음을 금할 수 없었다.

한편 정두언 의원은 기사 중에 자신이 강만수 장관에게 "형님, 죄송합니다. 죽을 죄를 지었습니다"라고 머리를 조아렸다는 대목에 대해 "나는 강만수를 형님이라고 부른 적이 없다. 깍듯하게 원장님이라고 했다"고 밝혀왔다.

김문수의
2017년 대권 가능성?

"한번 잘 키워봐!"

대선을 2년 6개월 앞둔 2010년 6월 어느 날 이명박 대통령은 김문수 경기지사의 최측근인 차명진 한나라당 의원에게 전화를 걸었다. 입각설이 나돌던 차명진에게 "네가 할 일은 따로 있다"고 말하기 위해서였다.

차명진은 무턱대고 수도권 뉴타운 문제를 해결해 달라고 요청했다. 김문수가 민선 4기(2006~2010년) 재임 시절 뉴타운 지구를 지정했지만 부동산 경기 침체로 일부 사업이 취소되자 2년여 뒤 대선 국면에서 여론이 부정적으로 흐를 것을 염려하고 있던 차에 우연히 기회가 찾아온 것이다. MB도 일단 "알았다"고 말한 뒤 재차 "김문수를 키우는 것이 네가 할 일"이라고 강조했다. 김문수는 그해 6·2지방선거에서 연임에 성공하며 여권 대선주자 반열에 오른 상태였다.

차명진은 2007년 한나라당 대선 경선캠프에서 이재오 정두언 공성진 이군현 정종복 진수희 의원과 함께 현역의원 '7인 멤버' 중 한 명이었다. 2006년 7월 도지사로 자리를 옮긴 김문수의 지역구인 경기 부천 소사 보궐선거에 출마해 당선된 뒤 일찌감치 박근혜 전 대표 대신 MB 지지를 선언했다. 당시 김문수는 "(나하고 제대로 상의도 안 하고) 왜 이렇게 가볍게 움직이느냐"고 혼을 냈다고 한다.

차명진의 기억. "지사님을 위해 MB 캠프에 갔던 거였다. 'MB가 (2012년 대선 때 지사님을) 도와주겠지'라고 생각을 했던 거다."

하지만 차명진의 착각이었을까. 정권 초기 당 대변인을 지내는 등 MB 정부에 충성을 다했지만 돌아온 대가는 신통치 않았다. "박근혜 전 대표의 지지율이 워낙 압도적으로 높으니 대통령이 어떻게 손을 댈 생각을 하지 못하더라. 나중에 알았는데 SD(이상득 전 국회부의장)는 반기문 유엔 사무총장을 (차기 주자로) 생각하고 있었더라."

2012년 5월 8일 임태희 전 대통령실장의 대선출마 선언은 충격이었다. 임태희는 MB 정부의 대통령실장으로 권력 핵심에 있었고 여당의 정책위의장과 고용노동부 장관을 지낸, MB 정부의 산증인이나 마찬가지였다. 불과 보름 전인 그해 4월 22일 여야를 통틀어 가장 먼저 대선출마를 선언한 김문수로서는 뒤통수를 제대로 맞은 셈이었다.

김문수 "이게 뭐야, 대통령의 뜻이 없이 나올 수 있는 거야?"
차명진 "없죠!"
김문수 "너무하잖아!"

박근혜 대세론 못 꺾은 '비박 연대'

김문수는 불쾌했다. 도와주지는 못할망정 MB가 자신의 대선가도에 태클을 건 것이나 마찬가지였다. 캠프는 임태희 출마로 비박 성향의 표가 분산될 것으로 내다봤다.

하지만 당시 새누리당 내에선 박근혜의 대선후보 선출은 떼놓은 당상이나 마찬가지라는 분위기였다. 임태희 출마는 승패를 가를 만한 변수가 되지 못했다. 임태희의 설명. "정말 대통령께 상의를 드리지 않고 나갔다. 경선이 파행으로 가선 안 되고, (경쟁을 통한) 뜨거운 경선이 돼야 한다고 생각했다. 결과적으로 뜨거운 경선은 안 됐지만…."

김문수의 대학 은사이자 멘토인 안병직 서울대 명예교수도 비슷한 생각이었다. 그해 초 출마를 고심하던 김문수에게 이렇게 조언했다. "대세는 박 전 대표다. 당선될 것이라고 생각하면 나가지 마라. 대신 복지 분배 일변도 추세에 대해 네가 할 말이 있으면 이 기회를 통해서 국민에게 소신발언을 해라."

김문수도 내심 두 가지를 염두에 뒀다고 한다. 하나는 박근혜식 보수가 아닌 김문수식 보수가 있다는 사실을 국민에게 알려주고 싶었다는 설명이다. 무상복지를 강조하는 박근혜와는 달리 자신은 '성장과 분배를 병행한다'는 점을 강조하고 싶었다는 얘기다.

다른 하나는 박근혜와 대선경쟁을 벌임으로써 자신이 국가지도자로서 미래를 모색하는 사람의 반열에 오를 수 있다는 정치적 판단이었다. 현실은 녹록지 않았다. 박근혜의 지지도가 워낙 견고해 좀처럼 비집고 들어갈 틈이 없었다. 그래서 찾아낸 대안이 '비박 연대'였다. 연결고리는 대선출마를 선언한 이재오, 정몽준 의원과 함께 당내 '경선 룰'을 완전국민경선(오픈프라이머리)으로 요구하는 것이었다. 그러나 김문수는 내심 비박 연대가 효용성을 발휘할 수 있을지 고개를 갸우 뚱했다.

김문수 "비박 연대가 되겠어?"

차명진 "안 됩니다."

김문수 "……."

차명진 "하지만 그냥 놔두십시오. 그 자체가 만들어내는 여론의 관심이 있습니다. 다만 절대 '비박 연대'라는 용어를 쓰면 안 됩니다."

차명진의 설명. "비박 연대를 놔둔 것은 경선에서 박 전 대표의 독주를 막을 수 있겠다는 생각도 있었기 때문이다. 하지만 비박 연대 자체가 국민에게 남길 메시지는 없었다. 지사님도 생각이 같았다."

실제 김문수는 그해 6월 30일부터 공식 일정을 취소한 채 경선 참여여부를 놓고 고민을 거듭했다. 당초 '경선 룰이 바뀌지 않으면 경선에 참여하지 않겠다'는 약속대로라면 비박 연대의 두 축인 이재오, 정몽준과 함께 그해 7월 9일 경선 불참을 선언하는 것이 맞았지만 그는 장고했다.

그러곤 그달 12일 "새누리당의 승리를 위해 제 몸을 바치는 것이 바로 대도大道"라고 강조하며 경선 레이스의 막차를 탔다. 하지만 경선 불참 약속을 뒤집은 데다 할지 말지 결정이 늦어진 탓에 이미 실기했다는 비판론이 제기됐다.

전에도 김문수는 자신의 발언을 뒤집은 전력이 있다. 그해 4월 22일 출마 당시 지사직 사퇴를 얘기했지만 하루 만에 "도민들이 '당장 (대선후보가) 되지도 않는데 (중도에 사퇴한) 오세훈 전 서울시장과 다를 게 뭐가 있느냐'고 말하는 사람이 많다"고 태도를 번복해 버린 것이다.

MB "김문수 경쟁력 있는데 대중성이…"

김문수의 경선 참여 결정은 차명진의 설득에 따른 것이었다. 차명진은 그해 7월 11일 '세대교체'를 키워드로 출마한 김태호 의원이 마음에 걸렸다. 1961년생인 김태호는 비록 낙마했지만 2010년 8·8개각 때 국무총리에 내정됐고, 경남 김해을에서 2011년 보궐선거와 이듬해 4월 총선에서 연거푸 승리하며 재기에 성공했다. 한마디로 차세대 리더로 부상할 가능성이 적지 않았다. 차명진은 대선 경선에서 김태호가 2등을 차지하는 것을 그대로 지켜볼 수만은 없었다. 2017년 차기 대선주자가 김문수가 아닌 김태호로 비치는 정치적 상황을 사전에 차단해야 했던 것이다. 김문수는 그해 8월 20일 대선후보를 선출하는 전당대회에서 김태호(3등)를 제치고 2등을 했다. 하지만 최종득표율 8.7%에 불과했다. '경기도 최초 재선 도지사'라는 타이틀에 걸맞지 않은, 박근혜의 84.0%에 비해 격차가 너무나 큰 2등이었다.

MB는 집권 5년 내내 김문수를 긍정적으로 평가했다. 2010년 6·2 지방선거 전에 핵심참모들과 저녁식사를 하는 자리에서도 이런 얘기가 오갔다.

한 측근 "김 지사가 추진하는 GTX(수도권 광역급행철도)는 서민정책
입니다. 정부 차원에서 추진하는 것이 맞는 것 같습니다."

MB "맞아, 경기지사로서 그만한 경쟁력과 능력을 갖고 있는 사람
은 없어."

MB는 김문수의 인생 스토리도 높이 평가했다. 노동운동권 출신으
로 2년 6개월간 수감되기도 했던 그가 1994년 신한국당(새누리당의
전신)에 입당해 15대부터 경기 부천 소사에서 내리 3선을 했고, 2006
년 경기지사 당선에 이어 2010년 야권연대를 꺾고 재선에 성공한 점
을 긍정적으로 본 것이다.

MB 정부 마지막 대통령정무수석비서관인 이달곤 전 수석도 비슷
한 얘기를 했다. "대통령은 김 지사를 기본적으로 좋아했다. 'GTX는
한번 충분히 심도 있게 검토해봐야 할 필요가 있지 않느냐. 김 지사는
스토리가 있는 사람'이라고 생각을 했다."

다만 MB는 한 가지가 마음에 걸렸다. 바로 '대중성'이었다. 한 핵심
참모의 기억. "대통령은 경기지사로서는 김 지사만큼 경쟁력 있는 사
람이 없다고 했습니다. 그런데 지나가는 말로 '능력에 비해서 대중성
이 왜 떨어지는지 모르겠어'라고 얘기를 하더라고요."

물론 MB는 김문수의 잠재력을 높이 평가했다. 2012년 7월 경선이
한창일 때 사석에서 이런 얘기도 했다. "워낙 지지기반이 탄탄한 후보
(박근혜 지칭)가 있어 이번에는 안 되더라도 4, 5년 후에는 (당내 상황

이) 달라질 거야. 2017년에는 김 지사도 후보 중에 한 명일 수 있어."

그러나 김문수는 여전히 '대중성 부족'이라는 한계를 좀처럼 극복하지 못하고 있다. MB의 기대와 예상대로 차기 대선을 바라보고 있지만 MB의 우려처럼 지지율은 좀처럼 오르지 않고 있는 것이다.

비밀해제 in 비밀해제 ●

취재 거부한 김문수 보도내용 우회 인정?

"차명진이 다 얘기했구만!"

김문수 경기지사는 시리즈가 보도된 직후 측근에게 이렇게 얘기했다고 한다. 이 측근은 "보도 내용이 틀렸으면 구체적으로 얘기했을 텐데 이런 반응을 보이는 것을 보면 대략적으로 기사내용이 맞는 것 같다"고 귀띔했다.

사실 김문수는 '비밀해제 MB 5년' 취재에 응하지 않았다. 필자가 두 번이나 직접 만나고 전화통화도 했지만 "이명박 정부 때 경기도지사를 지냈기 때문에 특별히 비화라고 할 만한 내용이 없다"는 설명이었다. 때문에 김 지사의 최측근인 차명진 전 의원 등을 통해 2012년 대선출마 뒷얘기를 취재할 수밖에 없었다.

MB의 말처럼 김문수가 '2017년 대선카드'가 될지는 모르겠지만, 김문수의 대권도전 의지만큼은 뚜렷한 것 같다.

친박의 역습,
친이의 피눈물

새누리당의 19대 총선 공천에서 서울 지역의 친이계 의원들은 겨울의 칼바람을 기다리는 가을 잎 신세였다. 그들은 정해진 운명에 따라 낙엽이 돼 바닥을 뒹굴었다. 20명 안팎의 서울 친이계 중 살아남은 의원은 5명 정도에 불과했다. 18대 총선에서 '이명박 바람'을 타고 당선됐던 초선들은 전멸하다시피 했다. 18대 총선 피해자였던 친박은 박근혜 당 비상대책위원장이 버티던 19대엔 죄업罪業을 심판하는 명부시왕冥府十王(죽은 자를 심판하는 열 명의 왕)이 돼 있었다.

2012년 3월 초 서울 여의도 새누리당사 6층 공천심사위원회 회의실. 공천실무를 총괄하는 권영세 사무총장이 상기된 표정으로 회의장으로 들어서며 이렇게 말했다.

"청와대 사람이 항의하러 찾아왔더라. 낙천자 중에 친이계가 너무 많다는 거다. 그래서 '야당이 이명박 정부 심판론을 들고나올 텐데 그런 구도를 깨려면 친이의 희생이 불가피하다. 총선에서 지면 MB도 퇴임 이후 구속될 수 있다'고 했더니 아무 말도 못 하더라."

친이계 공천배제 논리가 공심위 공식회의에서 거론된 순간이었다. 친박 중심으로 구성된 공심위원들은 박근혜 비대위원장의 대리인 격이었던 권영세의 논리에 어느 정도 공감하고 있었다. 당시 공천 문제로 권영세와 수시로 만난 이는 이달곤 대통령정무수석비서관이었다. 이달곤의 회고는 공심위원들이 증언하는 권영세의 발언과 달랐다. "청와대가 당에 친이 입장을 대변한 적은 없었다. 공천의 큰 원칙과 공천자 개개인에 대해 의견을 교환한 게 전부였다."

공천은 친박이 짠 시스템에 의해 진행됐다. 객관적인 평가를 통해 공천을 해야 한다는 박근혜의 원칙 때문이었다. 공심위가 공천 기준의 '헌법'으로 삼은 건 '현역의원 하위 25%를 배제한다'는 컷오프cut-off 룰이었다. 이 룰을 만든 건 공심위가 아니라 비대위 정치쇄신분과였다.

"이재오를 살렸으니 이재오계는 다 죽일 것"

그해 1월 이상돈 분과위원장(현 중앙대 명예교수), 김세연 의원(간사), 주광덕 홍일표 의원과 자문위원이던 장훈 중앙대 교수, 가상준 단국대 교수, 곽진영 건국대 교수가 국회 의원회관 1층 회의실에 모였다. 비대위원장의 지시에 따라 현역의원 교체 룰을 짜는 게 이들의 임무였다. 몇몇 위원들은 "시스템이 우선돼서는 안 된다. 계파와 무관하게 훌륭한 분을 공천하는 것이 더 중요하다"는 의견을 냈지만 '정량적 평가기준이 필요하다'는 비대위 방침이 우선이었다.

결국 가상준 교수가 컷오프 룰을 짰다. 새누리당 의원이 현역인 지역구 유권자를 상대로 '19대 총선에도 현역 의원이 출마하면 투표하겠느냐'고 질문해 지지율이 낮은 의원을 낙천시키는 방식이었다. 당초에는 20%만 배제하는 안이 논의됐지만 쇄신파였던 주광덕이 "새누리당이 100석도 어려운 상황에서 뼈를 깎는 모습으로 국민 앞에 서야 한다"고 주장해 25%로 조정됐다.

2월 2일 출범한 공심위는 새누리당 부설 여의도연구소가 실시한 여론조사 결과를 토대로 본격적인 논의에 착수했다. 가장 먼저 논란이 된 건 이재오 의원이었다. 1차 공천자를 가리던 2월 26일 공심위 회의장에 있던 권영세에게 전화가 걸려 왔다. 김종인 비대위원이었다.

김종인 "이재오는 MB의 최측근 아닙니까. 그 사람을 공천하면 은평을은 이길지 몰라도 전체 선거구도에 악영향을 줄 수 있습니다. 절대 이재오는 안 됩니다."

권영세 "특정인을 임의로 배제하기 어렵습니다. 공심위원들과 논의해 보겠습니다."

당시 공심위는 컷오프 말고도, 두 가지 룰이 더 있었다. 전략지역이 아닌 현역 단수공천 신청지역과 여론조사에서 경쟁자를 20%포인트 이상 앞서는 지역에는 현역의원을 공천한다는 것이었다. 은평을에 공천을 신청한 후보는 이재오뿐이었다. 다음 날 정홍원 공심위원장은 비대위에 이재오 김선동 권영진 의원의 이름이 담긴 공천명단을 보고했다. 하지만 명단을 본 김종인 이상돈이 공심위 안에 강하게 반발했다. 권영세의 설득에도 비대위원들이 태도를 바꾸지 않자, 정홍원은 비대위 회의가 끝나기도 전인 오전 10시 반 국회 기자회견장에서 명단을 발표해 버렸다. 비대위의 재의再議 요청에도 공심위는 그날 오후 3분의 2 이상의 찬성으로 원안을 재의결했다. 이후 당내에는 "이재오를 살렸으니 이재오계는 다 죽일 것"이라는 말이 나돌았다. 이재오에 대한 박근혜의 불편한 심기 때문에 나도는 추측이었다. 추측은 점차 현실이 됐다.

주초에 나올 것으로 예상됐던 컷오프 명단이 나오지 않으면서 공천 작업이 늦어지자 정홍원이 격노했다. 당시 민주당은 새로운 공천자 명단을 발표하며 여론의 관심을 받고 있었다. 정홍원은 회의장에서 "여론조사 때문에 공천이 늦어진다는 게 말이 되느냐"고 권영세에게 화를 냈다. 당시 여의도연구소 부소장은 2007년 경선 때 박근혜 후보의 공보특보였던 신동철(박근혜 정부 대통령국민소통비서관)이었다.

컷오프에 걸려 현역 31명 낙마, 친이계 살생부

결국 그 주 일요일인 3월 4일 오후 공심위원들에게 컷오프 명단이 전달됐다. 시스템으로 만들어진 '살생부'였다. 명단에 따르면 단수 공천신청자와 불출마 선언자를 뺀 현역의원 125명 중 25%인 31명은 무조건 공천을 받을 수 없었다.

이 살생부를 기초로 다음 날인 5일 2차 공천자 21명의 명단이 발표됐다. 컷오프에 걸린 31명 중 10명 이상이 서울에서 나왔다. 서울에서 컷오프된 현역 전원이 친이계였다. 가장 논란이 컸던 건 방송인 출신인 유정현 의원(중랑갑)의 탈락이었다. 유정현은 당 여론조사에서 37.6%의 선호도로 2위 후보(8.3%)를 압도적으로 앞섰지만 컷오프에 걸렸다는 이유로 3.1%를 얻은 4위 후보가 공천을 받았다. A 공심위원은 "여론이 좋았던 유정현 의원과 강승규 의원(마포갑)이 컷오프에서 각각 31위와 30위에 걸려 모두 의외라는 반응이었다"고 당시 분위기를 전했다.

신지호 의원(도봉갑)도 여론조사에서 36.8%로 2위 후보(8.1%)를 크게 앞섰지만 컷오프로 낙마했다. 당시 일부 공심위원은 "당세가 강하지 않은 서울 외곽에는 인지도가 높은 현역을 공천해야 한다"고 했지만 받아들여지지 않았다. 진성호(중랑을) 전여옥 의원(영등포갑)과 이재오의 측근인 권택기 의원(광진갑) 등의 친이계 의원들도 고배를 들었다. 지지율이 낮았던 일부 친박 의원은 컷오프에 걸리지 않으면서 '컷오프 조작설'이 친이계를 중심으로 돌기 시작했다.

이재오의 핵심 측근인 진수희 의원(성동갑)의 공천 탈락은 '친이 학살론'에 불을 댕겼다. 컷오프에 걸리지 않은 진수희는 여론조사에서도 다른 후보를 20%포인트 가까이 앞섰지만 공심위는 그를 외면했다. 보건복지부장관 시절 슈퍼에서도 상비약을 팔 수 있도록 약사법을 개정하는 일에 소극적이었다는 게 이유였다. 결국 이재오는 진수희 권택기라는 양팔을 모두 잃었다. 진수희가 탈락한 9일 이재오는 기자회견을 열어 "보복공천은 안 된다. 컷오프 명단을 공개하라"고 목청을 높였다. 다음 날 탈당 기자회견을 준비하는 진수희에게 이재오가 전화를 걸었다.

진수희 "불공정한 보복공천에는 승복할 수 없습니다. 무소속으로 출마하겠습니다."

이재오 "무슨 일이 있어도 탈당은 절대 안 된다. 지금은 참고 기다려야 한다."

진수희는 결국 불출마를 결심했다. 이재오는 올해 7월 〈동아일보〉와의 인터뷰에서 당시를 회고하며 "정권재창출을 위해 당에 남았지만 '인간 이재오'로 봐서는 그때 공천을 반납했어야 했다"며 눈시울을 붉혔다.

그해 총선에서 새누리당은 152석을 얻어 기적적으로 승리했지만 서울에선 의석 상당수를 잃었다. 18대 총선에서 48석 중 40석을 차지했지만 19대에서는 큰 폭의 물갈이를 하고도 16석에 그치며 완패한 것이다. 살생부가 됐던 컷오프 명단은 지금까지도 공개되지 않고 있다.

비밀해제 in 비밀해제 ●

"야, 너는 세상이 그렇게 우습냐?"

'MB의 입'이었던 이동관 전 홍보수석도 서울 종로에 공천 신청을 했다.

신문에 그 사실이 보도되자 정두언이 이동관에게 문자메시지를 보냈다. '야, 너는 세상이 그렇게 우습게 보이냐? 홍보가 기가 막혀'.

이동관의 기억. "종로가 상징성이 있지만, 그리고 나도 공천 안줄 줄 알고 한 거지만 '세상이 우습게 보이냐'고 해서 나는 아예 대답을 안했다."

강부자–고소영–S라인 인맥

주승용 "현재 강남에 시가 12억 원이 넘는 아파트 두 채를 보유하고
있는 소위 '강부자'고…, 그리고 소망교회 다니시지요?"

백용호 "저는 교회를 나가 본 적이 없습니다."

주승용 "또 소위 서울시정개발연구원장으로 근무하신 S라인이라고
해서 제 자료에는 '강부자, 고소영, S라인'을 다 겸비한 3관왕
의 최측근이라고 돼 있습니다. 시인하십니까?"

백용호 "그런데 '고소영'은 뭔가요?"

주승용 "고려대, 소망교회, 영남…"

백용호 "저는 고려대를 안 나왔습니다."

주승용 "예, 알겠습니다. 그러면 2관왕이군요."

 2009년 7월 백용호 국세청장 후보자에 대한 국회 기획재정위원회
인사청문회의 한 장면이다. 민주당 주승용 위원은 재선의원. 대한민
국 국회 인사청문회의 수준을 적나라하게 보여 주는 질문이지만, '강

부자' '고소영' 'S라인'은 이명박 정권 5년 내내 빠지지 않고 등장한 인사검증의 단골 메뉴였다.

백용호(현 이화여대 정책과학대학원 교수)는 중앙대를 나왔고, 충남 보령 출신이다. '고소영'과는 거리가 멀었다. 다만 이명박 서울시장 때 서울시정개발연구원장으로 있었으니 'S라인(서울시 인맥)'이라고는 할 수 있었다. MB와의 인연의 뿌리는 훨씬 더 오래전으로 거슬러 올라가지만….

2008년 1월 초. 대선에 승리하고 새해를 맞은 MB는 새 정부의 인선에 골몰했다. 초기 인선작업을 주도한 정두언 당선자 보좌역, 박형준 대통령직인수위 기획분과 위원, 박영준 당선자비서실 총괄조정팀장 등과 인물평을 주고받는 일도 적지 않았다. 때로는 인선 대상을 놓고 토론도 벌어졌는데, 특히 MB가 원세훈과 백용호를 언급할 때는 미묘한 긴장감이 흘렀다.

MB "원세훈 괜찮지 않아?"

박영준 등 "성격도 괴팍하고 밥도 혼자 먹고 그러는 사람인데 뭐가 괜찮겠습니까?"

MB "백용호는 어때?"

박영준 "이전에 우리를 제대로 돕지 않고 6개월인가 잠적한 적이 있습니다."

MB "(약간 언성을 높이며) 그래도 내가 서울시장 나간다고 할 때 내 옆으로 가장 빨리 온 사람이 백용호야!"

"MB는 원세훈과 백용호를 좋아했다"

MB가 백용호를 만난 건 15대 총선(1996년) 때였다. MB가 신한 국당의 종로 선거구 후보였고, 백용호는 바로 옆 서대문구 후보였다. MB는 당선됐으나, 백용호는 패했다. 하지만 MB가 선거법 위반으로 국회의원직을 내놓고 '낭인浪人'이 됐을 때 위로의 손길을 내민 사람이 바로 백용호였다. MB가 설립한 동아시아연구원을 맡아 무보수로 뛰었다.

영어 속담에 '필요할 때 친구가 진짜 친구(Friend in need is indeed friend)'라는 말이 있다. 그 당시 MB에게 백용호는 그런 친구였다.

백용호는 MB 정부 출범과 함께 공정거래위원장으로 발탁됐다. 그 다음엔 국세청장, 그 다음엔 대통령실 정책실장, 마지막엔 대통령정책 특보를 맡아 MB와 운명을 함께했다. 경제학을 전공했지만 공정거래 법 선문가도 아니고, 너구나 국세행정에 대해서는 문외한이었다. 그는 MB의 '친위 리베로'였다.

2010년 9월 김황식 감사원장을 국무총리로 기용한 뒤에는 백용호를 후임으로 생각하기도 했다. 당시 백용호는 대통령실정책실장을 맡은 지 겨우 두 달쯤 됐을 때였다.

MB   "아무래도 백 실장이 가야겠어."

백용호   "제가 (감사원장으로) 가면 저도 힘들고 대통령님도 힘들어지실 겁니다. 언론에서 회전문 인사라고 난리를 치지 않겠습니까?"

학문적 자부심이 강했던 백용호는 자기 경력에 '사정司正 이미지'가 쌓이는 것도 내심 부담스러웠다. 공정거래위원장에 국세청장, 거기다 감사원장까지 맡는다면? 모두 칼을 드는 역할이었다.

 만약 이때 백용호가 감사원장으로 갔다면 MB 정권에 치명상을 입힌 '정동기 감사원장 후보자 낙마 사태'는 피할 수 있었을까?

 MB에게는 또 한 명의 'S라인 친위 리베로'가 있었다. 원세훈이었다. MB의 포항중학교 후배였다. 이명박 서울시장 때 정무부시장을 지낸 이춘식 전 의원은 "MB는 원세훈과 백용호를 좋아했다. 사람들은 MB가 (그 두 사람을) 얼마나 좋아하는지 잘 몰랐지만…"이라고 술회했다.

 특히 원세훈은 오직 MB만 쳐다봤다. MB의 친형인 이상득(SD)도, 멘토인 최시중도 쳐다보지 않았다. 늘 따로 밥을 먹는다고 해서 '원 따로'라는 별명이 생겼지만, 행동하는 것도 다른 친이 직계들과는 영 '딴판'이었다.

 MB는 취임 후 조각組閣 때부터 원세훈을 국정원장에 앉히려고 했다. 하지만 원세훈은 행정고시(14회)에 합격한 뒤 강원도에서 서울시까지 줄곧 지방행정만 해온 사람이었다. 1988년 국무총리실 파견근무를 한 게 '국정경험'의 전부였지만, 그때도 지방행정담당관 자리였다.

 "총리실에 있을 때 북한 문제를 연구하는 모임에 들어가 한 달에 한 번씩 공부했다. 또 (2006년 행정부시장을 끝으로 MB와 함께 서울시를 나온 뒤) 미국 스탠퍼드대 아시아태평양연구소에서 연수를 할 때 북한 문제를 체계적으로 접할 수 있었다."

 원세훈은 언젠가 그렇게 말했지만, 역시 국정원장은 무리였다. 결국

SD가 나서 "국정원장 후보로는 경력이 모자란다"고 설득한 다음에야 뜻을 접었다. 그 사이 '50년 지기知己'이자 고려대 교우회장을 맡고 있던 천신일 전 세중나모여행 회장이 김성호 전 법무장관을 추천했다. 노무현 정부에서 법무장관을 지냈지만 김성호는 그래도 고려대 출신이었다.

원세훈에겐 행정안전부장관을 맡겼다. 이를테면 '경력 관리'의 기회를 준 것이다. 국정원장에 대한 MB의 '초심初心'은 여전히 원세훈이었다.

자질 부족한 심복 원세훈의 국정원장 기용

촛불사태는 MB의 초심을 일깨웠다. 촛불이 잠잠해진 2008년 8월 MB는 뉴라이트 전국연합 회원 250명을 청와대로 초청해 비공개 만찬을 가졌다. MB 정권의 탄생을 도운 우군友軍이었다.

"누가 내 편인지 이제 알겠다." MB는 식사 도중 이렇게 털어놨다. 그리고 해가 바뀌자 원세훈 국정원장 카드를 다시 꺼내들었다. TK(대구-경북)도, 고려대도 신뢰엔 한계가 있었지만 원세훈만은 달랐다. 최시중의 증언. "내가 세 번인가 말렸지만 대통령의 뜻이 확고했다. 또 가만히 돌아보니 원세훈 말고는 시킬 사람도 없었다. 내 얘기도 많이 나돌았지만 (형님의 친구인 나를 시키면) 대통령이 불편했을 것이다." 마음 편하게 부릴 수 있는, 말 그대로 '심복'이 원세훈 말고는 없었다는 얘기다.

이춘식은 "원세훈이 다른 건 몰라도 북한에 대한 생각만큼은 확고

했다"고 말했다. 본적은 경북 영주로 돼 있지만 원세훈의 선대先代는 북한 출신이다. 원세훈의 모교인 서울고 역시 6·25전쟁 이후 실향민의 자녀가 많이 다니던 학교로 유명했다. 성장 과정에서 '냉전적 반북反北 의식'이 쌓였을 개연성이 높다.

'국정원 선거·정치 개입 의혹 사건'을 수사한 검찰 발표문을 보면, 검찰 역시 원세훈의 '반북 캐릭터'가 사건의 주요한 배경이라고 인식하고 있는 것 같다.

'북한의 대남 심리전에 대응하는 것은 국정원의 고유 기능이다. 그러나 (원세훈 국정원장은) 그 과정에서 북한의 주의·주장에 동조하는 세력은 물론 북한의 동조를 받는 정책이나 의견을 가진 사람과 단체도 모두 종북 세력으로 보는 '그릇된 인식'하에 국정원의 직무 범위를 넘어서는 불법적인 지시를 하게 됐다.'

이진한 서울중앙지검 2차장은 '그릇된 인식'이라는 표현이 이례적임을 의식한 듯 그 의미를 부연 설명하기도 했다.

"원세훈 전 원장은 종북 개념을 보통의 의미보다 더 넓게 해석했다. 한 사람의 생각이 북한의 주장과 유사하다면 북한을 지지하거나 추종하는 것으로 본 것이다. 특히 선거를 앞두고 단일화 이슈 등에서 북한의 주장과 같다는 이유로 (단일화 주장 세력을) 종북세력으로 봤다는 점에서 그릇된 인식이라고 표현한 것이다."

'그릇된 인식.' 결국 국정원장에게 요구되는 고도의 판단력과 정치적 균형감각이 부족했다는 의미다. 대통령의 신뢰는 필요조건일 뿐 충분조건은 되지 못한다. 한마디로 자질이 부족한 인물을 '심복'이라는 이유만으로 국정원장에 앉혔다는 얘기밖에 되지 않는다.

게다가…. 2013년 7월 원세훈이 국정원장으로 재직하면서 건설회사 대표에게서 1억6000여만 원을 받은 혐의로 구속되자 MB는 "원세훈만은 돈 받고 그러지 않을 것이라고 믿었는데…. 도저히 못 믿겠다"고 탄식했다.

비밀해제 in 비밀해제 ●

SD의 해명

〈동아일보〉에 연재된 '비밀해제 MB 5년' 시리즈가 모두 끝난 뒤, 구속시한 만료로 석방된 SD가 측근 장다사로 전 청와대 총무비서관을 필자에게 보냈다.

여러 가지 해명이 있었지만, 특히 원세훈이 국정원장 후보로 경력이 모자란다며 반대했다는 얘기는 전혀 사실무근이라고 했다. 장다사로는 "영감은 원세훈을 잘 모른다. 서울시에 그런 사람이 있다는 것도 잘 몰랐다"라고 했다.

이완구의 반기,
MB의 보복사찰

"자리 좀 만들어 봐!"

2009년 4월 23일 충남 태안군 안면도 국제꽃박람회를 방문하고 귀경하는 길. 기분이 좋아진 이명박 대통령은 마이크로버스 뒷좌석에 앉아있던 맹형규 대통령정무수석비서관에게 이렇게 지시했다. 꽃박람회를 안내한 이완구 충남지사(현 새누리당 원내대표)와 환담을 나눈 뒤 이완구가 "청와대 밥 한번 먹고 싶다"고 말하자 그 자리에서 흔쾌히 승낙한 것이었다.

재선의원 출신인 이완구는 정치적 감각이 살아 있었다. 구체적 증거는 없었지만 MB가 세종시 원안을 수정하려 한다는 움직임을 감지하고 있었다. 그래서 은근슬쩍 면담을 요청했다.

면담은 보름가량 지난 5월 8일 청와대 안가에서 이뤄졌다. 맹형규도 참석했다. 이완구는 차를 마신 뒤 조심스레 세종시 문제를 꺼냈다.

이완구 "드릴 말씀이 있습니다."

MB   "그래."

이완구는 미리 준비한 A3용지 4장 분량의 보고서를 내밀었다. '행복도시 건설 관련 특별보고.' 문건에는 세종시가 원안대로 추진되지 않을 경우 민심이반 등의 부작용을 우려하는 내용이 담겨 있었다. 그러면서 불쑥 이런 얘기를 꺼냈다.

이완구 "국민과의 약속을 지키셔야 합니다."
MB   "응…."
이완구 "세종시를 (원안대로) 추진하지 않으면 엄청난 혼란이 생기는
           것은 물론이고 신뢰를 잃게 됩니다."

MB는 별다른 반박을 하지 않았다. 그저 얘기를 듣고 있을 뿐이었다. 이완구는 불안했다. 그래서 이참에 쐐기를 박고 싶었다.

이완구 "약속을 안 지키면 즉각 레임덕(권력 누수현상)이 올 수밖에
           없습니다. 앞으로 대통령 말을 누가 믿겠습니까!"

이완구는 권력이 펄펄 살아 있는 집권 2년차의 대통령 면전에서 '레임덕'이라는 말까지 꺼내든 것이었다. 그런데도 MB는 화를 내지 않았다.

MB   "6월에 미국 다녀와서 다시 얘기해."
이완구 "나중에 다시 한 번 자세히 말씀드리겠습니다!"

"총리 자리에 세종시 원안추진 포기할 사람 아냐!"

이완구는 미심쩍었지만 일단 MB를 믿기로 했다. 세종시 원안 추진은 MB의 공약이었다. 맹형규의 기억. "대통령은 노련하다. 조용한 자리에서 상대방과 얘기할 때는 화를 내지 않고, 기분 좋게 다독이면서 들어준다. 그 자리에서 대통령은 세종시 문제에 대한 심각성과 앞으로 민심의 변화가 정부와 여당에 주는 부작용까지 진지하게 경청했다."

MB는 집권 초만 해도 이완구의 역할을 기대했다. 한나라당 전당대회가 열렸던 2008년 7월 3일 오전 이완구를 청와대 집무실로 올라가는 2층 계단 밑에 있는 방으로 따로 불렀다. 심대평 자유선진당 대표를 국무총리로 임명하려고 하니 이회창 총재를 찾아가 '양해'를 좀 받아 달라는 내용이었다. 당시 정치권에선 촛불정국 돌파용으로 선진당과의 연대론이 거론되고 있었다.

이완구는 그날 이회창 자택을 찾아 MB의 뜻을 전했지만 이회창은 묵묵부답이었다. 심대평 카드는 결국 '없던 일'이 됐다. 어쨌건, MB는 2009년 5월 면담 이후 이완구를 다시 청와대로 부르지는 않았다.

그러곤 그해 9월 3일 충청 출신의 정운찬 전 서울대 총장을 국무총리로 발탁했다. 정 후보자는 바로 그날 서울대에서 기자들과 만나 "행정복합도시(세종시)를 원점으로 돌리기는 어렵지만 원안대로 다 한다는 것도 쉽지 않다고 본다"고 밝혀 세종시 수정안 추진의 첫 신호탄을 쏘아 올렸다. 하지만 정운찬은 충남지사인 이완구를 한 번도 만나지 않았다.

이완구는 이미 수차례 충남 도민들에게 세종시 원안 추진에 도지사직을 걸겠다고 약속한 상태였다. 그해 5월 청와대 안가회동 이후 한번쯤은 MB와 '담판'을 지을 기회가 있으리라 기대했지만 11월 27일 MB가 '대통령과의 대화'를 통해 공식사과와 함께 세종시 원안 수정이 불가피함을 역설하자 그 기대마저 접어야 했다.

며칠 뒤인 12월 3일. 이완구는 기자회견을 열어 "세종시 수정이 공론화된 지금 누군가는 법 집행이 중단된 점과 국민과의 약속을 지키지 못하게 된 점에 대해 책임을 져야 한다"며 지사직을 사퇴했다. 다음 해 지방선거 불출마까지 선언했다. 박근혜 전 한나라당 대표와도 한마디 상의를 하지 않았다.

광역단체장 사퇴는 김혁규 경남지사가 2003년 야당이었던 한나라당 당적을 버리면서 지사직까지 사퇴한 후 처음이었다. 이완구로서는 MB와의 정면승부를 의미하는 것이었지만, 정치권에선 이완구가 '더 큰 자리'를 노리고 정치적 승부수를 던진 것이라는 비판론이 제기됐다.

실제로 여권 내부에선 '이완구 총리' 가능성이 조심스럽게 서론되고 있었다. 사퇴 직후 충남도 자매도시인 일본 구마모토熊本 현에 머물다가 귀국한 2010년 4월 25일 당시 한나라당 사무총장이던 정병국 의원이 연락을 해왔다. 두 사람은 성균관대 선후배 사이였다. 둘은 정병국의 지인이 살고 있던 서울 강남구 도곡동 타워팰리스에서 만났다.

정병국 "형님, 충남지사에 다시 출마하는 것은 어떻습니까?"

이완구 "(황당한 표정으로) 날더러 세종시 입장을 바꾸라는 것이 아니냐? 말이 안 되지."

정병국 "(머뭇거린 뒤) 형님 판단이 옳은 것 같습니다. (그런데) 총리
　　　　로 진출하는 것도 괜찮지 않습니까?"

이완구 "(격앙된 목소리로) 정 총장! 난 총리 자리에 소신을 바꿀 사
　　　　람이 아니야!"

　정병국의 기억. "당시 청와대 분위기를 쭉 스크린하고 만났다. 이완
구 지사가 '오케이'를 했다면 청와대 쪽을 설득했을 것이다."

　보름여 전에도 비슷한 얘기가 있었다. 4월 7일 늦은 밤 청와대 핵심
참모가 이완구를 찾아왔고, 만남은 서울 강남의 한 호텔 객실에서 새
벽까지 이어졌다. 얘기 끝에 참모가 총리직 얘기를 꺼내자 이완구는
"세종시 원안 추진의 소신을 바꿀 수 없다"며 일언지하에 거절했다.
이 참모의 기억. "당시 세종시 수정안을 놓고 조그마한 도움도 아쉬울
때였다. 이완구 지사가 마음을 돌려서 수정안을 지지해주면 큰 힘이
될 수 있었다. 당시 총리 얘기를 했을 수도 있다."

역린의 혹독한 대가

　이완구는 그해 6월 2일 지방선거가 끝나자마자 곧바로 미국으로 떠
났다.

　그런데 9월 17일 MB와 만날 기회가 생겼다. 충남 부여 백제문화
단지에서 열린 '2010 세계대백제전' 개막식 참석차 일시 귀국했는데,
MB도 참석한 것이다. MB의 세종시 수정안은 3개월 전 국회에서 이
미 부결된 상태였다.

이완구 "(지사직 사퇴로) 심려를 끼쳐드려 죄송합니다."
MB "(시큰둥하게) 다 팔자지 뭐…."

팔자…. 이완구는 그 말을 두고두고 씹어야 했다. 두 달 뒤 검찰이 민간인 불법사찰 사건 수사를 벌이던 도중 국무총리실 공직윤리지원관실 직원의 수첩에서 자신에 대한 동향메모가 나왔다. '고함… 결별 수순, 비리 채증'.

그해 10월에는 자신뿐만 아니라 주변 사람들까지 검찰 내사를 받고 있다는 사실도 알았다. 역린逆鱗의 대가는 혹독했다. 이듬해 4월 미국에서 돌아온 이완구는 내사가 1년여 간 지속되자 극심한 스트레스를 받았다. 하루에 담배를 4갑까지 피울 정도였다. 2012년 1월엔 혈액암의 일종인 다발성 골수종 판정을 받았다. 19대 총선 출마를 준비했지만 그마저도 접어야 했다. 다행히 완치판정을 받고, 2013년 4월 충남 부여-청양 재선거에서 정치적 재기에 성공했다. 한마디로 죽있다가 살아난 셈이었다. 국가인권위원회도 완치판정을 받은 2012년 10월 국무총리실의 민간인 불법사찰 조사를 위해 이완구를 면담했고, 퇴임 직전인 MB에게 불법사찰이 근절되도록 조치를 취할 것을 권고했다.

재선거 유세가 한창이던 4월 초 어느 날. 대통령실장을 지낸 임태희가 이완구의 선거사무실에 찾아왔다. 임태희는 이완구의 행정고시, 경제기획원 후배였다. 순간 이완구는 울화가 치밀어 올랐다.

이완구 "나를 내사하다니, 어떻게 정치보복을 할 수가 있는 거야!"
임태희 "(놀라며) 처음 듣는 얘기입니다."

이완구 "대통령실장이 어떻게 모를 수가 있어!"

임태희 "정말 모릅니다."

이완구 "(마음을 가다듬은 뒤) 지금 선거 중인데 자네가 있으면 평정심을 잃으니까 그만 올라가 줘!"

임태희의 설명. "나에게 '사람이 바뀌었다'고 섭섭한 얘기를 하더라. 내가 무슨 의도를 갖고 조사를 했다고 생각한 것이다. 속으로 '이 자리가 이렇게 업을 쌓는 일이구나'라고 생각했다."

하지만 이완구가 분노한 건 '사찰'이었지, 세종시에 관한 MB의 선택이 아니었다. "대통령은 대통령으로서 철학이 있는 겁니다. 국정철학이 다르다고 비난할 수는 없죠. 결국은 효율이냐, 신뢰냐의 선택 문제였습니다. 나로서는 돈으로 환산할 수 없는 신뢰를 효율보다 더 중요하게 생각한 겁니다."

비밀해제 in 비밀해제 ●

이완구가 전하는 후일담

"기록으로 남겼다는 것에 의미가 있다."

기사가 나간 뒤 이완구 의원은 필자에게 이렇게 말했다. 이 의원은 "취재하느라 고생을 많이 한 것 같다. 나도 옛날 생각을 많이 했다"면서 "지금 와서 크게 달라지지는 않겠지만 개인적으로는 기록으로 남겼다는 것에 의미를 많이 둔다"며 웃었다. 그러면서 당내 반응도 전했다. 친박 핵심으로 당 전략기획본부장을 맡고 있는 김재원 의원에게 전화가 왔다는 것. 이 의원은 "김 의원이 '상당히 사실관계에 입각해서 쓴 것 같다. 객관성을 유지하려고 노력한 것 같다'고 하더라"고 했다.

이 의원은 또 자기 아들도 "잘 몰랐었다"며 큰 관심을 보였다고 전했다.

MB 정권의 치명타 '도곡동 사저 특검'

김어준　"대통령이 세금으로 아들 땅을 사준 것이다."

홍준표　"그러기야 하겠나. 대통령이 서울시장 할 때도 기부를 했고, 대통령 때도 월급 전부 기부했다. (재산도) 대부분 사회에 기부했다. 그런데 사저 만들면서 김어준 총수 라디오 제목처럼 '꼼수'를 썼겠나?"

김어준　"핵심은 아들이 돈 20% 내고 땅의 절반을 세금으로 차지한 것이다. 이것은 변할 수 없는 사실이다. 편법 유산상속의 신기원이자 세계 신기록이다."

홍준표　"김어준 총수는 자꾸 세상을 삐딱하게 보고…"

김어준　"삐딱해진 것을 똑바로 보니까 삐딱하게 보이는 거다."

　2011년 10월 13일 밤. 한나라당 홍준표 대표는 〈딴지라디오〉 김어준의 '나는 꼼수다'에 출연했다. 홍준표니까 가능한 일이었다. 나꼼수 멤버들과의 방송대담 녹화분량은 무려 200분에 달했다. 대담의 핵심은 이명박 대통령의 서울 내곡동 사저 용지매입을 둘러싼 각종 의혹들.

홍준표의 대답은 시간이 흐를수록 군색해졌다. 대담을 나누면 나눌수록 사안이 생각했던 것보다 심각했다.

MB는 미국 국빈방문(10월 11~16일) 중이었다. MB가 미국으로 떠나던 날 아침이 생각났다. 대통령이 전화를 했지만 이른 아침이라 받지 못했다. 홍준표가 다시 전화했다.

MB "내 다녀올게. 잘하고 있어라."
홍준표 "국내 걱정은 말고 잘 다녀오십시오."

그랬는데 이틀 전 〈시사IN〉과 〈시사저널〉이 제기한 내곡동 의혹이 메가톤급 태풍으로 자라 정권의 심장부를 향하고 있었다. 처음엔 경호동 규모만 축소하면 될 줄 알았다. 그래서 사저 의혹이 제기되자마자 여당대표 자격으로 청와대에 경호동 축소를 요구했고, 청와대도 받아들였다. 몇 년 전 노무현 전 대통령의 김해 봉하 사저를 '아방궁'이라고 비난했던 일도 생각나 "미안한 면이 있다"고 사과까지 했다.

나꼼수의 폭로, 홍준표의 불길한 예감

그런데 그게 아니었다. 대통령 친인척 비리에 관한 한 누구보다 예민한 후각을 가졌다고 자부하는 홍준표였다. 나꼼수에 당하면서 '뭔가 있다'는 불길한 확신이 더욱 굳어졌다. '경호처가 MB 퇴임 후의 사저와 경호용 건물 신축용지를 사면서 사저는 이명박 대통령이나 김윤옥 여사 명의가 아니라 외아들 이시형의 이름으로 샀다? 김어준 말처럼 실거래가 54억 원인데 아들이 낸 돈은 20%(11억2000만 원)이고, 나머지 80%는 청와대가 예산으로 부담했단 말이지…. 그런데 아들이 소유한 지분이 54%로 오히려 더 많고, 게다가 그중에서도 시세가 가장 높은 땅을 아들에게 몰아줬다고?'

15일 임태희 대통령실장에게 전화를 걸었다. 방법은 내곡동 사저 건립계획 자체를 '백지화'하는 것뿐이었다.

홍준표 "임 실장, 나꼼수에 나가서 얘기하다 보니까 도저히 안 되겠더라. 백지화하는 수밖에 없겠어."

임태희 "(잠깐 생각한 뒤) 전면 재검토까지만 얘기하십시오."

오세훈 시장의 사퇴로 공석이 된 서울시장과 전국 11개 기초단체장 선거가 치러지는 10·26 재·보궐선거를 앞두고 있었다. 민심이 안 좋았다.

홍준표는 임태희와 통화를 마치자마자 그날 오후 충주시장 보궐선거 지원유세장에서 "청와대 사저논란에 대해선 재검토를 해야겠다는 것이 당의 생각"이라고 밝혔다.

이틀 뒤인 17일 아침 청와대. 홍준표는 미국 방문을 마치고 전날 귀국한 MB에게 '백지화'를 호소했다. 서울시장 선거가 열흘도 남지 않았다.

홍준표	"논현동 땅에서 현대(건설) 사장도 되고, 서울시장도 되고, 대통령도 되고… 얼마나 좋은 땅입니까? 논현동으로 가십시오."
MB	"네 말 듣고 (돌아오는) 비행기에서 곰곰이 생각해 봤는데 논현동으로 가는 게 좋겠다."
홍준표	"그런데 정말 김백준이는 몰랐습니까?"
MB	"몰랐다. 김 비서관하고 김인종 (경호)처장이 이 문제로 아마 싸운 모양이야…."
홍준표	"그럼 김인종이 사표를 받으십시오."
MB	"꼭 그렇게 해야 되겠어? 내가 어떻게 사표를 받아…."
홍준표	"무조건 받아야 합니다. 그럼 저는 지금 나가서 기자들에게 그렇게 얘기하겠습니다."

홍준표가 "김백준은 정말 몰랐습니까?"라고 물어본 데는 이유가 있었다. MB 5년 내내 청와대 살림을 맡아 온 김백준 총무기획관은 '집사'나 마찬가지였다. 김백준이 사저 구입에 관여했다면 그건 MB가 직접 지시를 내렸다는 뜻이다. 그래서 차마 "각하는 정말 몰랐습니까?"라고 묻지 못하고 "김백준은 정말 몰랐느냐?"라고 물은 것이다.

홍준표는 MB의 말을 믿었다. 홍준표는 당시 몇몇 기자들에게 이런 얘기를 한 적도 있다. "내가 MB한테 '형님, 우리 끝까지 잘해 봅시다. 형님 물러날 때 저도 같이 나갈 생각이 있습니다'라고 했다. MB는 내가 자기를 배신하지 않을 것이라는 믿음을 가지고 있었다."

홍준표도 MB가 자기한테만은 거짓말을 하지 않을 것이라고 믿었다. 그런데 김인종 경호처장의 사표를 받으라는 말에 머뭇거리던 MB의 모습이 아무래도 걸렸다.

MB로선 그럴 수밖에 없었다. 직접 땅을 둘러보고 김인종의 건의를 받아들여 '아들 명의' 구입을 지시한 사람이 바로 자신이었기 때문이다.

도곡동 사저 '아들 명의' 구입 직접 지시한 MB

"이시형 이름으로 산 것에 대해 (여론이) 안 좋은 건데…. (하지만) 대통령이 일반 국민과 땅 거래를 할 수는 없잖아요? 대통령이 들어가면 땅값이 확 뛰어요. 몇 배로…. 이시형으로 하면 이름을 모르니까. 보안, 그것 때문에 제가 (대통령에게) 건의를 드린 거고. (대통령이) 논현동에 집이 있잖아요. 또 샀다고 하면…."(김인종 단독인터뷰 〈신동아〉 2011년 12월호)

제주 출신으로 육사 24기인 김인종은 수도방위사령관(중장), 국방부 정책보좌관(중장)을 거쳐 2군 사령관(대장)을 끝으로 2001년 예편한 인물이다. 그는 2006년 1월 설립된 서초국방포럼을 이끌었다. 서울시장을 마치고 대선을 준비하던 MB가 그에게 안보관련 자문을 구했고, 서초국방포럼은 MB의 '안보캠프' 역할을 했다. MB 정권 출범 때 그가 유력한 국방장관 후보로 떠오른 것도 그 때문이었다.

그는 '의리의 군인'으로 유명했다. 하지만 군인의 한계였을까?

SBS 보도본부장을 지낸 최금락은 2011년 10월 대통령홍보수석비서관에 임명되자마자 내곡동 문제를 떠안아야 했다. 취임한 지 며칠되지 않은 때였다. 안종하 경호처 차장이 전화를 걸어 왔다.

안종하 "〈시사IN〉이라는 잡지에서 내곡동 용지 문제를 보도할 모양입니다. 기사를 좀 빼 주실 수 없겠습니까?"

최금락 "(뜬금없는 말에 할 말을 잃었다는 어투로) 기사를 들어낼 수는 없고 일단 자초지종을 설명해 보세요."

그러나 안종하는 제대로 설명을 하지 못했다. 그 대신 사저 및 경호 용지매입 실무를 맡았던 사람을 보냈다. 김대중, 노무현 전 대통령 퇴임 때 경호 용지매입 업무를 처리했던 김태환 전 경호처 직원이었다. 김인종 경호처는 김태환을 다시 전문계약직으로 임용해 내곡동 사저 용지업무를 맡긴 것이었다.

최금락의 기억. "이야기를 들어보니 기사를 빼려고 했다가는 더 큰일이 벌어지겠더라. 지금 생각해 봐도 황당한 사건이었다. 경호처가 너무 작업을 안일하게 했고, 정무적 감각 없이 밀실에서 진행하다 보니 대형사고가 난 것이다."

'내곡동 의혹'은 결국 특별검사의 수사로 매듭짓는 수밖에 없었다. 서울행정법원 수석 부장판사를 지낸 이광범 특검은 "이명박 대통령이 김인종의 내곡동 사저 용지매입 계획을 승인하면서, 사저 용지명의는 이시형으로 하라고 지시했다"고 결론을 내렸다. 하지만 현직 대통령은 '내란 또는 외환의 죄를 범한 경우를 제외하고는 재직 중 형사상의 소추를 받지 아니하므로'(헌법 제84조) 기소할 수 없었다.

특검은 매입 과정에 'MB 패밀리의 꼼수'가 있었는지에 대해서도 결론을 내리지 못했다.

다만 이런 내용은 남겼다. "이시형은 직업(다스 경영기획팀장), 연령

(33세), 소득(연봉 5000만 원) 재산 상태(없다고 진술)로 볼 때 11억 2000만 원에 이르는 사저구입 여력이 없었다. 평소에도 어머니 김윤옥 여사로부터 차량구입비, 용돈, 생활비 등을 지원받았다. (중략) 김윤옥 여사는 이시형의 장래를 생각해 사저 용지를 아들 명의로 구입하되 대금을 갚지 못할 경우 논현동 사저를 매각해 변제할 생각이었다."

김어준처럼 '삐딱하게' 보지 않더라도 자식 때문에 공사公私를 구분하지 못했다는 것만은 분명하다는 얘기다. 하긴, 그런 대통령이 어디 MB뿐이랴.

비밀해제 in 비밀해제 ●

아직 풀리지 않은 MB 관련 의혹들

워낙 복잡한 사안이라 나름 조심해서 쓴다고 썼는데도 MB는 매우 아파했다고 한다. 특히 '공사公私를 구분하지 못했다'는 결론에 대해 몹시 불편한 심기를 드러냈다고 한다.

하지만 사저구입 문제가 아니라, 도곡동 땅의 실소유주 논란과 아들 이시형의 다스 입사, 그리고 사망한 처남 김재정의 유지遺志에 따라 다스 지분 5%를 청계 재단에 기부한 배경 등 MB가 국민들에게 설명해야 할 일들은 아직도 많이 남아 있다. 청계재단의 순수한 뜻이 훼손되지 않기 위해서라도….

MB 5년이
박근혜 정부의 거울이 되길 바라며…

　　　　　　　　　　이명박 정부 비화秘話 시리즈로 준비
한 '비밀해제 MB 5년'의 목표는 나름대로 거창했다.

　'시리즈를 시작하는 이유는 반성적 리뷰를 위한 것이다. 시리즈에
등장하는 화자話者는 주로 이명박 정부 국정운영에 참여한 사람들이
겠지만, 청자聽者는 향후 5년의 국정을 책임진 박근혜 정부 인사들이
기를 기대한다.'

　기자들은 전력을 다해 세상에서 일어나는 일들을 취재하고 기록한
다. 그러나 지면에 모두 담아내지는 못한다. 지면에 미처 담지 못한 기
록들은 내부 정보보고로 남기는데 이 역시 국민의 알 권리가 보장돼
야 하는 공공재산이라고 생각한다. 언론이 이러저러한 이유로 국민
앞에 내놓을 수 없었던 내부정보를 해제해 MB 정부에서 일어난 사건
의 이면을 속 시원히 들여다볼 수 있게 하려는 취지에서 시리즈의 제
목을 '비밀해제'로 붙였다. MB 정부 5년의 기록이 국민에게는 알 권리

를 충족시키는 계기가 되고, 대한민국을 이끌어갈 이후 정부들에게는 반면교사가 되기를 바란다.

MB　　"(지나가는 말투로) 김 의원 괜찮겠어?"

이동관　"괜찮을 겁니다. 최고권력자에게 순응하는 이미지보다는 나름대로 '결기'가 있는 정치지도자의 모습을 보여줬는데 나쁠게 뭐 있겠습니까? 당장은 (권력 내부에서) 조금 부대낄지 모르겠지만 장기적으로는 괜찮을 겁니다."

MB가 말한 김 의원은 새누리당 김무성 의원이다. 김무성은 박근혜의 '동지'가 되려 했지, '신하'가 되려고 했던 것은 아니라는 박근혜 대통령과 김무성의 정치적 애증사愛憎史가 나가자 MB가 김무성의 입지를 걱정했던 듯하다.

김무성은 필자에게 "박근혜 대통령과 내 얘기가 왜 이명박 정권 비화에 등장하느냐"며 화를 내기도 했다. 오랫동안 그를 봐 왔지만 그런 항의는 처음이었다. 하지만 MB 5년은 박근혜 5년이기도 했다.

'무대와 공주'라는 제목이 좀 자극적이긴 했지만 그 글에서 보여주려 한 것은 거울이었다. 김무성이라는 거울에 비친 박근혜의 모습, 그걸 보여주고 싶었다.

물론 '비밀해제 MB 5년'이 MB 정권의 모든 것을 보여줬다고는 생각하지 않는다. 김대중 정부 출범 직후, 〈동아일보〉가 김영삼(YS) 정부의 비화 시리즈를 시작했을 때 김무성이 이런 얘기를 한 적이 있다. "너거는(기자들은) 커튼 뒤에서 일어나는 일의 30%도 모른다." 그러니 그 30%만 보여줘도 기획의도는 성공이라고 생각한다. 시작이기 때문이다.

그래도 아쉬운 대목이 한두 가지가 아니다. 4대강을 둘러싼 권력 내부의 설왕설래, 누더기가 된 검찰총장들, 천안함 폭침을 비롯한 MB 정부 시절의 외교안보 비화, 그리고 비상경제대책회의가 열렸던 청와대 벙커의 모습들을 제대로 다루지 못했다.

예컨대 연평도 포격사태 초기 청와대를 곤혹스럽게 만들었던 MB의 이른바 '확전 자제 발언' 논란은 이명박 전 대통령이 아직도 '억울해하는' 메시지 전달오류 사태다. 당시 지하벙커 회의에 참석한 김인종 경호처장의 말이 '대통령의 코멘트'로 둔갑해 전파돼 나가는 과정은 유사사례의 방지를 위해서도 반드시 되짚어봐야 할 비화지만 미처 주목하지 못했다. 김인종은 '내곡동 사저 파문' 때도 주역으로 등장한다. 그러나 MB는 그때마다 책임을 묻는 걸 주저했다. 결국은 대통령인 자기 책임 아니냐는 것이다. MB의 장점이기도 하고, 단점이기도 했다.

시리즈의 주요 대목을 '대화체'로 정리한 방식에 대해서도 논란이 많았다. '정두언 그룹'이 이명박 정부 조각組閣 과정에서 배제된 전말을 증언해준 김원용 이화여대 디지털미디어학부 교수는 "저널리즘의 속성을 잘 이해한다"며 필자를 위로해줬지만, 실명으로 나간 대화체 때문에 마음고생을 한 사람이 적지 않았다. 강만수 전 기획재정부장관이 특히 그랬다. 지면을 통해서라도 위로를 보낸다.

'무대와 공주' 외에 "안(상수) 대표, 당신 많이 컸네…"라는 MB의 '경고성 발언'을 소개했던 '정동기 낙마 파동' '정두언 실종사건' '박근혜 레이저' '우린 도덕적으로 완벽한 정권!' 등의 기사가 특히 화제가 됐던 '비밀해제 톱5'였다.

권력의 핵심에서 밀려나 수감생활까지 해야 했던 정두언 의원은 시리즈의 '풍운아'였다. 〈동아일보〉에 '정두언 실종사건'이 나간 직후, 서울구치소에 수감 중이던 정두언은 보좌관을 통해 "일부는 사실과 같지만, 일부는 내 기억과 다르다"며 A4 용지에 '자기 기억'을 정리해 보내주기도 했다.

이상득(SD) 전 국회부의장도 석방 이후 비서실장 출신인 장다사로 전 대통령실 총무기획관을 통해 해명을 보내왔다. 장다사로는 "SD가 막후에서 무소불위로 인사에 개입한 것처럼 오해하지만 대통령과 특정한 인물을 놓고 얘기를 나눈 적은 없다. 두 분은 그런 사이"라고 했다. 특히 정부 출범 당시 MB가 원세훈 전 서울시 부시장을 국정원장으로 마음에 두자 SD가 나서 "경력이 부족하다"며 말렸다는 이야기는 전혀 사실과 다르다고 부인했다. 특정인을 천거하거나 반대한 적도 없지만, 그때는 원세훈을 잘 알지도 못했다는 해명이었다.

해명이든 항의든 시리즈에 대한 관련자들의 반응은 '비밀해제 MB 5년'을 책으로 묶어내면서 '비밀해제 in 비밀해제'라는 코너에 따로 담았다. 양념이긴 하지만 이 역시 흘려보낼 수 없는 소중한 기록이라고 생각하기 때문이다.

사진으로 보는 MB 5년

2월 25일 MB가 제17대 대통령에 취임했다. '경제대통령'을 자임한 MB는 신자유주의 정책과 친기업 정책 위주의 성장비전을 제시했으며 대북정책에서도 북한이 먼저 변해야 지원한다는 메시지가 담긴 '비핵 개방 3000' 구상을 천명했다.

MB 정권에서는 강만수 윤증현 최중경 등 모피아(MOFIA·옛 재무부 관료) 출신들이 경제정책을 장악했다. 반면 박근혜 정부 들어서는 현오석 경제부총리를 정점으로 경제기획원(EPB) 출신들이 득세하고 있다. 사진은 MB 정부의 '강만수맨' 최중경(왼쪽 사진 오른쪽)과 경제기획원 출신으로 박근혜 대통령 경제수석비서관에 임명된 조원동(오른쪽 사진 오른쪽).

이상득(SD) 국회부의장이 3월 24일 경북 포항시청에서 열린 '도민체전 서포터스 발대식 및 필승 결의대회'에 들어서며 오른손 주먹을 불끈 쥐고 있다. 자신의 총선 불출마를 요구하며 당내에서 벌어진 '55인 서명 사건'을 뒤로 하고 그는 3월 25일 18대 총선 출마의사를 거듭 확인했다. 역대 대선 최다인 531만 표 차로 대통령에 오른 MB에게 SD는 여전히 어려운 형이었다.

4월 9일 치러진 18대 총선에서 한나라당이 153석을 얻으며 승리했다. 그러나 김무성 유기준 등 영남권 친박 의원들이 대거 공천에서 탈락하는 이른바 '친박학살'과 SD의 불출마를 요구하는 '55인 서명 사건' 등 총선을 앞두고 벌어진 공천파동은 MB 정부 내내 당내 갈등요인이 됐다.

4월 22일 청와대 영빈관에서 열린 한나라당 18대 총선 당선자 환영만찬. 이명박 대통령 부부와 이상득 의원 부부가 모처럼 '가족사진'을 찍었다. SD는 언젠가 자신의 자원외교 활동을 소개하면서 "우리 대통령은 한 번도 못 만나고 남의 나라 대통령만 자주 만난다"고 했다. 대통령을 만나지 못해도 정권을 운영할 수 있는 힘, 그게 바로 '영일대군'의 권력이었다.

5월 초부터 시작된 미국산 쇠고기 수입협상 반대 촛불시위로 MB 정부는 출범초기 최대위기를 맞았다. 촛불시위가 정권퇴진 운동으로 번지면서 지지율이 급락하는 등 진정기미를 보이지 않자 MB는 한미 쇠고기 추가협상을 진행하는 한편 6월 19일 대국민사과를 했다. 이후 청와대 참모진을 대폭 교체하며 사태수습에 들어갔으나 촛불정국은 MB 정부에 깊은 상흔을 남겼다.

이명박 대통령은 안철수에게 좋은 감정을 가지고 있었지만, 2011년 후반 돌연 대선후보로 거론되면서부터 비판적으로 돌아섰다. MB가 5월 14일 청와대에서 대통령직속 미래기획위원회 1기 위원으로 활동하게 된 안철수 당시 KAIST 석좌교수에게 위촉장을 주고 있다.

5월 22일 MB 정부 출범 첫 해 한나라당 원내대표로 추대된 홍준표. 그는 "MB가 시켜줬지만 그만큼 일로써 보답했다"고 말했다.

4·9총선에서 낙선한 이재오 의원이 5월 26일 손수건으로 눈물을 닦으며 미국 유학길에 오르고 있다. 그는 당시 출국 직전 인천국제공항에서 가진 기자간담회에서 MB가 출국을 만류했느냐는 질문에 "그럼 가라고 그럴 사람이 어디 있겠나"라고 반문했다.

9월 경기 성남시 서울공항에서 이명박 대통령을 환송하고 있는 원세훈 행정안전부 장관. 지방행정관료 출신인 원세훈은 여의도 정치판의 다른 친이 직계들과 달리 오직 MB만 바라보는 '심복'이었다. MB는 주위의 만류에도 불구하고 2009년 원세훈을 국정원장으로 임명했다.

9월 22일 대전 대덕연구단지에서 열린 신성장동력 보고대회에서 이명박 대통령과 얘기를 나누고 있는 이완구 충남지사(오른쪽). MB 정부의 세종시 수정안 추진에 반발했던 이완구는 2013년 4·24 재·보선에서 정치적 재기에 성공한 데 이어 2014년 5월 8일 새누리당 원내대표로 추대됐다.

12월 29일 낙동강 안동지구와 영산강 나주지구 착공식을 시작으로 '4대강 살리기' 사업의 막이 올랐다. 대선 당시 MB의 핵심공약이었던 한반도 대운하 사업 대신 추진된 4대강 사업은 22조원의 예산이 투입된 MB 정부의 역점사업이었으나 부실공사, 건설사 담합, 수질악화 등 각종 논란을 야기했다.

2009

2008년 9월 미국 월가의 최대 투자은행인 리먼 브라더스 파산으로 촉발된 세계 금융위기에 대처하기 위해 MB 정부는 1월 2일 비상경제상황실을 설치하는 등 비상경제정부를 가동했다.

MB의 정치적 멘토인 SD는 "다음 내선은 박근혜로 가야 한다"는 생각이 확고했다. SD가 1월 5일 서울 여의도 한나라당사에서 열린 최고중진연석회의에 참석한 박근혜에게 자리를 권하고 있다.

2월 청와대 국무회의장에서 얘기를 나누고 있는 박영준 국무총리실 국무차장(오른쪽)과 김백준 대통령실 총무비서관. 7개월여 전 정두언의 '권력 사유화' 공세로 청와대를 떠나야했던 박영준이 'MB의 집사'를 붙들고 무슨 하소연이라도 하는 모습이다.

6월 5일 '여의포럼' 1주년 기념식에 참석한 김무성과 박근혜. 박근혜가 한나라당 대표로 재직할 때 사무총장을 맡은 데 이어 2007년 경선캠프 좌장까지 맡았던 김무성은 독자행동을 용납하지 않는 박근혜와 갈등을 빚는 일이 잦았다.

5월엔 노무현 전 대통령이, 8월엔 김대중(DJ) 전 대통령이 서거했다. DJ 서거 후, 현직 대통령에게만 해당되는 국장(國葬) 문제를 두고 찬반여론이 비등하자 MB는 장례 기간을 6일로 조정해 국장을 치를 수 있도록 했다.

9월 경북 포항시 죽도시장을 방문해 어릴 적 아이스케키 장사의 추억을 떠올리는 이명박 대통령. 가난해서 아이스케키를 팔아야 했고, 상고 야간부를 다녀야 했던 MB가 자신을 'TK'라고 생각했을까? 1987년 김진현 〈동아일보〉 논설위원실장이 처음 사용한 'TK'라는 말은 단지 대구·경북의 영문 이니셜이 아니었다. 그건 '끼리끼리 문화'의 약자였다.

9월 25일 MB 정부가 심혈을 기울여 추진한 G20 정상회의 한국유치가 확정됐다. 이에 따라 2010년 11월 11일~12일 양일간 서울에서 세계 주요 20개국의 정상회의가 개최됐다.

9월 30일 청와대. 정운찬 당시 국무총리(앞줄 가운데)와 최시중 방송통신위원장(오른쪽)이 국민권익위원장으로 돌아온 이재오 전 의원(앞줄 왼쪽)을 축하하고 있다.

11월 30일 한나라당 최고위원단의 청와대 초청 조찬간담회에서 인사하고 있는 정몽준 대표(왼쪽). MB는 참모들에게는 고 정주영 현대그룹 명예회장과의 추억을 자주 언급했지만, 정몽준과는 그런 얘기를 나누지 않았다. 2007년 12월 3일 정몽준이 한나라당에 입당하는 날 조찬을 함께했을 뿐 그 전까지는 따로 식사를 한 적도 없다.

정운찬 국무총리(오른쪽)의 세종시 수정 드라이브에 반대해온 자유선진당 이회창 총재(왼쪽)가 2월 24일 서울 프레스센터에서 열린 제46회 한국보도사진전 개막식에서 대화를 나누고 있다.

2007년 7월 한나라당 대선 후보 경선 당시 휠체어를 타고 검찰에 출두한 MB 처남 김재정. 이명박 후보 측과 박근혜 후보 측은 당시 각종 의혹폭로를 놓고 고소고발 전을 벌였다. 오른쪽 사진은 2010년 2월 김재정이 사망한 뒤 빈소를 찾은 김윤옥 여사. 두 사람은 대우조선해양 남상태 연임 로비의혹의 몸통으로 의심받기도 했다.

3월 26일 서해 해상에서 해군 초계함 천안함이 북한의 어뢰공격으로 침몰했다. 이 사건으로 46명의 승조원이 사망하고 58명이 구조됐다. 천안함 폭침 이후 MB 정부는 5·24 조치를 통해 남북교류를 전면 중단했다.

이명박 대통령이 5월 25일 청와대를 방문한 아랍에미리트(UAE)의 무함마드 빈 자이드 알나하얀 아부다비 왕세자를 반갑게 맞이하고 있다. 현대건설 시절 만들어진 MB의 '중동 DNA'는 UAE 원전과 유전사업을 만나면서 다시 깨어났다.

집권당에 대한 중간평가 성격을 띠는 지방선거가 6월 2일 실시됐다. 천안함 폭침사건에도 불구하고 한나라당은 '친환경 무상급식'을 주요공약으로 내세운 야권연합에 패배했다. 승리를 확신하던 일부 지역마저 패배한 데 이어 처음 치러진 교육감 선거에서도 진보성향 교육감이 상당수 당선되자 한나라당은 충격에 빠졌고 정몽준 대표와 당 지도부가 사퇴했다.

6월 29일, MB 정부 출범 이후 내내 논란이 됐던 세종시 수정법안이 국회에서 부결 처리됐다. 세종시를 행정중심복합도시 대신 교육과학 및 기업중심도시로 개발한다는 MB 정부의 세종시 수정안은 충청권은 물론 당내 친박계의 강한 반발을 불러왔다. 6·2 지방선거 패배로 세종시 수정안 추진동력을 잃은 정부여당은 국회 표결처리를 제안했고 이날 부결처리를 통해 논란의 종지부를 찍었다.

8월 21일 이명박 대통령과 박근혜 전 대표의 단독 오찬회동. MB가 '대통령의 양심'이라고까지 토로한 세종시 수정안이 부결된 지 한 달 20일 만에 마련된 자리였다. 배석자 없이 1시간 35분 동안 이뤄진 이날 만남 이후 여권 내에서는 '박근혜를 통한 정권재창출'로 권력게임의 가닥이 잡혀갔다.

11월 23일 오후 연평도 피격사태가 벌어졌다. 연평도 피격은 휴전협정 이후 북한이 남한 영토를 직접 공격한 최초의 사건으로 이날 피격으로 민간인 2명과 해병 2명이 사망하고 26명이 중경상을 입었다.
(사진 국방부 제공)

11월 29일 이명박 대통령의 연평도 피격사태 특별담화문 발표 회견장에 들어서는 임태희 대통령실장과 김두우 기획관리실장. 서울대 76학번 동기인 두 사람은 MB 정부 중기(中期)의 청와대를 이끌며 호흡을 맞췄다. 역시 MB의 '76학번 참모였지만 두 사람과 불편한 관계였던 이동관 전 홍보수석비서관은 당시 청와대를 떠나있었다.

정동기 감사원장 후보자가 1월 12일 서울 종로구 통의동 금융감독원 별관에서 사퇴 기자회견을 한 뒤 굳은 표정으로 자리를 떠나고 있다. 여당 지도부로부터 '자진사퇴 요구' 직격탄을 맞은 지 이틀 만에 물러난 정 후보자는 정치권에 대한 항의 표시로 회견 직전 넥타이를 검은색으로 고쳐 맸다. 그는 "후보자 지명 이후 경력과 재산 문제, 사생활이 정치적 이해에 따라 악의적으로 왜곡됐다"고 주장했다.

3월 11일 이명박 대통령으로부터 임명장을 받고 기념촬영을 하고 있는 양건 전 감사원장(왼쪽). 정동기 감사원장 후보자 낙마사태로 곤혹스러워진 MB가 고심 끝에 발탁했으나 MB 정부에 결코 녹록지 않은 인물이었다.

4월, 친이계와 친박계의 갈등수습 차원에서 추진된 박근혜 특사의 유럽순방 계획을 발표하는 정진석 정무수석. MB의 '박근혜 연락장교'로서 그가 맡은 마지막 임무였다.

5월 9일 국회 의원회관 정태근 의원실에 모인 '새로운 한나라당' 모임 소속 의원들(왼쪽부터 정태근 구상찬 김성태 정두언 의원). MB 정부 내내 사찰 문제로 'SD(이상득) 그룹'과 각을 세우던 '정두언 그룹'은 이즈음 정태근의 부인이 대표로 있는 이벤트 회사에 서울지방국세청 조사팀이 들이닥치자 다시 분노했다.

7월 의원총회장에서 나오는 정두언. MB의 최측근으로 정부출범 초기 승승장구할 것으로 예상됐던 그는 이상득 그룹과 갈등을 겪으며 순식간에 MB로부터 멀어져갔다. 이후 정두언은 MB 정부 5년 내내 '반MB' 노선을 걸으며 여권 권력지형에 적지 않은 균열을 일으켰다.

7월 '2018 겨울올림픽' 평창 유치가
확정되자 이명박 대통령(왼쪽)은
청와대에서 유치 관계자들을 격려
하는 만찬을 베풀었다. 일등공신
중 한 사람인 삼성 이건희 회장(왼
쪽에서 두 번째)은 국제올림픽위원
회(IOC) 위원 자격으로 참석했다.
'삼성 비자금' 특검수사로 경영일선
에서 물러났던 이건희는 2009년
12월 이른바 '원 포인트' 특별사면
을 받은 뒤 이듬해 2월 IOC 위원
으로 복귀했고, 3월엔 삼성전자 회
장으로 다시 돌아왔다.

오세훈 서울시장이 8월 26일 무상
급식 주민투표가 무산된 데 대한
책임을 지고 사퇴 기자회견을 한
뒤 기자회견장을 떠나고 있다. 5일
전인 8월 21일 오 시장은 "무상급
식 주민투표 결과에 시장 직을 걸
겠다"며 승부수를 던졌지만 투표
율은 개표 조건에 미치지 못했다.

9월 30일 열린 청와대 확
대비서관회의에 예정에 없
이 참석한 이명박 대통령
이 청와대의 도덕성과 소
명의식을 역설하고 있다.
MB는 이 자리에서 스스
로 "도덕적으로 완벽한 정
권"이라는 표현을 썼다.

11월 23일 연평도 피격 전사자 1주기 추모식장. 차가운 장대비가 내리는데도 유독 한 사람 김황식 총리만이 우산을 쓰지 않았다. 경호팀장이 건네는 우산까지 마다하고 40분간 고스란히 비를 맞았다. MB는 퇴임하는 김 총리의 페이스북에 '인간적이고 소박한 소통 노력에 저도 그동안 팬이었습니다'라고 경의를 표했다.

12월 14일 국회 의원회관에서 박근혜 전 한나라당 대표와 권영진 의원이 악수를 하며 환하게 웃고 있다. 이 자리에서 이듬해 4월 총선을 앞두고 쇄신파 의원들은 재창당을 요구했고 박근혜도 "뼛속까지 바꾸자"고 화답했다.

1월 4일 서울 여의도 중소기업중앙회에서 열린 '중소기업인 신년인사회'에서 박근혜 당시 새누리당 비상대책위원장이 김황식 총리와 악수를 나누고 있다. 왼쪽의 정운찬 동반성장위원장이 복잡한 표정으로 박 위원장을 쳐다보고 있다.

19대 총선 낙천이 확실시되면서 탈당이 예상됐던 새누리당 김무성 의원이 3월 12일 국회에서 백의종군을 선언한 뒤 기자들에게 둘러싸여 질문을 받고 있다. 김 의원은 당시 "우파 분열의 씨앗이 될 수 없다"며 '당 잔류'를 선택했다. 김 의원은 2013년 4월 재선거에서 당선돼 결국 국회로 돌아왔다.

2012년 총선은 서울 친이계 의원들에게 시련의 시간이었다. 대대적인 친이 물갈이에도 불구하고 새누리당은 48석의 서울 의석 중 16석을 얻는 데 그쳤다. 공천에서 탈락한 뒤 탈당을 검토했던 진수희 의원이 3월 15일 서울 여의도 새누리당사에서 "공천 결과에 승복하겠다"는 기자회견을 하고 있다.

박희태 전 국회의장이 5월 7일 전당대회 돈봉투 사건 첫 공판을 마치고 서울 서초구 서초동 서울중앙지법을 나서고 있다. 그는 18대 총선 공천탈락에 대해 "정치의 쓴맛을 좀 봤지만 인생의 폭은 풍만해졌다"며 "(2003년 이후) 당 대표도 한 번 더 했고, 경남 양산에서 좋은 사람들도 많이 만났다"고 회상했다.

2012년 7월 구속되는 이상득(왼쪽) 전 의원과 같은 해 5월 구속된 최시중 전 방송통신위원장. 이상득(SD)과 최시중은 최시중의 '슬픈 예언'대로 정권 말기 비리혐의로 투옥되는 수모를 겪었다.

7월 20일 새누리당 대선 경선 주자들이 서울 여의도 당사에서 열린 '국민공감경선 실천 서약식'에 참석해 서로 손을 엇갈려 맞잡고 있다. 왼쪽부터 김태호 의원, 박근혜 의원, 임태희 전 대통령실장. 경남지사 시절인 2009년 12월 낙동강 살리기 기공식에서 당시 이명박 대통령에게 강한 인상을 심어준 김태호는 이듬해인 2010년 8월 국무총리 후보로 전격 발탁됐지만 인사청문회 관문을 통과하지 못했다.

불법 정치자금 수수, 이권청탁 등의 혐의로 이상득, 최시중, 천신일 등이 구속되는 등 친인척 및 측근 비리가 불거지자 이명박 대통령이 7월 24일 대국민 사과를 했다. 미국산 쇠고기 수입협상과 관련해 두 차례, 세종시 수정안 및 동남권 신공항 백지화와 관련해서도 각각 대국민 사과를 한 데 이어 다섯 번째 대국민 사과였다.

10월 9일 새누리당 국민대통합 심포지엄에 참석한 박근혜 당시 후보(왼쪽)와 안대희 정치쇄신특별위원장. 안대희는 대검찰청 중앙수사부장으로 있던 2003년 한나라당의 '차떼기' 대선자금 모금 실태를 밝혀낸 주역으로 '국민검사'라는 애칭까지 얻었으나 2012년 대법관에서 물러난 지 48일 만에 새누리당 대선캠프에 참여했다.

11월 서울 서초동 이광범 특별검사 사무실에 출두한 김인종 전 대통령실 경호처장. MB의 '내곡동 사저 의혹'이 불거지자 사표를 낸 김인종은 〈신동아〉 인터뷰에서 "(대통령에게) 정치적 부담이 되니까 책임진 것일 뿐이지 내가 잘못한 것은 없다"고 했다. 하지만 2013년 9월 대법원은 그의 유죄(배임)를 확정했다.

■ 12월 7일 청와대에서 열린 전국 시도지사 간담회. 이명박 대통령이 김문수 경기지사(왼쪽)와 반갑게 악수하고 있다. 넉 달 전 대선후보 경선에 도전해 2등을 차지한 김문수를 두고 MB는 잠재력을 높이 평가하면서도 대중성 부족을 안타까워했다.

2013

■■■■ 2월 24일 5년 임기를 마치고 청와대를 떠나는 이명박 전 대통령. 〈동아일보〉는 '비밀해제 MB 5년' 시리즈를 마치며 인터뷰를 요청했으나 아무런 답을 듣지 못했다. 임기 중 벌어진 일들이 아직 그의 운신(運身)을 제약하고 있기 때문인 것 같다.

비밀해제

1판 1쇄 인쇄 2014년 5월 27일 | 1판 1쇄 발행 2014년 6월 5일

지은이 동아일보 특별취재팀

발행인 김재호 | **출판편집인 · 출판국장** 권순택 | **출판팀장** 이기숙

아트디렉터 김영화 | **디자인** 박은경 | **교정** 문영숙 | **마케팅** 이정훈 · 정택구 · 박수진

펴낸곳 동아일보사 | **등록** 1968.11.9(1-75) | **주소** 서울시 서대문구 충정로 29(120-715)
마케팅 02-361-1030~3 | **팩스** 02-361-1041 | **편집** 02-361-0992
홈페이지 http://books.donga.com | **인쇄** 삼영인쇄사

ISBN 979-11-85711-06-5 03340 | **값** 16,000원